LE
CATÉCHISME FRANÇAIS
DE
C A L V I N

PUBLIÉ EN 1537

Réimprimé pour la première fois d'après un exemplaire
nouvellement retrouvé

& suivi de

LA PLUS ANCIENNE CONFESSION DE FOI
DE L'ÉGLISE DE GENÈVE

Avec

DEUX NOTICES

par

ALBERT RILLIET & THÉOPHILE DUFOUR

* * *

GENÈVE

H. GEORG, LIBRAIRE - ÉDITEUR

PARIS

G. FISCHBACHER, 33, RUE DE SEINE

1878

LE PREMIER

CATÉCHISME FRANÇAIS

DE

CALVIN

GENÈVE, IMPRIMERIE J.-G. FICK.

LE
CATÉCHISME FRANÇAIS

DE

CALVIN

PUBLIÉ EN 1537

Réimprimé pour la première fois d'après un exemplaire
nouvellement retrouvé

& ſuivi de

LA PLUS ANCIENNE CONFESSION DE FOI

DE L'ÉGLISE DE GENÈVE

Avec

DEUX NOTICES

par

ALBERT RILLIET & THÉOPHILE DUFOUR

* * *

GENÈVE

H. GEORG, LIBRAIRE-ÉDITEUR

1878

Tous droits réſervés

TABLE

	Pages
I. Notice hiftorique, par *A. Rilliet* . . .	v
II. Notice bibliographique, par *Th. Dufour*	xcix
III. Catéchifme de Calvin (1537)	1
IV. Confeffion de foi de l'Eglife de Genève (1537)	101
V. Préambule de la verfion latine (1538) du Catéchifme & de la Confeffion de foi, traduit en français	125

NOTICE
sur
LE PREMIER SÉJOUR DE CALVIN
A GENÈVE
pour servir
D'INTRODUCTION HISTORIQUE
au Catéchisme & à la Confession de foi de 1537
par
ALBERT RILLIET

La très-grande partie des lettres & des pièces citées dans cette Notice (qui a été imprimée dès le mois de juillet 1877) *se trouvent dans les* Calvini Opera, *publiés à Brunſwick par MM. Baum, Cunitz & Reuss,* 1863-1877, *& dans la* Correſpondance des Réformateurs, *publiée à Genève par M. Herminjard,* 1866-1872.

Les Regiſtres du Conſeil de Genève ont été conſultés directement ſur les originaux dépoſés aux Archives de l'Hôtel de ville.

U dire de tous les biographes modernes de Calvin & des plus récents éditeurs de ſes écrits, le catéchiſme français, qu'il avait publié peu de temps après ſon arrivée à Genève en 1536, a entièrement diſparu. Tout au moins a-t-il échappé juſqu'ici aux recherches des hommes les plus aptes & les plus intéreſſés à le découvrir. Un heureux haſard, mis à profit par une heureuſe inſpiration, permet de combler aujourd'hui, dans la ſérie des œuvres du grand réformateur, une lacune qui ſemblait irréparable.

C'eſt en faiſant, dans la Bibliothèque nationale à Paris, des inveſtigations relatives aux Egliſes de France, que M. H. Bordier eſt tombé ſur un volume de la collection

Dupuy, dans lequel il a rencontré un opuscule intitulé : « *Inftruction & confeffion de foy dont on ufe en lEglife de Geneve,* » imprimé en caractères gothiques, fans nom d'auteur, & fans aucune indication du lieu, ni de la date de l'impreffion. Informé de cette trouvaille, M. Théophile Dufour a immédiatement penfé que ce pourrait bien être un exemplaire (probablement unique) du livret cenfé difparu, & il ne nous a pas été difficile de nous en affurer enfemble par la comparaifon des premières pages envoyées de Paris avec le texte de la traduction latine de ce catéchifme, publiée en 1538.

Une fois cette confrontation faite, nous ne pouvions pas héfiter à rendre à la lumière l'écrit par lequel Calvin donna le premier gage des fervices qu'il voulait rendre dans Genève à l'œuvre de la Réforme. Nous y étions d'autant plus encouragés, que l'édition originale de la verfion latine de cet opufcule eft d'une exceffive rareté, & qu'elle n'a été réimprimée qu'une feule fois, il y a dix ans, dans la grande collection des œuvres de Calvin, que font paraître MM. Baum, Cunitz & Reuss.

Nous avons cru devoir donner, à la fuite du Catéchifme, la *Confeffion de foy*, qui s'y rattache intimement quoiqu'elle n'ait paru que quelques mois plus tard. Elle n'a jamais été reproduite féparément, ni correctement, & il n'en exifte qu'un feul exemplaire original qui foit connu. C'eft d'après cet exemplaire, appartenant à M. H. Bordier, & qui eft forti des mêmes preffes que le Catéchifme, que nous réimprimons le texte de la Confeffion de foi.

Nous ne voulons point, à propos de la publication de ces deux écrits, refaire en détail le tableau de l'établiffement de la Réforme à Genève; mais il n'eft peut-être pas fans intérêt de les replacer dans leur cadre hiftorique, en rappelant à quelle occafion & dans quel but ils ont vu le jour. On ne doit donc s'attendre à trouver ici que l'expofé des faits qui fe rattachent à ce côté fpécial des origines de la Réformation genevoife.

*

I

Au moment où Jean Calvin, ayant dit à fa patrie un dernier adieu, arriva à Genève, & où « les frères, » Guillaume Farel entre autres, obtinrent de lui, non fans peine, qu'il deviendrait leur coopérateur, la réforme religieufe y était entrée dans une phafe nouvelle. La période de la lutte intérieure contre le catholicifme était terminée &, après avoir, en août 1535, profcrit l'exercice de la religion romaine, les Confeils & le peuple avaient, en mai 1536, fur les inftances de Farel, folennellement proclamé leur réfolution de « vivre felon l'Evangile » (*Regiftre des Confeils*, 19-24 mai 1536). En même temps on avait décrété que l'on réorganiferait de fond en comble l'enfeignement public, en créant une grande école, à la tête de laquelle on avait placé le miniftre Antoine Saunier, qui était chargé de diriger & de furveiller, non feulement les régents placés fous fes ordres, mais aussi les autres maîtres enseignant en leur particulier. Quant à ce qui concernait plus directement l'Eglise, il avait été résolu de procéder à son organisation régulière, par la rédaction & l'adoption d' « *articles* » qui formeraient comme la constitution ecclésiastique de la communauté.

C'est à cette organisation que travaillaient Farel & ses collègues, quand survint, au mois de juillet 1536, l'homme dont le nom était déjà célèbre, du moins parmi les chefs de l'Eglise nouvelle, pour avoir paru, soit à la tête de la préface latine qui servait d'introduction à la Bible française de Robert Olivetan, imprimée en 1535 à Neuchâtel, soit sur le titre de l'*Institution de la religion chrétienne*, publiée en latin à Bâle en mars 1536. Ce dernier ouvrage révélait un esprit de premier ordre, par la clarté des idées, la belle ordonnance de l'exposition, l'étendue du savoir & l'énergie réfléchie des convictions. C'était vraiment un « docteur, » qui venait de prendre, dans les Eglises de langue française, ne fût-ce qu'en espérance, une place analogue à celle que depuis près de vingt ans Luther & Mélanchthon occupaient en Allemagne, & qu'avaient occupée en Suisse Zwingli & OEcolampade, déjà disparus. Ce fut comme docteur, en effet, que Calvin consentit à se vouer au service de l'Eglise naissante de Genève, où il comptait, d'ailleurs, parmi les réfugiés pour cause de religion, plusieurs compatriotes & quelques amis.

Il commença par donner des leçons publiques (*lecturæ*) sur les saintes Ecritures (*Reg.*, 5 sept. 1536). Mais on ne tarda pas à lui demander davantage, & lui-même, avant de devenir, à proprement parler, l'un des pasteurs en charge de l'Eglise, se trouva tout naturellement entraîné, par la supériorité de son esprit & de ses talents, à jouer un des premiers rôles parmi « les ministres. » Il eut l'influence avant d'avoir l'autorité. Il assiste & supplée Farel, mais il ne le supplante pas. Celui-ci, qui possédait les qualités du missionnaire plus que celles de l'organisateur, comprit tout de suite le genre de secours qu'il pouvait attendre de cet auxiliaire, aux idées lucides & méthodiques, pour l'œuvre de reconſtruction dont il était chargé. Il dut, dès que Calvin fut définitivement fixé à Genève, à la fin d'août 1536, l'entretenir très-à fond de la tâche qui lui avait été donnée, ou plutôt qu'il s'était impoſée lui-même, de doter l'Egliſe genevoiſe d'une conſtitution qui aſſurât la parfaite uniformité de croyance à laquelle il fallait, ſelon lui, parvenir.

C'était, en effet, « pour *l'unité* de la ville, & afin d'unir les citoyens dans la foi en Chriſt, » dit le regiſtre déjà cité, que Farel avait ſollicité & obtenu l'adhéſion préalable des Conſeils, ainſi que l'autoriſation de leur préſenter, à meſure que la néceſſité s'en ferait ſentir, « les articles » propres à atteindre ce but. Mais c'eſt là que commençait la difficulté. Car il y avait des gens, & d'entre les plus conſidérables, qui déclaraient que « perſonne ne dominerait ſur leur conſcience, » & qui proteſtaient hautement contre les meſures d'unification religieuſe auxquelles on voulait les ſoumettre (*Reg.*, 4 ſept. 1536). Affranchis de l'autorité de l'Egliſe romaine, ils ne voulaient pas en subir une autre. Mais le temps n'était plus où l'on se contentait de demander, avec Messieurs de Berne, que chacun fût libre, qui d'ouïr la messe & qui d'entendre le sermon (*Reg.*, 10 janvier 1534). La messe était proscrite; ceux qui la disaient en secret ou qui allaient l'entendre ailleurs étaient bannis, & l'on prétendait forcer les gens d'assister au sermon (*Reg.*, 21 & 24 juillet 1536).

Ce n'était cependant pas par des procédés coërcitifs, ou par de simples décrets (le peuple les eût-il votés « d'une seule voix, les mains levées vers le ciel, » *Reg.*, 21 mai 1536), qu'on pouvait mettre des croyances dans les cœurs & des convictions dans les esprits. On avait affaire à une population très-mal préparée à recevoir l'Evangile, & dans les habitudes, les goûts, les opinions de laquelle il y avait beaucoup à édifier & beaucoup à détruire pour y introduire, à la place des pratiques du catholicisme, de l'amour du plaisir, de l'esprit d'indépendance, de la légèreté des mœurs, une foi vivante & éclairée, une conduite pure, une morale auſtère. C'était pourtant à ce réſultat que les réformateurs prétendaient arriver.

Farel, après s'être concerté avec Calvin, propoſa dans le mois de novembre, conformément à la déciſion priſe en mai, des « Articles ſur le gouvernement de l'Egliſe » (*Reg.*, 10 novembre 1536). Mais, adoptés en principe par le Grand Conſeil, ils furent renvoyés pour plus ample examen au Conſeil ordinaire, & ce ne fut qu'en janvier 1537 que, ſoumis de nouveau aux pouvoirs publics, ils furent définitivement votés. C'eſt dans cet intervalle que fut compoſé le premier catéchiſme français de Calvin, & c'eſt comme formant une partie intégrante des Articles de réformation qu'il faut le conſidérer, en examinant ceux-ci de plus près. Il s'en ſépare d'autant moins, que ces articles mêmes, quoique « baillés par les preſcheurs, » comme dit l'étiquette officielle, ſont unanimement reconnus pour être l'œuvre de Calvin.

Déjà, avant ſon arrivée, les formes extérieures du culte, les prières publiques, le rôle du sermon, les rites du baptême & de la sainte Cène, la célébration du mariage, avaient dû être fixés d'après les règles posées dans un petit écrit, rédigé sans doute par Farel, & publié en 1533 sous le titre : « *La maniere & faſſon quon tient ..... es lieux que Dieu de ſa grace a viſites.* » C'est la première liturgie des congrégations évangéliques de langue française. Elle venait de paraître au moment où Farel, envoyé par Berne, prit en main la direction du mouvement religieux de Genève, & divers indices prouvent qu'elle y fut suivie dès lors, autant que le permettaient les circonstances. Depuis le triomphe de la Réforme, rien ne s'opposa plus à l'entier & libre usage de cette liturgie, où l'on retrouve les rudiments des formes & des coutumes encore en vigueur aujourd'hui dans le culte des Eglises protestantes d'origine calviniste. Quant aux fêtes religieuses, les Conseils de Genève les avaient toutes, non seulement supprimées, mais formellement interdites, sous peine d'amende pour ceux qui les chômeraient. Le dimanche seul devait être sanctifié, & la stricte observation de ce jour était enjointe à tous, avec menace de punition pour les récalcitrants (*Reg.*, 29 mai & 13 juin 1536).

Il n'y avait donc pas à s'occuper de ces divers points dans les Articles soumis par les « prescheurs » au Petit Conseil, qui s'attribuait, en matière ecclésiastique, l'autorité souveraine, probablement comme héritier des pouvoirs de l'évêque détrôné. Ne l'avait-on pas vu accueillir, dans une portion du territoire où régnait encore l'exercice du culte catholique, les plaintes de paroissiens excommuniés, les déclarer lui-même réconciliés avec l'Eglise, & lever l'excommunication dont ils étaient frappés (*Reg.*, 4 avril 1536)?

Mais, si les réformateurs estimaient que le règne exclusif de l'Evangile fût dans les choses extérieures suffisamment sauvegardé, pourvu que le magistrat y tînt la main, ils ne pensaient pas de même en ce qui concernait la vie intérieure, la doctrine, la foi proprement dite. Ceci (toute réserve faite des droits de suprématie du pouvoir civil) les regardait eux-mêmes plus directement.

Aussi, tandis qu'ils se contentent de réclamer pour le culte un simple perfectionnement liturgique: l'introduction du chant, & pour le mariage un règlement d'ordre public, ils proposent, afin de mettre les convictions & la conduite des membres de l'Eglise en harmonie avec la profession extérieure de l'Evangile, des dispositions qui ont pour but : d'une part, d'assurer l'éducation chrétienne du troupeau, &, de l'autre, d'exclure de l'Eglise ceux qui n'en observent ni les doctrines, ni les commandements.

L'instruction & la discipline religieuses, voilà les moyens dont ils réclament l'adoption pour réussir, autant qu'il est possible, à faire correspondre, dans l'Eglise, la réalité à l'idéal. Seulement, au lieu de s'adresser directement, pour atteindre ce but, à la conscience & à la libre détermination des individus, ils s'adressent d'abord au magistrat. Il faut à leur apostolat la sanction du pouvoir séculier. L'Eglise, dans sa constitution, sinon dans l'essence de sa foi, relève de l'Etat. Du reste, il n'en allait pas à Genève autrement, sur ce point, que dans les divers pays où s'était établie la Réforme.

II

Le mémoire juſtificatif qui renfermait les demandes que les réformateurs adreſſaient au Petit Conſeil fut examiné par ce corps dans ſa ſéance du 16 janvier 1537. Il a été publié en ſon entier plus d'une fois, & il eſt conſervé dans le recueil des Pièces hiſtoriques des archives de Genève, n° 1170. Nous en abrégeons & nous en rajeuniſſons le texte dans les parties que nous reproduiſons, en nous gardant de faire ſubir au fond même des idées, malgré ces changements de forme, aucune altération.

« Le trouble & la confuſion, » y eſt-il dit, « qui exiſtaient dans cette ville de Genève, avant que l'Evangile y fût reçu & reconnu d'un commun accord, n'ont pas permis de tout mettre du premier coup en bon ordre, car l'ignorance du peuple ne pouvait le ſupporter. Mais, maintenant qu'il a plu au Seigneur d'établir un peu mieux ſon règne parmi nous, il nous a semblé qu'il était bon & salutaire de nous occuper ensemble de cet objet, & après avoir examiné entre nous, suivant la parole de Dieu, quelle police il conviendrait d'observer dorénavant dans cette Eglise, nous avons conclu de vous présenter nos résolutions par articles, en vous priant, au nom de Dieu, de ne point vous épargner à faire, de votre côté, ce qui est de votre office. Si donc notre demande vous paraît conforme à la sainte parole de l'Evangile, veuillez faire en sorte que ce que nous requérons soit reçu & observé dans votre ville. »

Parmi les objets de cette requête, il n'en est que deux dont nous voulions nous occuper ici. Laissant de côté ce qui concerne l'introduction du chant des psaumes dans le culte public, & la promulgation d'ordonnances du Conseil relatives aux mariages, nous nous arrêtons seulement à ce qui concerne le Catéchisme & la Confession de foi qui sont publiés dans ce volume.

« Il existait autrefois, » disent les ministres (c'est-à-dire Calvin), « un catéchisme destiné à instruire chaque fidèle des fondements de la religion chrétienne, & qui était comme un formulaire & une déclaration dont on usait pour attester sa foi. Les enfants étaient particulièrement instruits selon ce catéchisme, afin de pouvoir rendre témoignage de leur croyance devant l'Eglise, ce qu'ils n'avaient pu faire lors de leur baptême. L'Ecriture, en effet, nous enseigne que la confession doit être toujours conjointe avec la foi, &, si de tout temps cette règle a été convenable, elle est maintenant plus nécessaire que jamais, soit à cause du mépris où nous voyons la plupart des hommes tenir la parole de Dieu, soit à cause de la négligence des parents à instruire leurs enfants selon la voie du Seigneur; d'où il résulte généralement une rudesse & une ignorance qui sont intolérables dans l'Eglise de Dieu. Nous vous proposons donc l'adoption d'un bref & facile résumé de la foi chrétienne, que l'on enseignera à tous les enfants, & d'après lequel, à certaines époques de l'année, ils seront interrogés par les ministres & recevront de ceux-ci les explications proportionnées à leur capacité, jufqu'à ce qu'on les voie fuffifamment inftruits. Mais il faut que vous ordonniez aux parents d'avoir foin que leurs enfants apprennent ledit catéchifme & fe préfentent aux miniftres dans le temps prefcrit. »

Cette « briefve fomme & facile de la foy creftienne, » dont les miniftres demandaient l'adoption, était déjà compofée par Calvin, car un mois à peine après que les Confeils en avaient autorifé l'introduction dans l'Eglife, elle fe trouvait imprimée. C'eft donc vers la fin de l'année 1536, que le premier catéchifme français de l'Eglife de Genève a été rédigé, & peut-être était-ce une des raifons des délais apportés dans la préfentation des « Articles baillés par les prefcheurs. » On voulait que ce petit livre fût tout prêt à paraître au moment même où fon adoption aurait été autorifée par les magiftrats, à l'examen fpécial defquels fon texte ne paraît pas, du refte, avoir été foumis.

Voilà pour la partie des Articles concernant l'enseignement religieux.

Voici ce qui se rapporte à la discipline: « Il est certain, » disait le mémoire, « que l'on ne peut considérer comme une Eglise bien ordonnée que celle où la sainte Cène de Notre Seigneur est fréquemment célébrée, & avec un si bon ordre, que personne n'ose s'y présenter, s'il ne le fait saintement & avec vénération. C'est pourquoi il est très-nécessaire, afin de maintenir l'Eglise en son intégrité, d'observer la discipline de l'excommunication, par laquelle on peut corriger ceux qui ne veulent pas se conformer d'eux-mêmes & obéir en toutes choses à la sainte parole de Dieu! »

De ces principes « les prédicans » concluent « qu'il ferait bien à désirer que la Cène de Jésus Christ se distribuât au moins tous les dimanches, car elle a été instituée pour que nous y soyons faits participants du corps & du sang de Jésus, de sa mort, de sa vie, de son esprit & de tous ses biens. Mais ce fréquent usage de la Cène, reçu dans l'ancienne Eglise, a été aboli par l'abomination des messes, où il a été établi qu'un seul communierait pour tous. Toutefois, l'infirmité du peuple est encore telle, qu'il serait à craindre que cet excellent & sacré mystère ne tombât en mépris, s'il était si souvent célébré. Nous requérons donc que, pour le moment, la sainte Cène ait lieu une fois par mois dans l'une des trois églises où l'on prêche maintenant, savoir : Saint-Pierre, Rive & Saint-Gervais, à tour de rôle ; & nous vous prions de vous joindre à nous pour aviser, de votre part, à ce que ce haut mystère soit traité avec la plus grande dignité possible. »

Quant à la participation à la sainte Cène, les ministres exposent « qu'il importe avant tout que ce sacrement, ordonné pour unir les membres du corps de Christ avec leur chef & entre eux-mêmes, ne soit pas souillé & profané par les personnes que leur méchante vie exclut de toute communion avec Jésus Christ. Il faut donc que ceux qui ont la puissance de faire cette police mettent ordre à ce que les communiants soient reconnus comme membres de Jésus Christ.

C'est pour cela que Notre Seigneur a établi dans son Eglise la discipline de l'excommunication, & que saint Paul nous en a donné l'exemple & le commandement. Nous devons, par conséquent, recevoir cette discipline dans notre Eglise. »

Après avoir indiqué de quelle manière peut s'opérer ce rétablissement de l'excommunication, par qui & comment elle doit être exercée au sein de l'Eglise, l'auteur du mémoire fait observer que ce n'est pas seulement la pureté des mœurs qui doit être exigée de ceux qui veulent s'approcher de la table du Seigneur, c'est encore la pureté de la doctrine & l'unité de la foi.

Les circonstances en rendent, est-il dit, la nécessité évidente: « Il y a de fortes raisons de craindre, & même de bonnes raisons de croire, qu'il existe dans Genève plusieurs personnes qui n'ont point accepté l'Evangile, & qui s'y opposent tant qu'elles peuvent, en nourrissant dans leur cœur toutes les superstitions contraires à la parole de Dieu. Mais il est de grande importance de bien connaître les gens qui sont pour ou contre l'Eglife de Jéfus Chrift; car, s'il eft jufte de rejeter de celle-ci les individus qui, à caufe de leurs vices, ne font plus dignes d'en faire partie, il eft plus néceffaire encore de n'y pas admettre ceux qui n'y doivent point entrer.

« Or, comme il n'y a pas de plus grande divifion que de la foi, nous vous fupplions d'ordonner que tous les habitants de votre ville aient à faire confeffion & à rendre raifon de leur croyance, afin que l'on puiffe connaître ceux qui tiennent pour l'Evangile, & ceux qui aiment mieux être du royaume du pape que du royaume de Jéfus Chrift. Vous accompliriez, Meffieurs, un acte de magiftrats chrétiens, fi chacun de vous, dans le Confeil, faifait une confeffion de fa foi, qui montrât à tout le monde que la doctrine que vous profeffez eft bien celle par laquelle l'union des fidèles règne dans l'Eglife. Après avoir donné cet exemple, vous chargeriez quelques-uns des membres de votre Confeil d'aller, avec l'un des miniftres, requérir chaque habitant de la ville d'en faire autant: ce qui n'aurait lieu que pour cette fois feulement, parce que jufqu'à préfent on n'a pas conftaté quelle eft la doctrine de chacun, ce qui eft cependant le droit commencement d'une Eglife. »

On voit ici que la déclaration folennelle, faite au mois de mai 1536, par les citoyens réunis en Confeil général, de vouloir « vivre felon l'Evangile, » n'était pas envifagée comme fuffifante par les réformateurs. En effet, il s'était produit, malgré cette déclaration, des réfiftances péremptoires auxquelles on efpérait couper court en exigeant, non plus une profeffion de foi générale dans fes termes & collective dans fon expreffion, mais une adhéfion perfonnelle à un formulaire identique qui, juré d'abord par les magiftrats, le ferait enfuite par chaque individu, de manière à fupprimer dans l'Eglife toute incertitude, toute divergence & toute équivoque.

Mais, quelle devait être la forme de l'adhéfion commune ? Se contenterait-on d'une déclaration individuelle, faifant connaître « lefquels tiennent pour l'Evangile &

lesquels préfèrent le royaume du pape ? » Ou bien adopterait-on un formulaire plus explicite dans lequel feraient compris les divers points de la foi nouvelle? Nous croyons qu'au moment où fut préfenté le mémoire des « prefcheurs, » la queftion n'était pas réfolue, & rien n'indique qu'aucun formulaire de ce genre ait été mis alors fous les yeux du Confeil. Les mots: *Confeffion de foi*, placés dans le titre même du Catéchifme, femblent indiquer que l'on n'avait pas préparé fimultanément un autre écrit portant un titre femblable, & peut-être même que l'on voulait faire du Catéchifme le texte de la confeffion générale; en forte qu'on n'aurait fenti qu'ultérieurement l'avantage d'un formulaire plus fimple. Ce qui eft certain, c'eft que la confeffion qui fut admife définitivement, eft donnée comme « *extraite de l'Inftruction dont on ufe en l'Eglife de Genève,* » & qu'elle a paru deux mois plus tard que celle-ci.

Après l'examen des diverfes demandes fur lefquelles les miniftres le priaient de fe prononcer, le Petit Confeil réfolut d'y acquiefcer avec quelques additions & modifications, dont la principale était de fixer à quatre fois par an, au lieu d'une fois par mois, la célébration de la Cène. « Le refte des Articles, dit le regiftre, eft paffé ainfi qu'ils font écrits. » Les requêtes relatives au Catéchifme, à l'excommunication & à la confeffion de foi, furent donc admifes telles qu'elles avaient été préfentées. Le même jour le Confeil des Deux-Cents fanctionna ces décifions. « Il eft arrêté, » lit-on dans le regiftre, « que l'arrêt du Confeil ordinaire eft bien. »

Mais on ne s'en tint pas là. A côté des « Articles baillés par les prefcheurs, » le Confeil des Deux-Cents fut nanti de propofitions qui avaient trait à la police extérieure des mœurs, & qui tendaient à compléter les mefures déjà prifes pour l'établiffement de la réformation dans Genève. On ne voit pas qu'elles aient été follicitées par les miniftres (ce qui ne veut pas dire qu'ils n'y applaudiffaient pas); mais, comme elles rentraient directement dans la compétence du Petit Confeil, il eft probable que ce fut lui qui, de fon chef, les propofa au Confeil des Deux-Cents, ainfi qu'il l'avait déjà fait auparavant dans des cas analogues. Seulement, cette fois-ci, les difpofitions difciplinaires formaient un enfemble plus complet, & par cela même moins facile à mettre à exécution.

D'une manière générale, il fut décidé que l'on « ferait une enquête fur les infolences & les mauvaifes mœurs qui font par la ville, & que l'on s'efforcerait que bonnes mœurs fuffent en la ville, & que l'on vive felon Dieu. » On interdit fpécialement de « chanter chanfons de folie; de jouer des jeux de hafard; de tenir le dimanche, pendant le fermon, aucune efpèce de boutique ouverte, ou de crier dans la rue la vente des comeftibles; de garder chez foi des images & des idoles. » Ces reliefs de catholicité devaient être remis en mains des agents à ce prépofés, pour être « brûlés & détruits » (*Reg.*, 16 janvier 1537).

Souvent répétées & rarement obéies, ces défenfes & celles du même genre dont nous avons déjà parlé contribuèrent, plus que toute autre chose, à rendre impopulaire l'œuvre d'évangélisation qui s'accomplissait dans Genève & à lui faire bientôt subir un temps d'arrêt & un échec momentané. Mais, pour le présent, les réformateurs & les Conseils se trouvant d'accord, ils purent se livrer, chacun dans sa sphère particulière d'action, à la tâche qu'ils s'étaient donnée : l'Etat veillant à la police extérieure de la ville-Eglise, les ministres s'occupant du gouvernement spirituel de l'Eglise-nation.

En ce moment, la première occupation de ceux-ci devait être d'aviser à la mise au jour des deux pièces dont leurs Articles faisaient mention. Le Catéchisme rentrant dans leurs attributions purement religieuses, il n'est pas probable, comme nous l'avons déjà dit, que les magistrats aient été appelés, officiellement du moins, à en prendre connaissance, & il a pu être imprimé (ainsi qu'il l'a été en effet) immédiatement après la résolution adoptée dans les deux Conseils, puisque Calvin, un mois plus tard, montrait aux membres de la conférence théologique, tenue à Lauſanne, vers le milieu de février, ce livret, « qui venait de paraître » (*Lettre* à S. Grynée, juin 1537).

Quant à la Confeſſion de foi, ſon texte, rédigé plus tard, fut ſoumis au contraire au Petit Conſeil, ainſi que nous l'apprend, ſinon le regiſtre, qui ſe tait ſur ce point, du moins Calvin lui-même, qui l'affirme poſitivement (Voy. plus loin, p. 134). Ce n'était pas, en effet, un acte purement religieux, concernant l'intérieur ſeul de l'Egliſe, comme le Catéchiſme, que cette profeſſion publique, où le Conſeil devait donner l'exemple au peuple, & qui rentrait plus où moins, par conſéquent, dans l'ordre des faits politiques. Nous croyons que ce fut au mois de mars que ce document fut ſoumis à l'approbation du magiſtrat, qui en ordonna l'impreſſion aux frais de l'Etat. La ſeule mention des regiſtres, à laquelle on puiſſe, du moins, rattacher ce fait, ſe trouve au 13 mars 1537, où il eſt dit que, « ſur la propoſition de maître

Farel & de Calvin, on a réfolu de mettre ordre à ce qui concerne la Cène & *autres points des Articles*, en avifant à ce que ceux-ci foient obfervés de la manière la plus profitable. »

Mais, à quelque moment & dans quelque forme qu'aient été réglées les queftions relatives à la Confeffion de foi, ce qui eft fûr, c'eft que celle-ci ne fut prête à paraître que dans la feconde moitié du mois d'avril 1537 (*Reg.*, 17 & 27 avril 1537). Nous reviendrons, du refte, tout à l'heure, fur ce fujet avec plus de détails. Occupons-nous d'abord du Catéchifme.

III

Les deux écrits, dont les « prédicans » avaient fucceffivement follicité l'adoption, étaient d'une portée & d'un caractère très-différents. L'ufage du Catéchifme était auffi naturel, que l'emploi de la Confeffion fut infolite. Dans toutes les Eglifes évangéliques, fondées depuis l'origine de la Réforme, la nécessité de l'instruction religieuse de la jeunesse avait éclaté à tous les yeux, & l'introduction d'ouvrages en langue vulgaire, destinés à remplir cette tâche, en avait été la conséquence. Luther n'avait pas, sur ce point, ouvert la marche. Avant qu'il publiât les deux manuels auxquels il donna le premier, en se servant d'un terme employé par saint Augustin à peu près dans le même sens (*De fide & operibus*, 13), le titre de *Catéchisme*, d'autres ouvrages du même genre avaient déjà paru en Allemagne. Mais ce fut lui qui, dès 1529, réclama le plus haut, comprit le mieux & réalisa le plus efficacement l'œuvre de l'enseignement élémentaire de la religion.

Quoique l'on ait dit dans l'Apologie pour la confession d'Augsbourg (VIII, 41): « Chez nos adversaires il n'existait absolument aucune instruction religieuse pour les enfants; » quoique Luther ait déclaré qu'il « consentait à être roué vif, si l'on trouvait un seul docteur qui, pendant le moyen âge, eût connu, compris & enseigné le catéchifme » (*Werke*, XXI, 2, 5. Ed. Erl.); quoique Calvin affirme que l'Eglife romaine « avait entièrement délaiffé l'ufage ancien du formulaire qu'on appelait catéchifme & que l'on employait pour l'inftruction religieufe de la jeuneffe » (*Epitre au lecteur*, dans le Catéchifme de 1541); — il y avait eu néanmoins avant la Réforme (fans parler de Wiklef & des Huffites) de petits ouvrages deftinés, fous une forme ou fous une autre, à l'enfeignement religieux des enfants. En tout cas la connaiffance non interrompue, parmi le peuple, du Décalogue, du Symbole des Apôtres & de l'Oraifon dominicale eft un fait inconteftable.

Ce font ces trois documents fondamentaux de la tradition commune, qui fe retrouvent dans les rares effais d'inftruction élémentaire parus au fein de l'Eglife romaine avant la Réforme, & dans les écrits de la même efpèce publiés par les réformateurs. C'était, pour ces derniers, une circonftance très-favorable, que de pouvoir rattacher, dans l'Eglife nouvelle, l'enfeignement populaire à des textes généralement connus

& dont l'autorité était universellement acceptée. Les formules étant reçues sans contestation, il n'y avait plus qu'à en donner une explication conforme aux principes de la foi évangélique, & la tâche était bien plus aisée que s'il avait fallu tout reconstruire du bas en haut de l'édifice. Les trois textes fondamentaux étaient, encore plus que l'Ecriture dont l'Eglise avait soustrait la lecture au peuple, une propriété commune à tous les chrétiens, ce qui empêchait la rupture absolue de la tradition entre les populations élevées selon les anciennes croyances & les novateurs religieux. On en peut dire autant des deux sacrements du Baptême & de la Cène qui, tout en étant profondément modifiés dans leur rite & dans leur signification, n'en répondaient pas moins à des habitudes acquises. C'est sur ce terrain, où l'on pouvait mettre le pied en commun, que Luther fonda son enseignement élémentaire du christianisme.

« Le catéchisme, ou doctrine chrétienne, c'est, » dit-il, « le Symbole, le Décalogue

& l'Oraison dominicale. Ce n'est pas sans une direction spéciale de Dieu, que les illettrés, qui ne pouvaient pas lire la sainte Ecriture, ont toujours dû apprendre le Credo, le Pater & les Dix commandements. Dans ces trois pièces est compris tout ce qu'un chrétien doit connaître. Le Décalogue révèle à l'homme sa maladie, qui est le péché; le Symbole de la foi lui en montre le remède dans la grâce de Dieu, manifestée en Jésus Christ; l'Oraison du Seigneur lui enseigne à désirer & à demander que cette grâce lui soit accordée » (*Préface* du Grand catéchisme). Ce fut aussi sur ce triple fondement, qu'à Zurich Léon Judas, en 1533, composa son catéchisme, où, à l'inverse du Petit catéchisme de Luther, c'est l'enfant qui questionne & le ministre qui répond. Calvin (non plus que Luther dans son Grand catéchisme) n'a pas employé, pour son premier catéchisme français, cette forme dialoguée qu'il devait préférer & adopter plus tard.

S'il était naturel qu'à Genève, comme à Wittemberg & à Zurich, comme à Strasbourg, comme à Berne, on fentît l'importance de donner à l'Eglife naiffante & qui, comme le dit Bèze, « fortait à peine des fouillures de la papauté, » un manuel d'enfeignement religieux, il était naturel auffi d'en confier la rédaction à l'homme qui femblait le mieux fait pour s'acquitter de cette tâche avec un plein fuccès. Entre l'auteur de l'*Inftitution de la religion chrétienne* & l'auteur de la *Summaire & briefve declaration de aucuns lieux fort neceffaires a ung chafcun Chreftien,* — entre Calvin & Farel, — il pouvait y avoir d'autant moins à héfiter, que ce dernier reconnaiffait hautement la fupériorité littéraire & théologique de fon jeune collaborateur.

Un peu plus tard, en effet, & probablement près du moment où la première édition de la verfion françaife de l'Inftitution venait de paraître, Farel, comparant fon propre ouvrage avec celui de fon collègue, écrivait: « Jean Calvin, mon bon & entier frère, a en fon Inftitution fi amplement traité tous les points touchés en mon livret que, furmontant non feulement ce que j'ay touché, mais ce que je pourroye toucher, il a osté l'occasion à moy & aux autres d'en vouloir plus plainement escrire. Que tous ceux qui auront vu mon petit livre regardent donc cette belle Institution, laquelle regardant, ils n'ont plus besoin de ma petitesse, ni de prendre peine à lire mon petit livret » (*Epître aux lecteurs fidèles*). En voyant Farel s'effacer ainsi devant Calvin, il est bien permis de penser que ce dut être sur ses instances, que le nouveau venu se chargea de la composition de cette *Instruction*, qui devait être à Genève apprise par tous les enfants.

Seulement, Calvin, qui n'avait pas encore une grande expérience pratique de cet enseignement élémentaire, ne se rendit pas bien compte, en se mettant à l'œuvre, du but auquel il fallait tendre. Son Catéchisme fut plutôt le résumé & comme la quintessence de son Institution, qu'un manuel approprié à la portée des jeunes intelligences qu'il s'agissait d'initier à la connaissance de la nouvelle doctrine. Il sentit vivement plus tard ce défaut de composition, & ce fut surtout pour supprimer, comme moyen d'enseignement, ce premier essai mal adapté à sa destination, qu'il écrivit son second catéchisme français & se hâta de le publier dès son retour à Genève, en 1541, ainsi qu'il le rappelait à ses collègues rassemblés autour de son lit de mort.

Quoiqu'il dise lui-même, en parlant de cette première œuvre, qu'il a voulu qu'elle fût « l'expression d'une piété simple » (Voy. plus loin, p. 125), on s'aperçoit, en la lisant, que si la piété, & même une piété très-élevée, peut y trouver satisfaction, l'intelligence de l'enfant y rencontre une sublimité qui dépasse singulièrement sa capacité. Calvin a beau vouloir, au moment où il venait de l'écrire, ôter à son premier catéchisme le caractère d'une « œuvre composée avec un ingénieux & profond savoir » (Ibid.), elle n'en demeure pas moins beaucoup plus accessible à des intelligences adultes qu'à de jeunes cerveaux.

Sous sa plume, & avec les visées étendues de son esprit, le manuel d'enseignement religieux deſtiné à l'adoleſcence devint un manifeſte de la doctrine prêchée dans l'Egliſe de Genève, pour ſervir, au dedans & au dehors, de témoignage public de ſa foi. Ce fut même le premier uſage qu'en fit Calvin, afin de ſe laver, ainſi que ſes collègues, de l'imputation d'arianiſme, lancée contre eux par Caroli, paſteur à Lauſanne (*Lettre* des miniſtres de Genève, février 1537). Il déclare à cette occaſion, que « cette Confeſſion de foi » (le livre portait auſſi ce titre) « avait été publiée dans le but de faire connaître à tous les gens de bien, ſi cela était néceſſaire, quelle était la doctrine profeſſée par les miniſtres de Genève. » Un an plus tard, quand il traduiſit & fit paraître le Catéchiſme en latin, il dit expreſſément, ſoit dans le titre, ſoit dans le préambule, qu'il s'eſt réſolu, avec ſes collègues, à faire cette publication, pour donner ainſi aux autres Egliſes « un gage authentique de la doctrine prêchée dans celle de Genève » (Voy. plus loin, p. 128).

Le caractère ſymbolique de l'ouvrage l'avait emporté ſur ſon caractère catéchétique. Ce n'eſt pas que cette *Inſtruction* ne répondît, ſinon dans ſa forme littéraire, du moins dans ſa compoſition générale, à ce que renfermaient les écrits de ce genre, déjà parus dans les diverſes Egliſes réformées. On y retrouve, comme dans les catéchiſmes précédents, l'emploi des trois documents traditionnels: le Décalogue, le Symbole des Apôtres & l'Oraiſon dominicale, qui forment, avec les articles ſur les ſacrements, un tout aſſez ſemblable au Grand catéchiſme de Luther. Mais l'un n'eſt point la copie de l'autre. Calvin, comme nous l'avons dit, s'eſt reproduit lui-même, & ce que l'on trouve dans ſon premier Catéchiſme, n'eſt que le réſumé de ce que contenait ſon *Inſtitution de la religion chrétienne*. C'eſt celle-ci qui était conſtruite ſur le plan adopté par Luther, & c'eſt à elle que ſe rattache immédiatement l'*Inſtruction & confeſſion de foy dont on uſe en l'Egliſe de Genève*. Entre les deux écrits le début ſeul diffère; tout le reſte de l'abrégé eſt extrait & même, dans la ſeconde moitié, textuellement traduit de l'ouvrage principal. La fin de l'un & de l'autre se rapporte à l'Eglise & à l'Etat, double sujet que n'ont pas abordé les catéchismes de Luther.

Mais, quoi qu'il en soit de son origine, de son but prochain & de ses rapports avec ce qui l'a précédé, si on l'envisage en lui-même, le Catéchisme français de Calvin offre cet intérêt particulier d'être, dans notre langue, la première expression méthodique de la doctrine calviniste, qui y est renfermée toute entière dans ses traits essentiels. Il est, vu la brièveté & la netteté de l'exposition, la source où l'on peut le plus facilement puiser, sous une forme authentique, la connaissance de ce grand système religieux. C'est, pour ainsi dire, le calvinisme en raccourci. Il ne s'y présente pas, sans doute, avec toute l'ampleur & la majesté qu'il a revêtues plus tard, sous l'influence d'une pensée & d'une logique dont les exigences allaient croissant. On l'y trouve, comme dans la première édition de l'Institution, moins dur, moins sombre, moins écrasant, que lorsque le temps, la réflexion, la contradiction, l'inflexibilité dogmatique, eurent amené à sa dernière expression cette vaste construction théologique, plus propre à provoquer l'admiration des penseurs, qu'à faire naître dans les âmes les sentiments qu'inspirent une foi simple & une piété sympathique.

Dans le Catéchisme il y a, semble-t-il, quelque chose de plus ému, comme un souffle de spiritualité qui se fait sentir sous la sécheresse des formes didactiques & se fait jour par des expressions pleines de puissance & d'élévation. Le sentiment profond de la souveraineté de Dieu & des obligations morales de l'homme y tient plus de place que l'esprit purement théologique du rationalisme orthodoxe. Il suffit, pour s'en convaincre, de voir comment, en parlant de Dieu, c'est moins sur les mystères de l'ontologie divine, que sur les rapports entre l'homme & son créateur, que l'auteur insiste. De même, dans l'article de la Cène, ce n'est pas aux questions ardues relatives à la nature de ce sacrement, mais aux effets religieux qu'il doit produire sur les âmes des fidèles, que se rapporte l'enseignement du catéchisme.

L'absence de polémique contre l'Eglise romaine est encore un indice que c'était surtout l'édification, plus que la théologie, qu'avait en vue Calvin. Il le reconnaît, du reste, lui-même lorsqu'il s'excuse, en quelque sorte, comme nous le rappelions tout à l'heure, de présenter à des lettrés & à des docteurs la traduction latine de ce livret, « composé dans le but d'édifier les simples, plutôt que d'aborder les profondeurs de la science théologique. »

Aujourd'hui que cette science n'enfante plus guère de grands systèmes dogmatiques & que, là où l'on s'occupe de questions religieuses, on a plus ou moins perdu le goût & le sens des hautes spéculations, aujourd'hui que les sectateurs du pur calvinisme n'apparaissent plus que comme les rares échantillons d'une espèce disparue, le premier catéchisme français de Calvin conserve encore, comme document historique & religieux, une incontestable valeur. Nous ne voulons pas inſiſter ici ſur les preuves de cette aſſertion, la lecture même du Catéchiſme doit en être la démonſtration ſuffiſante. Nous ferons ſeulement obſerver qu'on y trouve ces qualités caractériſtiques de l'eſprit & du talent de Calvin, qui ſont la clarté, l'ordre, la préciſion, la force, & dont il était redevable, outre ſes diſpoſitions natives, à la culture littéraire qu'il avait reçue. Le commerce avec les anciens l'avait bien plus favorablement préparé à aborder & à traiter les choſes de la religion, que ne l'aurait fait l'étude de la théologie ſcolaſtique, pour laquelle le deſtinait d'abord ſon père, & à laquelle il eut le bonheur d'échapper.

Il eſt à remarquer que, par une exception bien rare dans les ouvrages de Calvin, ſon premier catéchiſme ne préſente, comme nous l'avons dit, aucune trace de controverſe directe contre l'Egliſe catholique, & qu'il n'attaque qu'à peine les adverſaires de la religion, qu'il appelle « les infidèles. » Il établit la doctrine dans laquelle il voit l'expreſſion de la vérité religieuſe, ſans y mêler aucune de ces violences de langage dont abonde ordinairement sa polémique. Se plaçant au cœur même de son sujet, il n'aborde point non plus ces questions préalables, si débattues de nos jours, touchant le surnaturel, les miracles, l'inspiration. Il les ignore, ou plutôt il les tient pour résolues & ne semble pas admettre qu'on puisse les soulever. L'autorité même de l'Ecriture sainte, qui est à la base de toute son argumentation & sur laquelle s'appuie tout son enseignement, est supposée partout, démontrée nulle part. Il ne prend souci de la défense d'aucun de ces ouvrages avancés de la forteresse chrétienne & ne s'occupe dans le Catéchisme que d'affirmer, comme une certitude incontestable, chacune des doctrines qu'il met en avant. C'est la pure méthode dogmatique, telle qu'elle convient peut-être aux premiers degrés de l'enseignement, telle qu'elle convenait certainement à l'un des esprits les plus absolus & les plus logiciens qui aient existé.

Sauf au début, où il prélude à l'ordre

qu'il obfervera plus tard dans les éditions nouvelles de l'Inftitution, il fuit, dans la fucceffion de fes thèfes, la marche qu'il avait déjà adoptée pour fon grand ouvrage. Il commence par traiter de la connaiffance de Dieu, puis de la nature de l'homme qui, s'étant par le péché éloigné de fon créateur, eft replacé fur la bonne voie au moyen de la loi divine proclamée dans le Décalogue. Vient alors une analyfe des Dix commandements, abrégée de celle qui formait le premier chapitre de l'Inftitution, & où ils font interprétés dans leur fens fpirituel. Mais la loi eft impuiffante à procurer le falut, &, par cela même, elle conduit l'homme à le chercher en Jéfus Chrift par la foi, qui eft un don gratuit de Dieu accordé aux feuls élus. Ici fe placent, comme dans le fecond chapitre de l'Inftitution, mais fuivant un ordre un peu différent, d'abord l'expofition des conditions, des caractères & des conféquences de la foi chrétienne, puis l'interprétation des articles du Symbole des Apotres, qui eft l'expreffion de cette foi.

Le troisième chapitre de l'Institution, intitulé: De la prière, trouve ensuite une partie correspondante dans le Catéchisme, qui, après avoir montré l'importance & la nécessité de la prière, passe à l'explication des diverses demandes de l'ORAISON DOMINICALE. Puis, de même que le quatrième chapitre de l'Institution est consacré aux Sacrements du Baptême & de la Cène, de même le Catéchisme traite à son tour ce double sujet; mais il omet le cinquième chapitre dirigé contre les sacrements de l'Eglise romaine. Il se termine enfin, comme l'Institution dans son sixième chapitre, par ce qui concerne le gouvernement de l'Eglise & le rôle du « Magistrat » dans la société.

Ainsi que nous l'avons dit, la seconde moitié du Catéchisme est, en grande partie, textuellement tirée de l'Institution, dont elle reproduit les thèses, dépouillées de leurs riches développements. Calvin, qui travaillait à son catéchisme en ayant l'Institution sous les yeux, après avoir pris de celle-ci un ou deux passages, trouva bientôt plus simple de se faire sans scrupule le plagiaire de lui-même; & il a, de cette manière, transporté dans le petit ouvrage divers morceaux entiers du plus grand. Ainsi toute l'explication de l'Oraison dominicale, les articles sur l'espérance & sur la persévérance dans la prière sont la traduction pure & simple du texte latin de l'Institution.

Ici vient s'ajouter, par conséquent, à l'habitude qu'avait contractée Calvin dès sa jeunesse, sous l'influence de Mathurin Cordier, de penser & d'écrire en latin, la persistance naturelle des formes latines dans les morceaux traduits de cet idiome, persistance qui n'est pas moins sensible d'ailleurs dans le reste de l'ouvrage. Celui-ci doit donc présenter à toute une classe de lecteurs un obstacle qui les empêchera d'en bien apprécier le côté littéraire. Ce français empreint de latinismes, soit dans l'emploi & le sens des mots, soit dans la construction de la phrase, offre à ceux qui n'y sont pas habitués les apparences d'un langage semi-étranger. Sous cette enveloppe un peu rebutante, il est difficile de discerner la fermeté, l'énergie contenue, la justesse du style de l'écrivain, l'abondance & la propriété, parfois la beauté de ses expressions.

C'était, d'ailleurs, presque le début de Calvin dans l'usage de la langue vulgaire. Sauf l'Epître, placée en tête du Nouveau Testament, publié en 1535 par Robert Olivetan, & peut-être l'écrit sur la Cène, composé en 1536 (*Lettre* du 17 mars 1546), il n'avait encore rien fait paraître en français. Au point de vue purement littéraire, le Catéchisme peut être considéré comme les prémices de ce talent hors ligne, que Bossuet a caractérisé avec autant de justesse que de mauvaise grâce : « Rien, dit-il, ne flattait davantage Calvin, que la gloire de bien écrire. Donnons-lui donc, puisqu'il le veut, d'avoir aussi bien écrit qu'homme de son siècle. Sa plume était plus correcte que celle de Luther ; & son style, qui était plus triste, était aussi plus suivi & plus châtié. Ils excellaient l'un & l'autre à parler la langue de leur pays » (*Histoire des Variations*, IX, 81).

IV

Il nous faut maintenant en venir à la *Confeſſion de foi*, dont le texte ſe trouve plus loin (p. 103), à la ſuite du Catéchiſme, comme Calvin lui-même l'y avait placé dans la traduction latine à laquelle il mit ſon nom. Cette Confeſſion a longtemps paſſé, elle paſſe parfois encore, pour être l'œuvre de Farel. Nous ne penſons pas que rien juſtifie ce jugement : ni les circonſtances qui ont été l'occaſion de ſa compoſition, ni les articles qu'elle renferme, ni la forme de ſa rédaction.

Nous avons vu qu'elle était une conſéquence des demandes faites par les miniſtres & adoptées par les Conſeils, dans le mois de janvier 1537. Ce ne ſerait en tout cas que cette année-là, & non la précédente, comme on l'a ſoutenu, que Farel l'aurait rédigée. Mais il ſerait étrange qu'ayant confié à Calvin le ſoin de compoſer le Catéchiſme, il lui eût ôté la plume pour « dreſſer » la Confeſſion & qu'il eût lui-même «extrait,» de l'œuvre de ſon collègue, les articles de ce dernier document. Cela paraît d'autant moins probable, que cet « extrait » eſt bien plus fait ſelon l'eſprit que ſelon la lettre, & que cela même en dénote l'origine. Calvin pouvait ſe permettre, en ce genre, ce qu'un autre n'aurait pas oſé. Un étranger ſe ferait collé au texte du Catéchiſme; l'auteur ſeul pouvait en reproduire la penſée ſans s'aſſujettir à la forme de ſon propre écrit. D'ailleurs, le ſtyle de la Confeſſion de foi, où l'on a voulu voir du Farel tout pur, eſt entièrement ſemblable, dans ſon vocabulaire & ſa ſyntaxe, à celui du Catéchiſme. C'eſt la même netteté dans le langage, les mêmes ſtructures de phraſes, la même forme d'expoſition.

Quant aux articles dont la Confeſſion ſe compoſe, ils ne reproduiſent pas, il eſt vrai, tous les points touchés dans le Catéchiſme, mais ils contiennent, ſur les ſujets communs aux deux pièces, la même doctrine. La deſtination de la Confeſſion de foi explique assez que ce qu'il y avait de plus particulièrement théologique, & par conséquent de plus abstrus dans le Catéchisme, disparût d'un formulaire qui, pour être mis à la portée de tout le peuple, devait être réduit à l'expression la plus simple de la foi nouvelle. Si les dogmes du péché originel, de la prédestination & de l'élection n'y sont pas explicitement proclamés, ce n'est pas de là qu'on peut conclure que la Confession de foi est l'œuvre de Farel & non de Calvin. Car, d'une part, le premier adoptait en plein le contenu du Catéchisme, & d'autre part, le second a accepté & défendu pour son propre compte le contenu de la Confession de foi. Ils ont donc pu, l'un aussi bien que l'autre, en ce qui concerne les doctrines, être les rédacteurs de celle-ci.

Mais si la Confession de foi ne renferme pas l'expression de tous les dogmes enseignés dans le Catéchisme, elle donne, en revanche, à la controverse religieuse une place que ne lui avait pas accordée celui-ci. Or, comme sur cette matière Farel &

Calvin étaient animés de fentiments parfaitement femblables & d'un égal emportement dans la polémique, ce n'eft pas là non plus qu'on peut chercher une marque d'auteur. Les deux réformateurs étaient d'accord pour faire de la Confeffion de foi une machine de guerre contre l'Eglife romaine, en forçant ceux qui, dans Genève, tenaient encore pour celle-ci, à refufer à cette profeffion publique & perfonnelle des croyances nationales une adhéfion qu'ils auraient accordée peut-être à une fimple affirmation des doctrines évangéliques. A cet égard, difons-le en paffant, il faut reconnaître que le réfultat défiré fut pleinement obtenu, car c'eft précifément la partie de la Confeffion de foi dirigée contre le catholicifme, qui a toujours compté & confervé, parmi les Genevois, le plus d'adhérents.

Enfin (pour terminer ce qui regarde l'auteur de cette pièce), quand Calvin, dans le préambule mis par lui en tête de fa traduction latine du Catéchifme, & où il parle au nom des miniftres de l'Eglife de

Genève, dit à propos de la Confeſſion de foi : « Cette formule d'engagement ſolennel que nous avons rédigée, » il eſt difficile de croire qu'il n'en revendique pas, non-ſeulement la reſponſabilité, mais auſſi la paternité. Si elle a été attribuée à Farel, c'eſt qu'en vertu du rôle principal qu'il jouait alors dans l'Egliſe de Genève, c'eſt lui qui dut en ſoumettre le texte au Conſeil. Il était naturel, par conſéquent, d'aſſocier ſon nom à cette déclaration de principes.

Les premiers biographes de Calvin ne s'y ſont cependant pas trompés. Dès l'année de ſa mort (1564), Théodore de Bèze, dans l'eſpèce d'oraiſon funèbre à laquelle il mêla quelques renſeignements ſur la vie & les travaux de Calvin, dit poſitivement, en parlant des débuts de celui-ci à Genève : « Il dreſſa un brief formulaire de confeſſion & de diſcipline, pour donner quelque forme à cette Egliſe nouvellement dreſſée; il fit auſſi un Catéchiſme. » Plus tard, dans ſa biographie latine de Calvin (1575), après avoir parlé de la diſpute avec Caroli, à laquelle le réformateur prit part dans la conférence de Lausanne, en février 1537, Bèze ajoute : « C'est alors qu'il publia une sorte de formulaire de la doctrine chrétienne, approprié à l'Eglise de Genève, qui sortait à peine des souillures de la papauté : il y ajouta aussi un Catéchisme. » Seulement il faut ici intervertir les termes, car ce qui est venu en dernier lieu, c'est la Confession & non le Catéchisme ; puisque c'est du Catéchisme qu'est « extraite » la Confession.

Nicolas Colladon, qui avait étudié de plus près que Bèze l'histoire littéraire des publications de Calvin, a non-seulement conservé, en rééditant & en complétant le premier travail de Bèze, l'affirmation relative à la Confession de foi, mais il rappelle en outre qu'elle fut « jurée par le peuple, » ce qui écarte toute équivoque. Les contemporains de Calvin ne connaissaient donc qu'une seule *Confession de foi*, qui eût été destinée à l'Eglise naissante de Genève, & ils en attribuaient la rédaction, non pas à Farel, mais à Calvin. Ajoutons que celui-ci, dans cette même année 1537, composa sur la Trinité & l'Euchariſtie, deux autres *Confeſſions*, que l'on a quelquefois confondues mal à propos avec la première.

Nous ſavons maintenant à quoi nous en tenir ſur l'origine de ce document, en ce qui concerne ſon auteur. Il nous reſte à parler de l'intention qui avait préſidé à ſa miſe au jour, de l'uſage qui en fut fait & des conſéquences qui en réſultèrent.

V

D'après ce que demandaient les « Articles » des miniſtres, le but direct de la Confeſſion de foi était de faire connaître quels étaient les membres véritables de l'Egliſe, afin de ne recevoir dans celle-ci, & ſurtout de n'admettre au ſacrement de la Cène, que ceux qui, en jurant cette déclaration de croyances, auraient par là donné une preuve ſérieuſe de leur adhéſion à l'Egliſe & à ſon enſeignement. Il s'agiſſait, comme dit le texte de la requête, « de connaître ceux qui ſe veulent avouer de l'Egliſe de Jésus Christ, ou non. » Cette manière de voir avait été admise par les Conseils. Mais quand le texte même de la Confession eut été rédigé, & qu'il fut question d'en réclamer l'adoption individuelle, la portée de cet acte apparut sous un jour tout différent de ce que semblait être la demande primitive.

Celle-ci voulait distinguer entre les adhérents & les adversaires de la nouvelle Eglise; la Confession imprimée porte en tête que « TOUS les bourgeois & habitants de la ville de Genève & les sujets du pays DOIVENT JURER de la garder & tenir. » On ne l'employait plus comme un moyen de n'admettre dans l'Eglise que ceux qui en recevaient les doctrines, ce qui eût été fort légitime & très-naturel, mais comme un moyen de chasser du pays tous ceux qui, pour une raison ou pour une autre, refuseraient de prêter serment à cette profession de foi; afin d'arriver à constituer, par l'épuration de l'exil, l'unité religieuse de la population. Ce n'était, du reste, que le couronnement de l'œuvre, telle que l'avait conçue & inaugurée Farel, telle que la comprenait auſſi & la réaliſa plus tard Calvin.

Le principe de l'identité obligatoire des croyances religieuſes une fois poſé, reſtait l'application.

La première choſe à faire était de porter le texte même de la Confeſſion à la connaiſſance de tous ceux qui devaient être appelés à la jurer. Il fut donc réſolu, par le Petit Conſeil, que l'on irait « par les maiſons, de dizaine en dizaine, propoſer les articles touchant la foi. » Mais cette réſolution ne devait être miſe à exécution qu'après que les dizeniers auraient au préalable remis des exemplaires de la Confeſſion « à ceux de leur dizaine, afin que, quand on fera la viſite de maiſon en maiſon, le peuple ſoit mieux informé » (*Reg.*, 17 & 27 avril 1537). Le texte en fut donc livré à l'impreſſion, & dès le 27 avril, quinze cents exemplaires, ſortis, comme le Catéchiſme, des preſſes de Vuigand Kœln, étaient prêts à être diſtribués dans la ville. Mais ce chiffre était inſuffiſant pour la diffuſion générale qu'on avait en vue, & le Conseil donnait l'ordre d'en imprimer un plus grand nombre ; le tout aux frais de l'Etat.

Cependant les visites faites par les dizeniers, après que chaque habitant eut pu prendre connaissance des divers points de la Confession de foi, avaient été loin de recevoir un accueil unanimement favorable. Le serment qu'il fallait prêter rencontrait plus d'un récalcitrant. Les dizeniers eux-mêmes n'étaient pas sûrs ; ils partageaient & ils toléraient l'opposition que soulevait, dans une partie de la population, l'exigence nouvelle à laquelle on voulait la soumettre. Les uns objectaient qu'il était superflu de renouveler une profession de foi déjà faite dans le baptême : « Ne sommes-nous donc pas des chrétiens ? » Les autres trouvaient qu'il était exorbitant & inadmissible d'imposer un engagement impossible à tenir : « Comment oserions-nous prêter serment d'observer toute la loi de Dieu ? » (*Reg*., 19 septembre 1537 ; voy. plus loin, p. 137.)

Les attaques violentes contre la religion

catholique, contenues dans la Confession de foi, ne devaient pas soulever une opposition moins vive, quoique moins franche, chez une bonne partie de ceux qui, élevés dans cette religion, préféraient la déserter en silence plutôt que de la conspuer publiquement. Il va sans dire, en outre, que les catholiques qui, comme l'ancien syndic Balard, se refusaient ouvertement à reconnaître que « la messe fût mauvaise, » devaient sans hésiter repousser le ferment; & que les libres esprits qui, comme le conseiller Richardet & plusieurs de ses collègues, déclaraient que « personne ne dominerait sur leur conscience, & que ce n'était pas sur l'ordre d'un syndic qu'ils iraient au sermon, » devaient, à bien plus forte raison, se révolter contre la prétention de leur faire jurer toute la kyrielle des articles de foi (*Reg.*, 4 septembre 1536 & 23 décembre 1539).

Les visites officielles faites à domicile dans les diverses familles de la ville n'avaient donc point eu tout le succès qu'on en avait espéré. Farel & Calvin s'étaient plus d'une fois préfentés devant le Confeil pour infifter fur l'exécution de la décifion relative au ferment des particuliers. On leur répondait que « l'on y aviferait du mieux que l'on pourrait ; » ce qui prouve que l'affaire ne marchait pas toute feule (*Reg.*, 1er mai & 27 juillet 1537). Enfin, le 29 juillet, fur de nouvelles inftances de leur part, on décida de donner à des membres mêmes du Confeil la charge de faire une enquête & de procéder contre les réfractaires. On réfolut en outre, & de nouveau, que « confeffion foit faite par tous ceux de la ville, comment ils veulent vivre, difant les articles naguère paffés. » Pour mettre à exécution cette double réfolution, on arrêta de s'affurer d'abord de la manière dont jufque là les dizeniers avaient procédé dans la tâche qui leur avait été confiée, & d'obliger enfuite leurs reffortiffants à venir prêter, en public, le ferment folennel d'être fidèles à la Confeffion de foi.

Voici la décifion qui fut prife en cette occurrence (*Reg.*, 29 juillet 1537) : « Il eft arrêté que l'on doit appeler ici tous les dizeniers, afin premièrement de savoir d'eux s'ils veulent vivre selon la Confession qui a été récemment publiée, & que ceux d'entre eux qui seront reconnus insuffisants soient ôtés de leur charge & remplacés par d'autres suffisants. Ensuite on leur donnera ordre à tous d'amener leurs gens, dizaine par dizaine, en l'église de Saint-Pierre, & là leur seront lus les articles touchant la Confession, & ils seront interrogés pour savoir s'ils les veulent tenir. Aussi sera fait le serment de fidélité à la ville. »

Selon le désir exprimé dans le mémoire du 16 janvier, & sans doute réitéré dès lors, les membres du Petit Conseil avaient consenti à jurer les premiers la Confession de foi, & la lecture en ayant été faite à Saint-Pierre, par le secrétaire d'Etat, Claude Roset, les magistrats avaient donné l'exemple de prêter le serment requis. En même temps, suivant le témoignage de Calvin, cette prestation de serment, imitée de ce qui s'était passé chez le peuple d'Israël, sous les rois Josias & Asa & sous Esdras & Néhémie, fut accomplie par la population « avec autant de zèle, que les magistrats en avaient mis à l'ordonner » (Voy. plus loin, p. 134).

Mais les voûtes de l'église de St-Pierre, sous lesquelles cet acte solennel avait eu lieu, devaient bientôt être témoins d'actes tout contraires. En recourant à une manifestation censée nationale, pour masquer les insuccès individuels, on avait eu beau proposer au peuple, à la place d'une profession vague & générale, les articles précis d'une confession de foi, l'on n'avait au fond rien obtenu de ce qu'on voulait atteindre. Ceux qui persistaient à refuser le serment s'étaient purement & simplement abstenus d'assister à la convocation de St-Pierre, ou ne l'avaient envisagée que comme une formalité sans conséquence. D'après ce que raconte plus tard Roset lui-même, dans une note de ses procès-verbaux (*Reg.*, 25 novembre 1537), un membre du Petit Conseil, Jean Philippe, n'avait pas donné l'adhésion demandée, & il ne paraît pas qu'on ait alors exigé qu'il le fît. Ce qui est certain, c'eſt que l'on vit bientôt reparaître le mal auquel on avait cru remédier.

Non-ſeulement le nombre des adhérents effectifs de la Confeſſion de foi ne s'accrut point, comme on l'avait eſpéré, mais à peine la cérémonie fut-elle paſſée, que déjà le Conſeil dut s'occuper de citer devant lui ceux qui « ne veulent pas jurer les articles de la nouvelle réformation, » ſoit par attachement au catholiciſme, ſoit parce qu'ils partagent les doctrines des anabaptiſtes qui, cette année même, avaient fait leur apparition dans Genève (*Reg.*, 21 & 28 août 1537). Pour une raiſon ou pour une autre, la grande manifeſtation avait manqué ſon effet, & l'on s'aperçut aſſez vite qu'une partie de la population y était demeurée étrangère. On lit à ce ſujet dans le regiſtre du Conſeil: « Ici il eſt rapporté que les dizaines ont toutes été convoquées, & que cependant elles ne ſont point venues jurer. Sur quoi eſt arrêté que l'on les faſſe venir, & qu'à ceux qui s'y refuſeront, on diſe *qu'ils aillent vivre autre part*, s'ils ne veulent jurer » (*Reg.*, 19 ſeptembre 1537). Cet arrêt montre de quel prix il fallait payer l'unité de foi à laquelle les réformateurs voulaient parvenir. Le bannissement était la sanction pénale de l'uniformité, contre nature, des convictions religieuses. Les réformés donnaient l'exemple des mesures mêmes dont ils étaient déjà, dont ils devaient être plus tard, les victimes.

Si elle n'eût été appliquée qu'aux catholiques persistants, dont il devait, du reste, se trouver fort peu dans Genève, il est bien probable que cette pénalité n'aurait pas alors rencontré une grande opposition; mais on ne pouvait aller plus loin sans provoquer d'insurmontables résistances. C'est ainsi qu'un décret d'expulsion rendu contre un anabaptiste, qui déjà avait de lui-même quitté la ville, souleva de vives protestations de la part même de membres du Conseil, qui le signalèrent comme une « rupture des Franchises » (*Reg.*, 21 septembre 1537). A plus forte raison, le bannissement imposé à tous les non-jureurs devait-il devenir impraticable. La plupart d'entre eux étaient, en effet, des réformés très-hostiles à Rome, très-résolus à vivre, sinon selon l'Evangile des ministres, du moins selon le leur, qui avaient dans Genève trop d'intérêts de tout genre pour se laisser volontairement mettre dehors, & qui étaient trop nombreux pour qu'on pût aisément leur faire quitter la place.

Aussi le Conseil avait beau renouveler aux récalcitrants l'ordre de se ranger à la Confession de foi, il ne parvenait pas à ses fins, & il réitérait ses arrêts de bannissement sans pouvoir les mettre à exécution.

Farel & Calvin, Calvin surtout, faisaient tous leurs efforts pour maintenir les magistrats dans la voie où ils étaient entrés, espérant toujours qu'avec de la persévérance on triompherait de toute opposition. On lit dans le registre du 30 octobre : « Les prédicans. Calvin » (c'est la première fois, sauf erreur, qu'il paraît seul devant le Conseil) « a proposé que des dissentiments pourraient surgir entre les citoyens, à cause que les uns ont juré le mode de vivre & les autres non. » Il insiste également pour qu'on s'enquière de l'inftruction religieufe donnée aux enfants, dont plufieurs font encore élevés au dehors, dans « les écoles de la papifterie. » Ceux-là échappaient, en effet, à l'influence de « l'*Inftruction dont on ufe en l'Eglife de Genève,* » & le Confeil arrête que les dizeniers feront une enquête fur ce fujet. Il arrête de même, fur le premier point fignalé par Calvin, que « l'on faffe faire la confeffion à ceux qui ne l'ont pas faite. »

On apprend, peu de jours après, que cette décifion n'a pas eu beaucoup plus d'efficacité que les précédentes : « Ici eft rapporté que hier (11 novembre 1537) on a fait demander, dizaine par dizaine, les gens qui n'avaient pas encore fait le ferment de la réformation. Plufieurs font venus, mais des autres non; en particulier ceux de la rue des Allemands, dont pas un feul n'eft venu » (*Reg.*, 12 novembre 1537). Cette convocation, qui avait été faite de nouveau à St-Pierre, n'avait donc pas mieux réuffi que celle du mois de juillet, & le Confeil ordinaire (dont la décision était ratifiée par celui des Deux-Cents) arrêtait qu'il « serait fait commandement à ceux qui ne veulent pas suivre la réformation jurée par les citoyens, d'avoir à vuider la ville & aller demeurer autre part, où ils vivront à leur plaisir. »

Nous avons dit pourquoi une telle menace était inexécutable. Nous allons voir comment elle finit par retomber sur la tête même de ses auteurs.

VI

L'antagonisme contre lequel on venait se heurter était plus sérieux & plus redoutable qu'on ne s'y était attendu. Ce n'était pas uniquement la question religieuse qui le provoquait. Il s'y mêlait des motifs politiques, & la réaction, qui grandissait dans l'opinion, avait tout à la fois pour objectif la résistance aux « prescheurs » & le changement du gouvernement. Il ne s'agissait pas de rompre avec la réforme ou de revenir sur les conquêtes de l'indépendance;

mais les mécontents voulaient se souftraire, soit à la trop grande prépondérance des ministres, soit au règne d'un parti politique qui n'était pas le leur. C'était surtout les mesures de police, prises pour introduire dans la population la réformation des mœurs, qui aigrissaient & qui agitaient les esprits. La lutte qui se préparait éclata vers la fin de novembre, après de nouveaux & impuissants efforts, faits par les réformateurs & les magistrats, pour obtenir cette prestation de serment, qui était devenue entre les citoyens une vraie pomme de discorde, & pour ceux qui l'avaient requise, comme pour ceux qui l'avaient décrétée, une cause de faiblesse & d'impopularité.

Le parti gouvernemental, qui était aussi celui des « prédicans, » espéra conjurer la crise en allant au devant du péril. Le Conseil ordinaire & celui des Deux-Cents, où ce parti se trouvait en majorité, résolurent donc de faire, devant le Conseil général, un exposé de la situation, en insistant sur le rétablissement de l'accord entre les citoyens, & en réclamant un vote de confiance pour les magistrats en charge. Après un débat assez orageux, où l'on entendit des récriminations contre les réformateurs (contre Farel en particulier) & contre la politique du gouvernement, celui-ci n'obtint pas le témoignage d'approbation qu'il avait sollicité (*Reg.*, 25 novembre 1537).

C'était un échec. L'effet s'en fit immédiatement sentir dans le domaine religieux. La double sanction que l'on avait voulu donner à la Confession de foi : l'excommunication dans l'église & le bannissement dans la cité, fut dès ce moment suspendue. Non-seulement le Petit Conseil ne parle plus de faire « vuider la ville » à ceux qui refusent le serment, mais il s'oppose même à ce que les « prescheurs » les excluent de la sainte Cène. Après avoir déjà invité Farel & Calvin (qui avaient signalé le danger d'admettre à la communion les partisans de l'anabaptisme) à ne pas dépasser en cette matière les bornes de la modération, & à s'en tenir à de simples exhorta-

à-dire fans aller jufqu'au refus formel du facrement (*Reg.*, 5 octobre 1537), — le Confeil en vint à leur enjoindre d'y laiffer participer tout le monde. « Les prédicans, » dit le regiftre, « ayant déclaré qu'ils ne peuvent donner la Cène à ceux qui font oppofés à l'union, *il eft arrêté que l'on ne refufe la Cène à perfonne* » (*Reg.*, 4 janvier 1538).

C'était une dérogation formelle aux « Articles fur le gouvernement de l'Eglife, » adoptés un an plus tôt, car le pouvoir d'exclure de la Cène les communiants jugés indignes y était expreffément réfervé à l'Eglife. Toutefois, l'enchevêtrement des compétences était tel, & le rôle de l'Etat fi prépondérant, que les magiftrats genevois ne fe faifaient nul fcrupule de régler fouverainement ce qui femblait rentrer dans l'exclufif domaine de l'Eglife. Mais il y avait là, pour les réformateurs, un écueil fur lequel ils devaient fe brifer, car ils étaient réfolus à ne faire, fur ce point, aucune conceffion, & ils fourniffaient ainfi à leurs adverfaires un grief, que ceux-ci devaient exploiter avec succès auprès de l'opinion publique.

Les opposants avaient également espéré tirer d'un incident, dont la Confession de foi avait été l'objet dans le Conseil général du 25 novembre, un aussi bon parti. A propos des attaques dirigées alors contre cette Confession, Jean Lullin, l'un des membres du Petit Conseil, avait déclaré qu'on « avait eu tort de la jurer, & que les députés de Berne, récemment venus à Genève, avaient dit que ceux qui avaient prêté le serment étaient tous *parjures*. » Le syndic Curtet confirma cette assertion. Il raconta qu'il avait entendu, dans un repas, les députés bernois s'exprimer de la sorte, pour faire mieux ressortir les conséquences d'un serment qui était, selon eux, impossible à observer (*Reg.*, 25 & 26 novembre 1537).

Les adversaires du gouvernement & des réformateurs avaient cru trouver là une excellente arme de guerre; car, bien que ce ne fût qu'un propos de table, cette épithète de « *parjure*, » à laquelle les bouches d'où elle était tombée donnaient plus de poids, ne pouvait paſſer inaperçue. L'idée de déplaire à Berne, pour un motif de ce genre, répugnait aux Conſeils. Auſſi Farel & Calvin furent-ils immédiatement mandés devant celui des Deux-Cents, où on leur exprima le déplaiſir qu'on éprouvait de cet incident, & où ils donnèrent des explications qui ne ſatiſfirent qu'à moitié le Conſeil. Les réformateurs comprirent que c'était avec Berne même qu'il fallait s'entendre, pour diſſiper le mécontentement dont les paroles de ſes députés ſemblaient être l'indice & l'expreſſion (*Reg.*, 26 novembre & 10 décembre 1537).

Ils avaient eu déjà, avec le gouvernement bernois, à propos des queſtions religieuſes, des rapports mêlés tour à tour de froideur & de cordialité, & il n'était jamais facile de prévoir lequel de ces deux ſentiments prévaudrait. C'était, du reſte, le caractère diſtinctif de la politique bernoiſe avec Genève à cette époque. Mais Farel, qui était l'ancien « ſerviteur de Meſſieurs de Berne, » & Calvin, qui comprenait bien l'importance de conserver le bon vouloir d'un tel allié, n'hésitèrent pas à suivre la marche que leur avait suggérée le Conseil des Deux-Cents, & à se rendre droit à Berne pour prendre, s'il y avait lieu, la défense de la Confession de foi jurée à Genève, & pour donner à son sujet les explications nécessaires.

Le résultat de cette démarche fut satisfaisant. Farel & Calvin rapportèrent de Berne la double assurance que le gouvernement bernois désavouait les paroles proférées par ses députés, au sujet de la Confession de foi, & qu'il tenait celle-ci pour « très-bonne » (*Reg.*, 10 décembre 1537). Cette approbation était expressément confirmée par des lettres de Messieurs de Berne, où ils insistaient fortement sur la nécessité de rétablir dans Genève la concorde & la paix, & où ils exhortaient ceux qui, jusque-là, avaient refusé de jurer la Confession, à se désister de leur opposition (*Lettres* du 26 & 28 décembre 1537). On obtint, en faisant valoir le motif de plaire à Berne, l'adhésion de quelques-uns d'entre eux.

Mais si l'intervention des Bernois procura aux réformateurs une victoire momentanée & à leurs adversaires une déception, elle fut loin de désarmer ceux-ci. Farel, en particulier, continuait à être en butte à des attaques publiques & à des insinuations malveillantes, destinées à lui nuire, soit à Genève, où l'on affirmait qu'à Berne il aurait dit que « les Genevois voulaient reprendre la messe; » soit à Berne, où l'on prétendait qu'à Genève il avait dit que « tout le mal venait des Allemagnes. » Cette double allégation eut beau être démontrée fausse, il en restait toujours quelque chose (*Reg.*, 14 décembre 1537, 1er janvier & 2 mars 1538).

D'ailleurs, l'opposition ne faisait pas seulement la guerre avec les armes de la politique, les passions populaires y ajoutaient leur appoint. L'animosité contre les « prédicans » se faisait jour dans des chansons satiriques, dans des apostrophes offensantes, dans des tumultes nocturnes, dans une agitation qui tenait la ville en émoi. On raillait « les frères en Christ, » & le nom de

Farel, travesti, défrayait les plaisanteries du vulgaire (*Reg.*, 16 janvier & 12 février 1538). L'esprit narquois prenait sa revanche sur l'esprit puritain, & l'esprit national sur l'influence étrangère. Les Français, réfugiés pour cause de religion, étaient assez nombreux dans Genève, & ils tenaient naturellement le parti des réformateurs qui, presque tous, Français comme eux, défendaient la cause pour laquelle ils avaient eux-mêmes quitté leur pays. Certaines intrigues politiques, qui se rattachaient à des visées, réelles ou prétendues, du roi de France sur Genève, contribuaient encore à les faire voir de mauvais œil; comme s'ils n'eussent pas eu tout à perdre dans le cas où la ville hospitalière serait tombée au pouvoir de leur persécuteur. Cet élément d'antagonisme, joint à tous les autres, fut loin d'être sans influence sur l'hostilité dont les ministres & leur « nouvelle réformation, » étaient devenus l'objet.

Les lettres écrites ou reçues par les réformateurs, à cette époque, témoignent clairement de l'animosité à laquelle ils étaient en butte & de l'impatience qu'ils en éprouvaient. L'irritation de Calvin était surtout très-vive, & elle contribuait, avec l'antipathie qu'il ressentait pour certains membres du clergé bernois, à l'empêcher parfois de voir juste, soit en exagérant la portée de certains actes, soit en attribuant à autrui des intentions imaginaires. Simon Grynée, pasteur de Bâle, l'un de ses correspondants, tout en s'affligeant avec lui de l'état de confusion où menaçait de tomber l'Eglise de Genève, l'exhortait à s'armer de calme & de modération, & il s'efforçait d'écarter les soupçons, selon lui mal fondés, que Calvin nourrissait contre ses collègues de Berne (*Lettres* de décembre 1537 & du 4 mars 1538).

A tort ou à droit, Calvin s'inquiétait, en outre, de ne pas rencontrer chez les autres Eglises, les sympathies & l'appui dont il éprouvait l'urgente nécessité, vu la situation difficile où l'œuvre à laquelle il travaillait dans Genève se trouvait placée. Il lui semblait que, dans la défense de la même cause, tous « les frères » devaient être solidaires les uns des autres, & que l'unité devait avoir l'union pour conséquence.

Ce fut sous l'impression de ces sentiments qu'il conçut l'idée d'adresser à toutes les Eglises réformées, au nom de celle de Genève, un manifeste qui servît tout à la fois à dissiper les mauvais bruits dont cette dernière aurait pu être l'objet, à faire connaître sa doctrine, & à justifier sa conduite. Ce manifeste n'était autre chose que la traduction latine du Catéchisme, précédée d'un préambule, dans lequel « les ministres de l'Eglise de Genève » s'adressent « à tous ceux qui pratiquent fidèlement l'Evangile de Christ. » Le titre de l'ouvrage portait que ce catéchisme, originairement publié en français, avait été agréé dans l'Eglise de Genève par un vote populaire (ce qui n'était strictement vrai que de la Confession de foi qui y était jointe), & que c'était pour le faire parvenir à la connaissance des autres Eglises, qu'il venait d'être « tout dernièrement mis en latin » (Voy. plus loin, p. 145).

Calvin, qui n'avait pas placé son nom

au devant de l'*Inſtruction dont on uſe en l'Egliſe de Genève,* le mettait ici en tête du volume & donnait à celui-ci le titre de : *Catéchiſme, ou Inſtitution de la religion chrétienne ;* uniſſant ainſi l'un à l'autre les titres des deux ouvrages où il avait préſenté l'expoſition de la doctrine évangélique.

Cette traduction latine du Catéchiſme, qui ſortait de la même imprimerie d'où était iſſue deux ans plus tôt la *Chriſtianæ religionis Inſtitutio,* parut à Bâle en mars 1538. Elle avait dû être finie dans les derniers mois de l'année précédente. D'une part, en effet, Calvin ne pouvait s'exprimer dans ſon préambule avec autant d'aſſurance ſur le ſuccès de la Confeſſion de foi, après les premiers échecs ſubis par ſon parti & l'ordre que les réformateurs avaient reçu, le 4 janvier, « de ne refuſer la Cène à perſonne. » D'autre part, l'alluſion que renferme ce même préambule, relativement aux difficultés qui s'étaient élevées entre Genève & Berne à propos de la conformité des cérémonies du culte, ne permet pas non plus de lui donner une date antérieure au mois de décembre, où ces difficultés avaient fait leur première apparition. C'eſt donc à cette dernière époque qu'on peut fixer le moment où Calvin rédigea le préambule & envoya le texte latin du Catéchiſme à l'impreſſion.

Ce texte, rapproché de l'original français, préſente un certain nombre de différences, dont aucune ne nous a paru aſſez importante pour en faire mention. Mais nous avons penſé qu'il ne ferait pas ſans intérêt de donner, en français, le contenu du préambule, qui n'a jamais été traduit, & qui complète ce que nous avons pu dire ſur le Catéchiſme & la Confeſſion de foi, en montrant de quel point de vue Calvin enviſageait la queſtion & en même temps quels étaient ſes ſentiments ſur l'intimité tout à la fois & la liberté, qui devaient régner entre les Egliſes où l'on profeſſait l'Evangile.

VII

Mais, pendant que les imprimeurs de Bâle préparaient la publication du Catéchifme latin, & avant qu'il eût paru, le mouvement d'opinion qu'avaient fait naître & que faifaient grandir les inimitiés foulevées par les « prédicans, » s'accentuait de plus en plus dans Genève. Il triompha dans les élections politiques du mois de février 1538. Le parti, qui depuis deux ans était à la tête du gouvernement, fit place aux repréfentants de l'oppofition, & la fituation des réformateurs & de leurs partifans s'en reffentit prefque immédiatement. Quoique les nouveaux magiftrats ne fe fuffent pas montrés d'emblée hoftiles à Farel & à Calvin, dont ils accueillaient encore les demandes & follicitaient les confeils, cet accord ne dura pas longtemps. Il fut rompu par les violents du parti vainqueur, qui n'entendaient pas que les chofes fe paffaſſent, après leur succès, comme elles ſe paſſaient auparavant.

C'eſt dans le Conſeil général du 11 mars 1538, qu'après d'autres tentatives préalables, ils firent connaître leur programme de guerre: guerre aux anciens magiſtrats; guerre aux Français réfugiés; guerre aux « preſcheurs. » Ils demandent qu'on intente aux premiers un procès criminel, qu'on expulſe les ſeconds, & qu'on interdiſe aux troiſièmes de ſe mêler de la politique & d'aſſiſter aux ſéances du Petit & du Grand Conſeil. Cette dernière réſolution — adoptée comme les autres par les citoyens, & communiquée le ſurlendemain à Farel & à Calvin, auxquels le Conſeil ordinaire défendit de « point ſe mêler du magiſtrat, » — ne fut cependant pas la cauſe du diſſentiment qui amena la rupture entre les réformateurs & les Genevois. Le 26 mars encore, Farel & Calvin font au Conſeil des offres de ſervice qui ne dénotent aucune méſintelligence.

Ce fut de Berne que vint de nouveau (mais cette fois avec d'autres conſéquences) l'occasion du conflit. Le Conseil général du 11 mars avait voté de « vivre en la parole de Dieu, suivant les Ordonnances de Messieurs de Berne. » On savait que l'introduction de ces « Ordonnances » dans l'Eglise de Genève serait vue avec déplaisir par les « prédicans, » & qu'en les leur imposant, on ferait échec à leur autorité. Peut-être espérait-on se débarrasser d'eux, s'ils opposaient une résistance absolue à cette décision. Les « Ordonnances » dont il s'agit avaient été rendues, en décembre 1537, par le gouvernement bernois, pour établir d'une manière définitive, dans les pays romands récemment conquis, des usages liturgiques conformes à ceux qui étaient suivis dans l'ancien territoire. Le Synode de Lausanne s'y soumit quatre mois plus tard, & Messieurs de Berne désiraient que l'Eglise de Genève en fît autant. C'est ce qu'on appelait « la conformité des cérémonies bernoises. »

Farel & Calvin, sans attacher une grande importance au fond même de la question, & rangeant les changements demandés dans l'ordre des choses indifférentes, ne s'opposaient point en principe à l'adoption de la « conformité. » Mais ils ne voulaient pas avoir l'air de se soumettre à des exigences étrangères, & ils tenaient à conserver, précisément parce qu'il s'agissait de choses indifférentes, la liberté de l'Eglise de Genève dans le choix, ou plutôt dans le maintien, de ses formes de culte. C'est dans ce sens qu'ils s'étaient prononcés, avant qu'aucune démarche officielle eût été faite de la part des Bernois, sur les Ordonnances qui décrétaient, pour les pays romands, l'usage des fonts baptismaux, l'emploi du pain sans levain dans la communion, & l'introduction de quatre fêtes religieuses dans l'année, à côté des dimanches. La froideur qu'ils avaient témoignée avait indisposé Berne, qui le leur avait fait sentir (*Lettres* du 12 & du 14 janvier 1538).

Les adversaires des réformateurs connaissaient l'existence de ce désaccord & ils s'étaient empressés, sans attendre que le gouvernement bernois eût fait, sur ce sujet, des ouvertures à celui de Genève, de prendre les devants, espérant forcer ainsi Farel & Calvin, à rendre leur opposition plus ouverte & plus choquante. C'était dans cette intention qu'avait été proposée & votée, en Conseil général, la résolution de « vivre suivant les Ordonnances de Messieurs de Berne ; » c'est-à-dire d'introduire dans l'Eglise de Genève les rites bernois mentionnés plus haut. Aussi, quand cette proposition fut officiellement présentée par Berne aux Conseils de Genève, dans le commencement d'avril 1538, ceux-ci étaient si bien préparés à l'accepter, qu'ils ne jugèrent même pas qu'il fût nécessaire de consulter à ce sujet leurs ministres, quoique le gouvernement bernois le leur eût expressément demandé. Ils se contentèrent de leur signifier purement & simplement qu'ils eussent à « observer les dites cérémonies » (*Lettre* du 15 avril & *Reg.* du 19 avril 1538).

Craignaient-ils, en discutant de nouveau le sujet avec eux, de les trouver plus disposés qu'ils ne le désiraient à entrer en arrangement, & de perdre ainsi l'occasion de les tenir en échec? Cela ne ferait pas impossible, car le refus de Farel & de Calvin n'avait rien d'absolu, & ils s'étaient déclarés prêts à conférer, sur la question des « cérémonies, » avec les autres Eglises suisses; ce qui aurait plus ou moins protégé leur indépendance, en leur permettant de se joindre à des résolutions prises en commun, au lieu de se ranger aux injonctions de Berne. Mais Berne, qui supportait malaisément la contradiction & qui s'irritait de toute manifestation de volonté propre, avait d'abord refusé le débat & exigé l'adoption telle quelle de ses « Ordonnances » liturgiques. Fidèle cependant à sa politique de bascule, elle voulait tout à la fois contraindre & ménager les réformateurs de Genève, & elle cherchait à masquer, par des arguments plausibles, le caractère impérieux de ses procédés. Elle insistait sur l'intérêt qu'il y avait à montrer aux ennemis de la Réforme que les adhérents de celle-ci étaient entre eux d'accord sur les formes extérieures, comme sur les doctrines (*Lettres* du 20 mars & du 15 avril, & *Reg.* du 19 avril 1538).

Le conflit se serait très-probablement pacifié par des concessions mutuelles, comme Messieurs de Berne le déclarèrent eux-mêmes trop tard (*Lettre* du 27 avril 1538), s'il n'avait pas fourni aux adversaires des réformateurs une arme qu'ils ne voulaient pas se laisser arracher. Ils avaient creusé, entre eux & leurs antagonistes, un fossé plus profond qu'il ne l'eût jamais été entre Farel & Berne. La suite le prouva avec évidence: quand les réformateurs succombèrent dans Genève, ce fut Berne qui intervint pour eux.

Le dernier acte de la lutte où ils étaient engagés ne dura pas longtemps. On était résolu de part & d'autre à ne rien céder. Farel & Calvin, invoquant l'honneur de leur ministère, la liberté de leur prédication, la sainteté inviolable de la Cène du Seigneur, refusaient absolument de se conformer, par contrainte, aux rites bernois, de laisser le Conseil juge de leurs sermons, &, par-dessus tout, de recevoir à la table sacrée des gens indignes d'y être admis. Cette résistance irritait de plus en plus l'opinion, qui s'était tournée contre eux & qui manifestait son animosité croissante par un redoublement de menaces & de mauvais propos. Tout était préparé pour amener une explosion. Ce fut l'un des ministres, Elie Corault, ancien moine & orateur fougueux, qui mit le feu aux poudres. Indigné des attaques injurieuses & violentes auxquelles ses collègues & lui étaient en butte, il protesta publiquement, le 7 avril, du haut de la chaire, contre l'impunité dont les magistrats couvraient les coupables. Mais il se laissa aller lui-même, dans sa prédication, à une regrettable intempérance de langage : « Ces Messieurs, » avait-il dit, « avec leurs pieds de cire, s'imaginent-ils que le royaume des cieux soit le royaume des grenouilles? » Et, les traitant « d'ivrognes, » il aurait ajouté : « On vit à Genève comme les rats parmi la paille » (*Reg.*, 8 & 19 avril 1538; Roset, *Chroniques*, IV, 17).

Là-dessus la chaire lui fut interdite par

le Conseil, dans sa séance du 19 avril. Il n'en tint compte & dès le lendemain il y monta de nouveau. On le fit immédiatement arrêter & jeter en prison, sans tenir compte des vives remontrances que Calvin (placé pour la première fois dans le regiſtre avant Farel), Farel & plusieurs de leurs adhérents vinrent faire en Conseil. Il y eut des deux côtés de « grosses paroles, » & Farel se rappelant tout ce qu'il avait fait & souffert pour donner à Genève l'Evangile & la liberté, en vint à s'écrier: « Sans moi vous ne seriez pas ce que vous êtes ! » D'autres disaient: « Ils prêcheront, ils prêcheront ! » Mais le Conseil ne voulut point revenir sur son arrêt (*Reg.*, 20 avril 1538).

Ce qui contribuait, d'ailleurs, à envenimer le débat, c'est que les réformateurs avaient déclaré que, dans les circonſtances actuelles, ils étaient résolus à ne point célébrer, à Pâques, la seconde Cène de l'année, tandis que le Conseil leur avait enjoint de le faire selon la forme bernoise, sous peine de se voir interdire la prédication. Farel & Calvin répondirent qu'ils ne « feraient que ce que Dieu leur a commandé, » & qu'ils ne célèbreraient pas la Cène (*Reg.*, ibid.). En la fupprimant, ils annulaient l'effet de l'arrêt du précédent Confeil qui défendait de la refufer à perfonne, & ils fe mettaient en révolte ouverte contre le nouveau gouvernement. On comprend fi l'émotion était grande dans Genève, & avec quelle impatience amis & ennemis fe demandaient fi les « prefcheurs » tiendraient réellement parole.

Le lendemain, 21 avril, jour de Pâques, malgré la défenfe qui leur avait été faite, Farel & Calvin montèrent chacun deux fois en chaire, tour à tour à St-Pierre & à St-Gervais, pour déclarer qu'ils ne feraient pas la Cène & pour expliquer les motifs de leur réfolution. « Si nous avons pris ce parti, » difaient-ils à leurs auditeurs, « ce n'eft point à caufe de l'emploi du pain fans levain, car c'eft une chofe indifférente & qui eft en la liberté de l'Eglife. Mais nous ne pouvons pas profaner le faint myftère de la communion de Jéfus Chrift, en le célébrant au milieu des désordres & des abominations qui règnent aujourd'hui parmi le peuple de cette ville, tant en blasphèmes exécrables & moqueries de Dieu & de son Evangile, qu'en troubles & divisions; car publiquement, sans qu'aucune punition en soit faite, il se fait mille dérisions contre la parole de Dieu & même contre la Cène » (*Déclaration* faite à Berne le 27 avril 1538). Dans de telles circonstances, il y allait, aux yeux des réformateurs, de la dignité même de leur ministère, qu'ils étaient résolus à ne pas sacrifier (*Lettre* du 22 février 1538).

La crise avait atteint son apogée. Le Petit Conseil, dont les ordres avaient été méconnus & bravés, était mis en demeure de les faire respecter. Il ne jugea pas à propos d'engager avec les réformateurs un nouveau débat ou de les ouïr en leur défense; mais il ne voulut pas prendre seul une décision dont il sentait toute la gravité. Il résolut donc d'en référer au Conseil des Deux-Cents & au Conseil général. Le premier de ces corps décida, le 22 avril, que

« l'on renverrait les prédicans, en leur permettant, toutefois, de demeurer jufqu'à ce que l'on en eût trouvé d'autres. » Le Confeil général, convoqué le lendemain, fe montra moins modéré & plus conféquent. Il décida, « par la plus grand voix, que *Faret,* » (le nouveau fecrétaire du Confeil écrit toujours ce nom fous la forme que lui avait donnée la raillerie populaire) « Calvinus & les autres prédicans, qui n'ont point voulu obéir au commandement du magiftrat, doivent vuider la ville dans trois jours » (*Reg.*, 22 & 23 avril 1538).

Cette réfolution fut immédiatement fignifiée aux deux réformateurs. A fon retour, le fautier, chargé de la leur communiquer, rapporta que Calvin lui avait répondu : « C'eft bien ! A la bonne heure ! Si nous euffions fervi les hommes nous fuffions mal récompenfés; mais nous fervons un grand maître qui nous récompenfera. » Et Farel ajouta : « A la bonne heure & bien, de par Dieu! » Sans attendre l'expiration du délai qui leur était fixé pour avoir à « vuider la ville, » les réformateurs étaient, dès le lendemain, hors de ſes murs.

Les paroles d'adieu de Calvin reſpirent la fierté; les quelques mots de Farel ſemblent trahir le trouble & la réſignation. Leur langage répond aux ſentiments qui devaient en ce moment animer chacun d'eux. Il n'eſt pas difficile de comprendre quels devaient être ceux de Farel, en ſe voyant chaſſé de Genève pour la ſeconde fois, & en entendant (comme il le dit) retentir de nouveau à ſes oreilles les cris: « Au Rhône! au Rhône! » déjà vociférés contre lui quand il était venu en 1532, dans Genève catholique, attaquer le pape & ſon Egliſe. Aujourd'hui le pape c'était lui, & ſon Egliſe on n'en voulait plus. Un ſi grand contraſte & tant d'ingratitude durent le faire ſouffrir plus que Calvin.

Celui-ci, qui n'avait ni les mêmes ſouvenirs, ni les mêmes attaches que ſon collègue, reſſentit un grand ſoulagement. « Quand on me chaſſa de Genève, » dit-il, « je me laiſſai aller à m'en réjouir plus qu'il ne fallait » (*Préface* du Commentaire ſur les Pſaumes). Lorſqu'après trois ans d'abſence il fut rappelé dans cette ville, qu'il ne devait plus quitter juſqu'à ſa mort, il n'y revint, dit-il au même endroit, « reprendre ſur ſes épaules un fardeau ſi peſant, qu'avec triſteſſe, larmes & grande détreſſe. » Genève l'attirait & le rebutait tout à la fois, &, comme le poète, il aurait pu lui dire :

Nec tecum poſſum vivere, nec ſine te.

Cette première période d'activité réformatrice qui avait permis à Calvin d'entrevoir tout le parti qu'il pouvait tirer de Genève pour ſon œuvre religieuſe, & tous les ennuis que lui donneraient les Genevois, cette première période fut pour lui un temps d'épreuve & d'apprentiſſage, pendant lequel il était loin de croire qu'il eût été lui-même ſans reproche. « Dieu, » écrivait-il à ce propos, quelques mois après ſon départ, « Dieu nous a humiliés pour nous faire connaître notre ignorance, notre imprudence & nos autres infirmités, que de ma part j'ai bien ſenties en moi & que je ne fais nulle difficulté de confesser. Je ne crains pas, par cet aveu, de donner quelque avantage à nos ennemis, car nous sommes prêts à démontrer, devant toutes les Eglises, que nous avons *dûment & fidèlement administré notre office*. Malgré tout ce qui se dit contre nous, nous savons que le Seigneur, selon sa promesse, fera apparaître notre *innocence* comme l'étoile première du jour & notre *justice* comme le soleil » (Lettre du 1er octobre 1538).

Aussi n'était-ce pas au nombre des torts de conduite dont il s'accusait, que Calvin plaçait la résistance qu'il avait opposée aux magistrats à propos de la Cène, & qui provoqua son bannissement. C'était pour lui une question de conscience au sujet de laquelle toute sa vie il se montra inflexible. Sa résistance était fondée sur un principe qu'il avait lui-même solennellement proclamé, en plaçant à la fin de son Catéchisme ces paroles de l'apôtre : « Il faut plus obéir à Dieu qu'aux hommes. »

Si c'est par l'affirmation de cette règle que se termine l'*Instruction dont on use en l'Eglise de Genève*, c'est par son application que se termina dans Genève le premier séjour de celui qui l'avait remise en lumière & en honneur. Maxime excellente, en effet, & qui serait infaillible, si l'on était toujours sûr, en croyant obéir à Dieu, que c'est bien à Dieu qu'on obéit.

Calvin semble, pour son compte, n'en avoir jamais douté.

NOTICE BIBLIOGRAPHIQUE

sur le

CATÉCHISME ET LA CONFESSION DE FOI DE CALVIN

(1537)

& sur

LES AUTRES LIVRES IMPRIMÉS

à Genève & à Neuchâtel

dans les premiers temps de la Réforme

(1533-1540)

par

THÉOPHILE DUFOUR

§ 1. LE CATÉCHISME ET LA CONFESSION DE FOI.

LE premier Catéchifme de Calvin, dont un exemplaire s'eft retrouvé dans le volume 940 de la collection Du Puy à la Bibliothèque nationale, eft un mince livret, de format petit in-8, imprimé en caractères gothiques & qui compte fix cahiers de 8 feuillets, foit 48 ff. non chiffrés. Dans le volume en queftion, ils ont été paginés à la main de 81 à 128; les ff. 5 à 70 font occupés par une copie manufcrite de « La Difcipline eccléfiaftique des Eglifes réformées de France, c'eft-à-dire l'ordre par lequel elles font conduites; » les autres feuillets (il y en a 129 en tout) font blancs.

Le titre, avec les trois paſſages de la première épître de S. Pierre qui ſervent d'épigraphe à l'ouvrage, comprend ſeize lignes d'impreſſion: il eſt entouré de bordures ſur bois, de dimenſions variées, dans la compoſition deſquelles entrent des oiſeaux & des inſectes, des fleurs & des fruits, des rinceaux & d'autres ornements. On en trouvera plus loin un fac-ſimile exact.

Ce premier feuillet a ſon verſo blanc & le texte, diviſé en chapitres non numérotés, commence au recto du feuillet ſuivant, ſigné *a 2*, par la répétition du titre: « *In-ſtruction et con-|feſſion de Foy, dont on vſe en | Legliſe de Geneue.* » Il prend fin à la 15me ligne du f. 47 verſo. Le 48me & dernier feuillet eſt occupé au recto (le verſo eſt blanc) par deux citations de l'Ancien Teſtament. Chaque page complète a 26 lignes & meſure environ 0,^{m}138 de hauteur ſur 0,^{m}095. de largeur, avec une juſtification de 0,^{m}103 ſur 0,^{m}063. Les lettres ornées ſont en grand nombre (44) & appartiennent à trois alphabets de grandeur différente, dont les motifs ſont exclusivement empruntés au règne végétal. A défaut de bois gravés, les chapitres commencent fréquemment par des initiales au simple trait. Chacun d'eux a un titre imprimé, soit en entier, soit en partie, avec de plus gros caractères, dont il y a deux grandeurs différentes. L'exemplaire est bien conservé & ses marges sont intactes: le premier & le dernier feuillet ont été doublés.

La Confession de foi, postérieure au Catéchisme de quelques mois, s'en rapproche beaucoup pour l'apparence extérieure. Elle compte 8 feuillets non chiffrés: son titre (17 lignes d'impression) est disposé d'une manière analogue. Le texte réparti en 21 chapitres, qui ont chacun leur numéro d'ordre & un en-tête imprimé en caractères d'un corps plus élevé, commence au verso du f. 1 au-dessous des mots:

Confession de la Foy, laquelle tous Bour | geois & habitans de Geneue & subiectz du pays | doibuent iurer de garder & tenir, extraicte | de Linstruction dont on vse en Legli | se de ladicte Ville.

Il se termine au bas du f. 8 a & le f. 8 b est blanc. Cette plaquette a une justification

¶ Confession de la foy/laqlle to9 Bourgeois et habitans de Geneue et subiectz du pays doyuēt iurer de garder & tenir/extraicte de l'instruction dont on Vse en l'eglise de ladicte Ville.

.1. Pier. 2.

¶ Cōme enfans naguaires nez desirez le laict raysonnable/& q̄ est sans fraude.

.3.

¶ Soyez appareilles a respondre a cha=scun/qui vous demande rayson de l'espe=rance/qui est en vous.

.4.

¶ Si quelcun parle/que ce soit les parol=les de Dieu.

Instrucion
et confession de Foy, dont on vse en Leglise de Geneue.

.1. Pier. 2.

Côme enfans naguaires nez desirez le laict raysonnable, et qui est sans fraude.

.3.

Soyez appreillez a respondre a chascun, q̃ vous demãde rayson de lesperãce qui est en vous.

.4.

Si quelcun parle, que ce soit les parolles de Dieu.

un peu plus grande (0,^{m}113 fur 0,^{m}070) que le Catéchifme: prifes dans leur entier, les pages, qui ont 28 lignes, ne mefurent que 0,^{m}133 en hauteur & 0,^{m}088 en largeur, l'exemplaire étant un peu court de marges, bien qu'il ne femble pas avoir été rogné.

Comme dans le livret précédent, les abréviations font fort nombreufes, & d'autre part l'accentuation eft abfolument nulle. La ponctuation, très-rudimentaire, comprend des points, des virgules & des deux-points; dans le Catéchifme on trouve auffi quelques rares points d'interrogation. En ce qui concerne l'orthographe, il femble qu'il y a quelques légères différences entre les deux pièces. Ainfi, dans la première, on a toujours imprimé: *Jefus Chrift, cognoiffance, recognoiftre;* dans la feconde: *Jefuchrift, congnoiffance, recongnoiftre.* Faut-il en conclure que les épreuves n'ont pas été corrigées par la même main ? ou fimplement qu'un autre ouvrier compofa le dernier livret ?

Quoi qu'il en foit, il eft certain que le

Catéchifme & la Confeffion de foi font fortis des mêmes preffes. En effet, les caractères gothiques font identiques ; les quatre lettres ornées du fecond opufcule fe retrouvent dans le premier, & parmi les bois gravés qui encadrent l'un & l'autre titre, il en eft deux de communs, ainfi qu'on peut s'en affurer aifément par la comparaifon de nos deux fac-fimile.

L'imprimeur n'a pas mis fon nom à ces deux ouvrages, pas plus qu'il n'a indiqué la ville de Genève & la date de 1537: aucun doute cependant ne peut s'élever à ce fujet. Il ferait facile de retrouver, dans d'autres productions fignées, les types, les initiales & les encadrements fur bois, mais un paffage des Regiftres du Confeil rend cette recherche fuperflue. On y lit à la date du 27 avril 1537:

« Touchant à la confeffion de noftre foy, e[s]t concluz que l'on les pregniez fe que Vuigan [e]n aura inprymer, & luy an fère ancoure inprymer, & les luy poyez, & les lyvré aus difanni[e]rs pour les lyvré an feuls [*lif.:* à ceux] de leur dyfannes, affin que quan l'on vyſytera, que le peuple ſoyt myeuls informé. Et luy at-t-on fet ung mandeman de ſix coppes fromen an dédufyon, & [e]n az lyvré 1500. »[1]

Vuigan, c'eſt l'imprimeur Wigand Kœln, ſur lequel nous reviendrons plus loin & qui eſt le ſeul, parmi les typographes de la Réforme genevoiſe, dont l'établiſſement dans notre ville remonte à la période antérieure à 1535.

Si ces deux livrets ont, par leur auteur comme par leur imprimeur, une origine commune, ſi de l'un comme de l'autre un ſeul exemplaire s'eſt conſervé juſqu'à nos jours, ils ont eu, en revanche, des deſtinées très-différentes. [2]

Dès l'année 1728, la Confeſſion de foi était de nouveau publiée par Ruchat, [3] qui l'attribuait à Farel. Dans notre ſiècle, elle

---

[1] Reg. du Conſeil, vol. 30, fº 219.

[2] On ſait qu'en 1538, à Bâle, il en parut une verſion latine qui a été reproduite dans la dernière édition des Œuvres de Calvin, t. V, col. 313-362.

[3] *Hiſt. de la réform. de la Suiſſe*, édit. originale, t. V, p. 590-601. — Edit. Vulliemin, t. IV (1836), p. 111-122.

a été quatre fois rééditée : en 1853 & en 1858, par M. Gaberel,[1] en 1865 dans le volume intitulé *Du vray ufage de la croix de Jéfus-Chrift,*[2] qui contient divers écrits de Farel, enfin en 1870 par MM. Baum, Cunitz & Reufs.[3] Mais toutes ces réimpreffions ont été faites l'une fur l'autre, de telle forte que les plus récentes ne reproduifent en définitive que le texte primitif de Ruchat, augmenté de quelques fautes nouvelles. L'hiftorien de la Réforme fuiffe, bien qu'il ait foin d'annoncer que fa copie a été faite « exactement » fur l'original & qu'il n'a « rien voulu changer à l'orthographe, » n'aurait pas été de fon fiècle s'il s'était aftreint à une minutie dont perfonne, alors, ne lui aurait fu gré. Sa tranfcription, très-fuffifamment « exacte » pour les habitudes de l'époque, ne doit plus nous contenter actuellement. Comparée avec l'original, elle offre deux ou trois erreurs de mots[4] &

[1] *Hift. de l'Eglife de Genève,* t. I, Pièces juftif., p. 60-66 ; — 2ᵉ édit., p. 120-127.
[2] P. 195-205 (Genève, Fick).
[3] *Calvini opera,* t. IX, col. 693-700.
[4] Par ex., au chap. 16, *cefte* omis (p. 116, l. 10, de

beaucoup de petites inexactitudes purement orthographiques.

Quant au Catéchifme, enfeveli depuis deux cents ans dans l'amas confidérable de pièces légué à la Bibliothèque du Roi par les frères Du Puy, il était demeuré inconnu à tous ceux qui fe font occupés du réformateur genevois [1] & récemment encore les éditeurs ftrasbourgeois des œuvres de Calvin déploraient amèrement fa perte. [2] C'eft donc pour la première fois que le texte

notre édition); chap. 19, *adminiftration* au lieu de *admonition* (p. 119, l. 1). En revanche, au chap. 1, la faute *aucune* au lieu de *autre* (p. 103, l. 4 en remontant), & au chap. 20, celle de *pafteurs* au lieu de *miniftres* (p. 119, dern. l.) proviennent, non de Ruchat, mais de la 2ᵉ édit. de l'ouvrage de M. Gaberel, d'où elles ont paffé dans le texte Fick de 1865 & dans celui des éditeurs ftrafbourgeois de 1870.

1 Voy., pour ne citer que les derniers, Kampfchulte, *Johann Calvin*, p. 286, n. 2; — Herminjard, *Correfpondance des Réformateurs*, t. IV, p. 164, n. 16; — Ch. Dardier, article *Calvin*, dans l'*Encyclopédie des fciences religieufes* de M. Lichtenberger, t. II (1877), p. 535.

2 ...... « Cæterum nullum, quod fciamus, ulla in bibliotheca publica exftat exemplar huius Catechifmi gallici, puerorum nimirum manibus triti & lacerati, ut in hifce fcholafticis pagellis fieri affolet, & pofteriore

français de cette pièce est aujourd'hui remis en lumière.¹

Notre réimpression du Catéchisme a été faite d'après une copie fac-simile que nous avons attentivement collationnée sur l'original de Paris; pour la Confession de foi, nous n'avons cessé d'avoir sous les yeux l'exemplaire qui de la bibliothèque du Dr Chaponnière a passé dans celle de M. Henri Bordier. Tout en reproduisant ces deux textes avec une entière fidélité, nous y avons rétabli, conformément aux usages modernes, l'accentuation, la ponctuation & les autres signes diacritiques, en même

eiusdem autoris catechismo in eius locum substituto, mox e manibus hominum pariter ac memoria elapsi .... Est igitur quod doleamus & quod doleant nobiscum lectores, primum illud gallicum Calvini scriptum plane, ut videtur, periisse, duraque nos adactos esse necessitate, latinam eius versionem, ab ipso quidem autore factam, versionem tamen, hoc in volumine exhibere... » (*Calvini opera*, t. V, Proleg., p. XLIII).

1 L' « Instruction & confession de Foy, dont l'on use en l'Eglise de Geneve » figure, parmi les *libri gallici ab incertis authoribus*, dans le catalogue des ouvrages condamnés de 1544 à 1551 par la Faculté de théologie de Paris (D'Argentré, *Collectio judiciorum de novis erroribus*, t. II, p. 176).

temps que nous opérions le remplacement réciproque des *u* & des *v*, des *i* & des *j*, des lettres majuscules & des minuscules. Quelques fautes d'impression [1] ont été corrigées : les unes nous ont été révélées soit par le sens de la phrase, soit par la comparaison de l'original français avec la version latine de 1538; d'autres n'étaient que de simples erreurs typographiques. Toutes ensemble arrivent à peine au chiffre total d'une vingtaine. A part ces modifications, si nécessaires pour l'intelligence des idées & la lecture courante du texte, nous nous sommes constamment attachés, avec la plus extrême rigueur, à l'orthographe des ori-

---

[1] Par ex., *distant* pour *distinct* (p. 7 de notre édition, l. 20 ; version latine *distincto*); *qu'il* pour *quel* (p. 8, l. 5); *reverse* pour *renverse* (id., l. 12) ; *riegle* pour *reigle* (id., l. 18) ; *cognoissance* pour *recognoissance* (p. 9, l. 16; lat. *gratitudine*) ; *co(m)me* pour *convie* (p. 65, l. 18); *supplië* pour *suppléé* (p. 69, dern. l.); *ta* pour *sa* (p. 99, avant-dern. l.) ; *desprouveu* pour *despourveu* (p. 108, l. 3). Dans un ou deux passages, quand la traduction latine présentait un mot différent, pouvant convenir également au sens de la phrase, nous avons conservé la leçon de l'original français : p. 35, dern. l., *proposé*, lat. *præpositus*; p. 45, l. 2, *en nous*, lat. *in illis*.

ginaux, en la reproduifant jufque dans fes fréquentes bizarreries.[1] Il n'eft point rare, par exemple, de trouver à dix lignes de diftance le même mot écrit de deux manières différentes.[2] Nous avons fcrupuleufement refpecté même ces anomalies : quelques-unes, fans doute, pourraient être attribuées à des fautes typographiques, mais la plupart rappellent d'une manière fenfible un état de chofes réel, celui d'une langue qui n'était point encore fixée.

La préfente réimpreffion n'eft pas faite ligne pour ligne, ni page pour page. Il a paru inutile d'indiquer le point où commencent les feuillets originaux, qui d'ailleurs ne font pas chiffrés. Comme nous n'avons pas employé des caractères gothiques, il va de foi que nous n'avons pas non

---

[1] Lorfqu'il a fallu, dans quelques occafions peu nombreufes, fuppléer une ou deux lettres pour rendre un mot plus compréhenfible ou une phrafe plus claire, elles ont été indiquées entre crochets [ ].

[2] Ainfi *efprit* & *efperit*, *deffend* & *deffend*, *autre* & *aultre*, *fimbole* & *fymbole*, *mefme* & *mefmes*, *doncq* & *doncques*, *doyvent* & *doibvent*, *déclairé* & *déclaré*, *fainctification* & *fanctification*, &c.

plus imité la difpofition typographique des deux livrets de Wigand Kœln, en ce qui concerne le titre, les en-tête de chaque chapitre, les lettres ornées, &c.

Les publications proteftantes de Neuchâtel & de Genève qui ont immédiatement précédé & fuivi les deux opufcules de 1537 ne font guère plus aifées à rencontrer que ceux-ci & préfentent, cependant, un réel intérêt hiftorique & littéraire. Il nous a femblé qu'il y aurait quelque utilité à en dreffer la lifte chronologique. Ce travail n'a pas encore été tenté d'une manière férieufe: il offre, d'ailleurs, de véritables obftacles par fuite de la difféminaton des très-rares exemplaires connus, de la difficulté de comparer entre elles les diverfes éditions & de la néceffité d'un examen attentif pour attribuer chacun de ces petits volumes à tel ou tel atelier typographique d'après la forme des caractères, le ftyle des lettres gravées & d'autres détails de l'exécution matérielle. Le plus fouvent, en effet, ces minces livrets, que leur format exigu[1] permettait de ferrer en grand nombre dans le fac du colporteur, étaient dépourvus avec foin de toute indication de lieu, afin qu'en cas d'accident, ils ne fuffent pas eux-mêmes, du premier coup, les dénonciateurs de leur origine hérétique.

Nous n'avons point abordé pour tous ces opufcules — dont la plupart font encore fort peu connus ou même feront ici décrits en détail pour la première fois — l'examen des queftions littéraires ou théologiques qui peuvent s'élever à leur propos. Nous n'a-

[1] .... « Mihi dolet non fuiffe characteribus melioribus excufum : fed id factum eft ut minor effet libri moles & circumferri facilius poffet. Sic enim fe typographus [Io. Girardus] ftudet accomodare Gallis hominibus, quibus piaculum eft inexpiabile deprehendi cum hujufmodi libris. » Lettre de Viret à Bullinger, du 1er janvier 1550 (*Calvini opera*, édit. de Brunfwick, t. XIII, col. 511). — « Vous demandiés une bible...Vous en pouvés avoir de Paris des grelles. » Lettre de Farel à Nic. d'Efch, 1526 (*Bull. du prot. franç.*, 1876, p. 465). — « Mais dedans ma male fe trouva marchandi[f]e : fines bibles, teftament[s] nouveaulx, Zuingle *De vera & falfa Religione* & aultres livres. » Lettre de Claude Farel à fon frère Guillaume, 1535 (Herminjard, *Corr. des Réf.*, t. III, p. 320).

vions ni les moyens, ni le loisir d'entreprendre cette étude, & nous nous sommes borné, quand cela a été possible, à quelques indications sur l'auteur probable de chaque pièce, car presque toutes sont anonymes & le premier problème qui se pose est celui de leur attribution à tel ou tel réformateur, à tel ou tel *prêcheur* de la Suisse, de l'Allemagne ou de la France. C'est donc un simple recueil de notes bibliographiques que nous offrons ici à ceux qui s'occupent des origines protestantes dans notre pays, avec l'espoir qu'on pourra tirer un jour quelque parti de ces matériaux.

Assurément la liste que nous avons dressée n'est point complète & ne saurait l'être encore. Si, toutefois, quelque patient investigateur veut revenir sur ce sujet en scrutant avec soin les grands dépôts de Londres & de Paris, ainsi que les bibliothèques de Suisse & d'Allemagne, ou si, chose plus désirable encore, un éditeur désintéressé tente de réimprimer soit l'ensemble, soit un choix, des premières productions de notre littérature protestante, ce modeste essai pourra servir de point de départ ou d'orientation à des recherches plus approfondies.

Nous n'aurions garde de passer ici sous silence la bonne fortune qui nous était réservée. Dans un récent séjour à Paris, nous avons pu mettre à profit la merveilleuse collection d'ouvrages protestants du XVIe siècle que M. Adolphe Gaiffe a réunie avec un goût si sûr & une patience qu'aucun obstacle n'a pu vaincre. Animé de cet esprit de générosité éclairée qui doit être l'apanage des véritables bibliophiles, M. Gaiffe a mis à notre disposition les trésors qu'il a amassés à grands frais depuis plusieurs années. Qu'il veuille bien recevoir ici l'expression publique de notre vive reconnaissance. Nous devons également aux Bibliothèques de Zurich, Fribourg & Neuchâtel, ainsi qu'à la Bibliothèque du protestantisme français à Paris, la communication obligeante de plusieurs volumes rares qu'elles ont bien voulu nous prêter pendant tout le temps nécessaire.

Avant de mettre sous les yeux du lecteur la série de nos descriptions, il convient de donner quelques détails sur les cinq imprimeurs protestants qui, dans la période de 1533 à 1540, ont exercé leur art à Genève & à Neuchâtel.

§ 2. PIERRE DE VINGLE.

Au nombre des imprimeurs lyonnais de la fin du XVe siècle & du commencement du XVIe figure un Jean de Vingle, d'origine picarde,[1] dont les premières publications datent de 1494[2] & les dernières de 1513.[3] Sa marque typographique représente un cœur — ou plutôt un écusson en forme de cœur — chargé des initiales J. V. & sommé d'une couronne. L'écusson a pour supports un lion & un lévrier; il est surmonté d'une banderole portant le nom: *Jehan de vingle.* Dans la bordure inférieure est un autre écusson de forme ordinaire,

---

[1] Picardus, Picardæ nationis (A. Péricaud ainé, *Bibliogr. lyonnaise du XVe siècle*, 1851, nos 121, 133).
[2] *Id.*, no 363.
[3] Voy. dans le *Manuel du libraire* de Brunet, t. V, col. 1370, une édition de la *Légende dorée* datée du 29 mars 1512, c'est-à-dire 1513 n. st.

qui eſt reſté blanc. Le tout ſe détache ſur un fond noir que recouvrent les branches entrelacées d'un cep de vigne chargé de raiſins.¹

Jean de Vingle, qui de 1494 à 1500 ſeulement a mis ſon nom à une trentaine d'ouvrages, était-il le père de Pierre de Vingle, ou de Wingle,² qui dès 1529 ou 1530 imprimait³ à Lyon? La choſe eſt probable, mais aucun document contemporain n'a donné juſqu'ici la preuve de cette filiation. Ce qu'il y a de certain, c'eſt que Pierre de Vingle portait un ſurnom qui confirme

---

1 Cette marque a été reproduite par Brunet, *Manuel*, t. IV, col. 1000, & par Silveſtre, *Marques typogr.*, nº 205.

2 Jean de Vingle imprimait ſon nom par un V ſimple. Pierre ſe ſert d'un V dans la *Manière & faſſon* de 1533 & dans le Nouveau Teſtament de 1534; d'un W dans la Bible de 1535.

3 Par ex., les poéſies macaroniques intitulées *Antonius Arena provincialis*, &c., dont il donna le 28 février 1529 (1530 n. ſt.) une édition en lettres rondes; une autre, en caractères gothiques, eſt auſſi datée de 1529. Miſes en vente chez Claude Nourry, dit le Prince, ces deux éditions étaient imprimées *per diſcretum hominem magiſtrum Petrum de Vingle* (Brunet, t. I, col. 392).

l'hypothèfe d'une origine commune. On l'appelait *le Picard*,[1] & lui-même prend cette défignation « *dit Pirot*[2] *Picard* » dans la foufcription de la Bible d'Olivetan. Il avait époufé la fille d'un autre imprimeur lyonnais, Claude Nourry, dit le Prince,[3] qui exerça fon art de 1501 à 1533 environ, & dont l'emblème le plus connu eft un écuffon chargé d'un cœur couronné. Au-deffous eft un lion couché fur fes deux pattes de devant, la tête relevée & menaçante. Le fond eft rempli par des hâchures :

En 1531 il en fit une réimpreffion (Monfalcon, *Manuel du bibliophile & de l'archéologue lyonnais*, p. 8). Une autre édition du même ouvrage a été mentionnée comme imprimée par P. de Vingle en 1533 (catal. de Cifternay Du Fay, n° 4297), mais nous penfons qu'elle n'exifte pas & que 1533 a été indiqué par erreur pour 1531.

1 Herminjard, *op. cit.*, t. II, p. 460, 462.
2 C'eft-à-dire Pierrot.
3 Ce furnom devait lui venir de l'enfeigne de fa maifon. Le 20 octobre 1533 Clauda Carcand, « relaiffée de feu Claude Nourry, » mit fon nom à un livre qu'elle achevait d'imprimer (Brunet, t. I, col. 1702). Elle fe remaria avec un autre typographe, Pierre de Sainte-Lucie, qui dès lors fut auffi furnommé le Prince (Péricaud, *op. cit.*, 2ᵉ part., p. 27).

dans la bordure eſt cette deviſe, coupée aux angles par trois fleurettes & une croix : COR CONTRITVM | ET HVMILIATVM | DEVS NON DESPICIES | PSALMO. 50.[1] Cette marque,[2] bien que très-différente dans les détails de celle de Jean de Vingle, s'en rapproche cependant trop pour qu'il n'y ait là qu'une coïncidence fortuite. Peut-être Claude Nourry avait-il acheté le matériel de Jean de Vingle pour le réunir au ſien propre : en 1513, Pierre devait être effectivement trop jeune pour reprendre l'établiſſement que Jean avait fondé.

[1] Selon la Vulgate. Pſ. LI, 19, ſelon l'hébreu.
[2] Elle ſe trouve dans le *Manuel* de Brunet, t. I, col. 969, & t. IV, col. 172, ainſi que dans les *Marques typogr.* de Silveſtre, nº 146. — Claude Nourry employa auſſi une autre marque (Silveſtre, nº 147) qui n'a aucun rapport avec la première & qui doit être plus ancienne, à en juger par l'orthographe de la banderole, *Claude Nory :* c'eſt un écuſſon portant les initiales C. N., appliqué contre un tronc d'arbre & qui a pour ſupports un cerf & un lévrier. Silveſtre (nº 1056) lui en attribue une troiſième, qui offre de nouveau le motif du cœur couronné, mais avec des acceſſoires différents ; nous en parlerons plus loin. Enfin le cœur couronné figure encore dans une lettre ornée employée par Claude Nourry (Silveſtre, nº 1230).

L'époque du mariage de Pierre de Vingle n'eſt pas connue. C'eſt dans un acte de 1533 qu'on lui donne la qualité de gendre de Claude Nourry &, à cette époque, il n'était plus à Lyon. Gagné aux croyances nouvelles qui avaient été prêchées dans cette ville dès 1524,[1] il imprima en mai 1531[2] l'*Unio diſſidentium*, ouvrage hérétique, publié en Allemagne (1527), que la Sorbonne venait de condamner, le 2 mars 1531.[3] L'année ſuivante il fut « deſjecté de Lyon » pour y avoir imprimé le Nouveau Teſtament en français, & il dut

---

[1] Herminjard, t. I, p. 206, 228, 310, 323, &c.

[2] Panzer, *Annales typographici*, t. VII, p. 349, n° 630. — David Clément obſerve à ce ſujet (*Bibl. curieuſe*, t. IV, p. 415) qu'avant l'épître au lecteur, qui dans cette édition eſt à la fin du volume, on trouve un avertiſſement de quelques lignes « qui ſemble venir d'un homme ſe diſpoſant à ſouffrir la perſécution pour ſoutenir les droits de la vérité. » Cet avertiſſement qui, paraît-il, ne figure pas dans les autres éditions de l'*Unio*, conſiſte en quelques lignes tirées du commentaire de S. Jérôme ſur le chap. XXVI (verſ. 7-9) de Jérémie & auxquelles on a donné cet en-tête : Quod veritatis odium ſit perferendum, præcipue ſacerdotum.

[3] D'Argentré, *Coll. judic.*, t. II, p. 85.

prendre le chemin de la Suiſſe : dès lors on peut le ſuivre de plus près grâce aux regiſtres officiels & à la correſpondance des réformateurs du pays romand.

Le 17 octobre 1532 ſon nom apparaît dans celle-ci pour la première fois.[1] A cette date, le Conſeil de Berne adreſſait à celui de Genève une lettre de recommandation en faveur de « Pierre de Vingle, préſent porteur, » qui, ayant « deſlibéré de fayre ſa réſidence » à Genève en y « exerceant ſon meſtier d'imprimeur, » s'était vu refuſer l'autoriſation qu'il ſollicitait : l'oppoſition manifeſtée par quelques-uns des magiſtrats genevois était baſée ſur le motif qui l'avait fait exiler de Lyon.[2] Sans ſe laiſſer rebuter par ce premier échec, l'entreprenant typographe était venu ſolli-

[1] Herminjard, *op. cit.*, t. II, p. 446.
[2] On a conſtaté (*Id.*, n. 1.) que les regiſtres de Genève ne font point alluſion à des démarches faites par Vingle auprès du Conſeil. Inſtruit de l'accueil qu'aurait rencontré ſa demande, il s'était borné, ſans doute, à négocier auprès des conſeillers qui l'appuyaient & n'avait pas adreſſé au gouvernement une requête formelle.

citer les magistrats bernois, « comme adjuteurs de la Parolle divine, de luy estre favorisables, » auprès de leurs combourgeois de Genève. C'est pour accéder à ce vœu que les Seigneurs de Berne écrivent la lettre précitée; après avoir exposé les faits, ils concluent ainsi : « . . . . . Vous prions de sa part, tant qu'ilz nous est poussible, que, pour l'ameur de Dieu & de nous, l'ayez pour recommandé, & que le vuilliés laisser imprimer Testaments & aultres livres en françoys desmonstrant la vraye voye de salvation, affin que le pouvre peuple de Dieu puisse estre mis en éternelle salvation & joye. En ce faysant nous ferés gratuité très-grosse . . . . »

Pourquoi cette missive pressante, écrite dès le 17 octobre, ne fut-elle pas remise sans retard au Conseil de Genève? On ne saurait le dire. Toujours est-il que Vingle n'en fit usage que quatre mois plus tard & qu'on est peu au courant de ses occupations pendant l'intervalle. Les lettres de l'époque le mentionnent à diverses reprises, mais sans qu'on puisse désigner d'une façon précife en quel lieu il s'était provifoirement établi. Ainfi, le 5 novembre, Antoine Saunier, donnant à Guillaume Farel, alors pafteur à Morat, des nouvelles du voyage qu'il venait de faire pour la feconde fois aux Vallées du Piémont, en compagnie d'Olivetan, du miniftre Martin Gonin & d'un collègue de ce dernier, nommé Guido, lui écrivait que les Vaudois avaient remis à Martin une fomme de cinq cents écus d'or, deftinée « à l'imprimeur, » c'eft-à-dire à Vingle, afin que dans le plus bref délai il pût avoir fes preffes en activité. Il recommandait à Farel de faire imprimer la traduction françaife, foigneufement corrigée, de l'*Unio diffidentium*. Enfin, après lui avoir donné fes inftructions & celles des Vaudois au fujet de la publication de la Bible, — projet qui fut ajourné pour être repris plus tard, — il l'engageait à communiquer fa lettre à François Martoret du Rivier & priait ce dernier, vu la grande pénurie de livres qui régnait aux Vallées, de lui expédier un choix des meilleurs ouvrages français édités par « le libraire Pierre. »[1]

Ce dernier paſſage prouve avec évidence que Pierre de Vingle avait déjà imprimé, avant le mois de novembre 1532 & probablement à Lyon, un certain nombre de livrets proteſtants en langue vulgaire, & qu'il s'occupait alors de les écouler dans les terres de MM. de Berne. Ses pérégrinations lui prirent ſans doute plus de temps qu'il ne le ſuppoſait. Il n'avait pas renoncé à ſon projet primitif & comptait aller, avant l'hiver, porter à ſon adreſſe la lettre qu'il avait obtenue, car le 18 novembre Farel écrivait de Morat à Guérin Muète, à Genève: « Je ne ſçay ſi le Picard eſt ancore venu, » c'eſt-à-dire « ſi Vingle eſt déjà arrivé auprès de vous; » & reprenant, dans le poſt-ſcriptum de ſa lettre, ce ſujet qui

---

[1] « Ad typographum dati ſunt quingenti aurei nummi Martino, ut quam poterit breviſſime imprimatur...... Salutabis fratrem & amicum Franciſcum a Rivo, cui has communicabis ut... ad nos mittat libros illos gallicos Petri bibliopolæ, potiſſimum quos puriores cognoverit » (Herminjard, t. II, p. 452 & ſuiv.).

lui tenait à cœur, il ajoutait : « Refcrivez fi le Picard eft venu. »[1]

Mais « le Picard » ne devait pas retourner à Genève auffi promptement que Farel le donnait à entendre. Jufqu'au commencement de l'année fuivante fa trace eft perdue, & l'on peut fuppofer qu'il continua à parcourir les Etats de MM. de Berne, à moins qu'on ne veuille admettre qu'il ait paffé l'hiver à Genève & y ait ouvert une imprimerie clandeftine, en gardant par devers lui la miffive bernoife pour l'utilifer au befoin. En tout cas, ce ne fut que le 18 février 1533 qu'il fe préfenta devant le Confeil de Genève : il venait fe plaindre de ce que le procureur fifcal, repréfentant de l'évêque, lui avait fignifié la défenfe abfolue d'imprimer & l'ordre d'avoir à quitter la ville. Il exhibait en même temps la lettre de recommandation qui lui avait été délivrée le 17 octobre précédent. Sur le vu de cette pièce, le Confeil, fans imiter les procédés fommaires du procureur fifcal, en-

[1] Herminjard, t. II, p. 460, 462.

gagea Vingle à lui apporter les ouvrages qu'il désirait imprimer, renvoyant à ce moment sa décision définitive. Vingle se hâta d'obéir à l'invitation du Conseil : il déclara qu'il songeait à faire paraître une Bible française & le livre intitulé *L'Union*, celui-là même dont il avait imprimé à Lyon le texte latin & que Saunier conseillait de rééditer en langue vulgaire. Mais les membres du Conseil étaient partagés, semble-t-il, au sujet de l'arrêté qu'ils étaient appelés à prendre. Comme dans l'automne de l'année précédente, plusieurs d'entre eux voyaient sans doute avec défaveur l'établissement dont il était question. On tâcha de traîner les choses en longueur & de gagner du temps. L'affaire fut mise en délibération le 4 mars, mais les syndics demandèrent eux-mêmes le renvoi, sous le prétexte qu'ils attendaient encore l'avis d'un personnage qui n'est pas nommé. Le jour même — peut-être la veille ou le lendemain, mais certainement aux environs du 4 ou du 5 mars — les évangéliques de Genève, qui avaient fort à cœur l'exécution des projets de Vingle, écrivaient, par la main de Pierre Viret, au Conseil de Berne pour lui signaler plusieurs actes d'intolérance du gouvernement genevois. Parmi les « articles » qu'ils prient les magistrats bernois de « considérer, pour y pourvoir & donner ordre, selon leur prudence & bonté, » il en est un qui est relatif à Vingle :

« Item, admonnester les Sindicques & Conseil de Genefve de avoir aultre esgard aux lettres que de part vous leur sont présentées que par cy-avant n'ont eu ; car, comme ainsy fust que vous eussiez donné lettres à ung imprimeur, pour debvoir imprimer la Bible & aultres livres chrestiens, en paix & sans vexation, lesquelles lettres il leur a présentées, — de cela touteffoys ilz n'ont tenu conte. »[1]

Cette lettre, portée à Berne par Claude Salomon & Baudichon de la Maisonneuve, fut remise à son adresse vers le 10 mars.[2] Le résultat ne s'en fit pas attendre long-

1 Herminjard, t. III, p. 30.
2 *Id.*, p. 35, n. 8.

temps. A la date du 20 mars, le Conseil de Berne écrivit aux magistrats de Genève pour les « admonester affectueusement » au sujet des griefs énumérés par les « amateurs de la Parole de Dieu. » Il n'oublia pas l'imprimeur dont les publications pouvaient devenir un si grand moyen de propagande: « Nous vous prions aussy, » dit la dépêche bernoise, « que de la lectre de recommandation qu'avons donnée à ung imprimeur, & aux aultres que cy-après vous escriprons, vuilliés fayre plus grande estime que jusque icy avés faict, affin que puissons congnoystre que ayés désir de nous, en choses licites & raysonnables, complayre. » [1]

La missive de MM. de Berne arriva à Genève le 24 mars & fut lue le lendemain en Conseil. Mais pendant que ces correspondances s'échangeaient, une décision était intervenue relativement à Pierre de Vingle, & cette décision lui était favorable. Le 13 mars, les syndics avaient com-

[1] Herminjard, t. III, p. 33.

muniqué au Confeil des Deux Cents l'avis délibéré en confeil ordinaire : pour fatisfaire les deux partis, qui comptaient chacun des repréfentants dans le gouvernement, on avait réfolu d'autorifer l'impreffion de la Bible françaife & d'interdire celle de l'*Union*. Cette tranfaction fut ratifiée, & il fut fpécifié que Vingle reproduirait la traduction biblique (de Le Fèvre) publiée à Anvers, fans y faire aucune addition, ni aucun retranchement, fous peine de fe voir confifquer fes exemplaires. Enfin, il lui était défendu d'entreprendre l'impreffion de tout autre ouvrage, fans l'avoir préalablement foumis aux fyndics, ce qui indique bien que le Confeil n'entendait pas prohiber d'une façon abfolue la publication « d'aultres livres chreftiens. »

En fomme, c'était une victoire pour les partifans de l'Evangile, puifque le procureur fifcal avait commencé par décréter, un mois auparavant, l'exil pur & fimple du typographe lyonnais & que celui-ci, l'année précédente, n'avait pu obtenir la permiffion de s'établir à Genève.

cxxxij

Le 2 avril, on envoya des députés auprès de MM. de Berne : ils étaient chargés de leur donner des explications verbales à propos des plaintes qui avaient été formulées dans la lettre du 20 mars, & ils reçurent, entre autres, pour inftructions de communiquer la réfolution prife par le Confeil « au fujet du libraire. »

Les Bernois eftimèrent-ils que le gouvernement genevois ne s'était pas montré affez large, ou de nouvelles entraves furent-elles apportées à l'exercice de l'induftrie de Vingle ? On n'eft pas renfeigné fur ce point, mais deux mois plus tard, le 27 mai, des envoyés de MM. de Berne demandent « que le libraire obtienne la permiffion de vendre fes exemplaires de l'Ancien & du Nouveau Teftament, puifque cela eft de droit. » [1] Cette réclamation, ainfi formulée, femble indiquer qu'après avoir permis à Vingle

---

[1] .... « Quod permittatur quod librarius vendat fuos libros Veteris & Novi Teftamenti, quia juris eft.... » — Les paragraphes des regiftres du Confeil relatifs à P. de Vingle (18 février, 4 & 13 mars, 2 avril, 27 mai 1533) ont été reproduits par M. Herminjard, t. III, p. 30-31, n. 8, & p. 35, n. 8.

d'imprimer la Bible, on voulait l'empêcher de la mettre en vente. La distinction était subtile & l'on y reconnaît l'influence du procureur fiscal ou de ses amis. Il est possible, toutefois, que Pierre de Vingle n'eût pas encore terminé, à ce moment, l'impression de sa Bible française & que l'interdiction de vente dont il s'agit ici, s'appliquât seulement à des éditions lyonnaises antérieures. Quoi qu'il en soit, on est autorisé à supposer, malgré le silence du registre, qu'à la suite des remontrances de Berne, cette mesure vexatoire ne fut pas maintenue.

Les documents authentiques qui viennent d'être analysés ne laissent guère de doute sur le fait même d'une imprimerie établie par Pierre de Vingle à Genève : deux témoignages contemporains achèvent de transformer cette probabilité en certitude. Dans un acte lyonnais du mois d'avril 1533,[1] que nous avons eu déjà l'occasion de citer,[2] Vingle est qualifié formellement *imprimeur*

---

[1] Péricaud, *op. cit.*, 2ᵉ part., p. 27.
[2] Voy. plus haut, p. cxxij.

à *Genève*. Un an après, le 27 avril 1534, Baudichon de la Maisonneuve, l'un des chefs du parti évangélique, très au courant, par conséquent, des faits & gestes du personnage sur lequel il était questionné, reconnaissait, devant les juges de l'inquisition,[1] avoir effectivement « veu & cognu à Genesve ung imprimeur nommé Pierrot de Vingle, *qui imprima quelque temps des Nouveaulx Testamens ou* (lis. *au*) *dict lieu*. Mais après la ville l'en envoia & il se retira à Neufchastel.... »[2]

[1] *Procès de Baudichon de la Maison Neuve accusé d'hérésie à Lyon*, 1534, publ. par J.-G. Baum (1873), p. 7-8.

[2] « Et avoit avec luy, ajoute Baudichon, ung serviteur nommé Grosne, qui est ung à qui le seigneur d'Avanchy couppa les oreilles. » Froment raconte le même fait : « En ce temps-là & à quatre lieux près de Genève, au chemin de Lyon, régnoit un gentilhomme de Savoye, le plus malin & cruel qu'on sceut dire, Monf. d'Avanchi, lequel faysoit mille maulx, & principallement à tous ceulx qui pouvoit avoyr & se disoynt aller dans Genève, tiroyt les yeulx à aulcuns, & si coppa les oreilles *à ung imprimeur de Lyon venant à Genève....* » (*Actes & gestes*, p. 118.) — *Avanchy* est aujourd'hui *Vanchy*, dans le canton de Collonges, entre Léaz & Bellegarde, sur la route de

Ces renseignements si concordants suffisent à prouver que Vingle a dû réellement avoir ses presses en activité à Genève pendant « quelque temps, » soit au moins de mars à juillet 1533.

En ce qui concerne plus spécialement la Bible française, il serait peu vraisemblable d'admettre que Vingle, homme actif & entreprenant, fût resté plusieurs mois à Genève sans profiter de l'autorisation expresse qui lui avait été donnée le 13 mars. D'ailleurs, le fait se trouve confirmé indirectement par une phrase de Grillet qui, après avoir mentionné le départ définitif de l'évêque Pierre de la Baume en juillet 1533, ajoute pour expliquer l'appel adressé à Furbity:[1] « Le Chapitre de Genève, considérant alors *qu'on avait déjà imprimé dans la ville la bible en langue vulgaire* & que la Cène avait été administrée par Jean Gué-

---

Lyon, & non *Avenches*, au pays de Vaud, comme l'a cru M. Baum.

[1] Il prêcha à Genève pour la première fois le 30 novembre 1533 (Herminjard, t. III, p. 121, n. 9).

rin, [1] dans un jardin du Pré-l'Evêque, réfolut... &c. » [2]

Le détail relatif à la publication d'une Bible françaife à Genève en 1533 n'a pu être pris par Grillet que dans les regiftres du Chapitre, ou dans d'autres documents de même provenance, emportés par les chanoines à leur départ de Genève en 1535. [3] Si Grillet ne les a pas feuilletés lui-même, il a eu, en tout cas, à fa difpofition les manufcrits de Beffon : [4] or, l'auteur des *Mémoires pour l'hiftoire eccléfiaftique du diocèfe de Genève* avait certainement confulté les archives épifcopales d'Annecy. [5]

Un des plus anciens partifans de la caufe évangélique à Genève, Jean Chautems, eut un jour, — vingt ans après la Réformation de 1535, — une difcuffion avec deux

[1] Par Guérin Muète, le 10 avril 1533 (Herminjard, t. III, p. 51, n. 26).

[2] *Dict. hiftor. des dép. du Mont-Blanc & du Léman*, t. II, p. 297, article *Chapitre de Genève*.

[3] Ceux que poffèdent les archives de Genève s'arrêtent en juin 1530.

[4] Grillet, t. I, p. XXI ; t. II, p. 274.

[5] *Id.*, t. II, p. 272.

imprimeurs qui avaient obtenu un privilége pour l'impreffion des Pfaumes. Eftimant que « telles œuvres ne doibvent eftre eftachées [1] à ceftuy, ny à l'aultre, mais laiffées en liberté, » Chautems s'adreffa au Confeil pour demander une autorifation analogue: dans fa requête, il prie les magiftrats de « *confidérer que, anciennement, il a, à grans frais & coftes, faict imprimer les premières Bibles en cefte cité.* » [2] Ce renfeignement devait être relevé ici, mais nous ignorons s'il s'agit, en fait, de la Bible françaife de 1533, dont on n'a jamais fignalé un feul exemplaire. [3]

Ainfi, Pierre de Vingle a imprimé à Genève, bien qu'on ne connaiffe jufqu'à préfent, ni une édition des Livres faints, ni aucun autre ouvrage où il ait mis le nom de cette ville. Si l'on devait renon-

[1] Attribuées.

[2] Reg. du Confeil, vol. 50, f⁰ 6 v⁰; 10 octobre 1555.

[3] Jean Chautems, qui avait un grand nombre d'occupations très-diverfes, fit, à plufieurs reprifes, le métier d'éditeur (Reg. du Confeil, vol. 37, f⁰ 168 v⁰, 3 août 1543; — vol. 42, f⁰ 83, 11 avril 1547).

cer définitivement à en découvrir, l'abſence de cette indication ſur les volumes ſortis de ſes preſſes pourrait encore s'expliquer aiſément par les circonſtances mêmes où il ſe trouvait : la tolérance, en quelque ſorte proviſoire, dont le Conſeil uſait envers lui ſous la preſſion de ſes combourgeois de Berne, n'était point faite pour l'encourager à ſortir d'une demi-obſcurité.

Son ſéjour à Genève ne devait pas être de bien longue durée. Soit que les diſpoſitions du Conſeil ſe fuſſent de nouveau modifiées à ſon égard, & qu'il eût été réellement « envoié de la ville, » ſelon le récit de Baudichon, ſoit qu'il eût fini par être dégoûté des tracaſſeries qu'on lui ſuſcitait & des entraves qu'on apportait à ſon induſtrie, toujours eſt-il qu'au mois d'août de la même année 1533, ſes preſſes étaient inſtallées à Neuchâtel. Le 22 août, il achevait l'impreſſion de la première édition du *Livre des Marchands* &, ſans y inſcrire ſon nom, il l'indiquait comme publiée « à Corinthe. » Peu de jours après, il mettait à la fin de la première liturgie proteſtante,

— la *Manière & façon* de Farel, — cette foufcription plus explicite : « Imprimé par Pierre de Vingle à Neufchaftel, le XXIX iour Daouft Lan 1533. »

Ce fut dans cette nouvelle réfidence, où les principes de la Réforme avaient été proclamés dès la fin de l'année 1530, que Vingle, déformais libre d'agir à fon gré, put déployer toute fon activité & mettre à profit les reffources pécuniaires que de généreux amis lui avaient confiées. Les premiers réfultats de l'établiffement fondé pour contribuer à la diffufion des croyances évangéliques n'étaient guère de nature à fatisfaire les Vaudois, qui avaient difpofé en fa faveur de la fomme confidérable de cinq cents écus d'or. Auffi, peu de temps après que Vingle eut quitté Genève pour fe réfugier à Neuchâtel & avant que fes ateliers euffent envoyé au loin leurs récents produits, Saunier écrivait de Moirans en Dauphiné à Farel, le 22 feptembre 1533, qu'il était arrivé trop tard de Turin pour affifter, du 15 au 18 août, « à l'affemblée générale des pafteurs & autres conducteurs » des Vallées vaudoises, convoquée au Val Saint-Martin, mais qu'il avait pu, du moins, rencontrer encore un certain nombre de délégués demeurés sur les lieux : « Toutesfoys, dit-il, quelque quantité estoient encore là, desquieulx j'ay heu des reproches, à cause de l'imprimerie; car ilz disent que je suys le promoteur de l'affaire, & que il y a ung an passé que les deniers sont deslivrés, & qu'il n'y a rien de faict. Ilz seriont d'advis de me bailler la charge des affaires & que je me tins[s]e auprès de Pierre, pour donner ordre aux livres. S'il vous semble que cela soit nécessaire & expédiant, il vous playra leur en rescrire tout à plein. »[1]

La réponse de Farel à cette lettre n'a pas été conservée. Il est probable qu'il engagea les Vaudois à prendre patience, en leur expliquant que les circonstances défavorables où *Pierre* s'était trouvé à Genève allaient être complétement modifiées par suite du transfert de son imprimerie à Neu-

[1] Herminjard, t. III, p. 81.

châtel. Ce qu'il y a de certain, c'eſt que le projet d'en confier la direction à Saunier ne fut pas exécuté, car le courageux réformateur, qui « de jour en jour expoſoit ſa vie pour la gloire de Dieu, »[1] continua ſa miſſion périlleuſe en Piémont & en Provence; il ne revint en Suiſſe qu'au printemps de l'année 1535,[2] quelques ſemaines avant le moment où la Bible d'Olivetan devait ſortir des preſſes de Pierre de Vingle. Celui-ci dut également ſe paſſer de la protection immédiate de Farel qui, de 1533 à 1535, réſida principalement à Morat, puis à Genève: pendant ces deux années il ne fit, ſemble-t-il,[3] qu'une ſeule excurſion à Neuchâtel, à la fin du mois de mai 1534, pour prendre part à une réunion des paſteurs ſuiſſes de langue françaiſe. Son concours efficace n'en était pas moins acquis d'avance à celui dont il avait ſuivi les débuts avec ſollicitude, & nous avons déjà dit que la liturgie compoſée par Farel

---

[1] Herminjard, t. III, p. 353-354.
[2] *Id.*, p. 288, n. 10.
[3] *Id.*, p. 187, n. 1, & p. 229-230, n. 2.

fut l'une des premières publications du « Picard » à Neuchâtel.

Deux perſonnages, fort peu connus juſque dans ces derniers temps, Marcourt & Malingre,[1] furent les véritables patrons de la nouvelle entrepriſe pendant les deux années de ſon exiſtence. Antoine Marcourt, ou de Marcourt,[2] était natif de Lyon;[3] peut-être avait-il déjà connu Pierre de Vingle dans cette ville, puiſqu'il paraît avoir commencé par s'occuper de travaux typo-

[1] Ils ne figurent dans aucun dictionnaire biographique & n'ont pas même un article dans la *France proteſtante* de MM. Haag.

[2] C'eſt ainſi qu'il ſigne ſa lettre du 12 mai 1538, au Conſeil de Genève (Arch. de Genève, Portef. hiſtor., n° 1194. — Roget, *Hiſt. du peuple de Genève*, t. I, p. 114), & celle du 31 décembre 1538 (Reg. du Conſeil, vol. 32, f°s 259-260. — *Calvini opera*, édit. de Brunſwick, t. X, n° 155). En 1544, ſur le titre de la *Déclaration de la Meſſe*, il ne fait pas précéder ſon nom de la particule.

[3] Et non du Dauphiné, comme le diſent MM. Haag (*Fr. Prot.*, t. V, p. 64, article *Farel*), ſans indiquer leur autorité. Ils l'appellent *le jeune* Marcourt (en 1531). Cependant une chronique contemporaine le déſigne, en 1536, comme « vieux & barbut, natif de Lyon, &c. » (Herminjard, t. IV, p. 92, n. 2.)

graphiques. On suppose, en effet, que c'est de lui qu'il s'agit dans une lettre de recommandation, adressée par Sébastien Gryphe à Farel le 21 décembre 1530, & dont le porteur venait de passer deux années dans la maison du savant imprimeur lyonnais.[1] Devenu pasteur ordinaire de la ville de Neuchâtel dès le commencement de l'année 1531, il occupait encore la même charge lorsqu'il fut appelé en 1538 à Genève pour succéder, avec Morand, à Calvin & Farel exilés. A cette occasion, les autorités neuchâteloises rendirent hautement hommage aux qualités qui le distinguaient: « Nostre prédicateur, maistre Anthoine de Marcourt, dit leur dépêche du 17 juin 1538,[2] a longtemps, c'est assavoir l'espace de prèz de huit ans, demeuré avec nous, pendant lequel temps l'avons tousjours trouvé homme de paix, d'honneur, de bon savoir, désirant & procurant à son povoir la paix & tranquilité publique, qui est chose très-requise & nécessaire à son office. »

[1] Herminjard, t. II, p. 298, 485.
[2] Arch. de Genève, Portef. histor., n° 1194.

On peut lui attribuer avec certitude plufieurs publications imprimées chez Vingle, telles que le *Livre des Marchands*, les fameux *Placards* de 1534 & le *Petit traité de la sainte Euchariftie*, sans compter la *Déclaration de la Messe* à laquelle il mit plus tard son nom. Très-probablement il fut aussi l'auteur de la plupart des autres traités de propagande fortis de l'imprimerie de Neuchâtel, [1] à l'exception pourtant de ceux qui ont un caractère plus littéraire que théologique.

L'auteur de ces derniers se nommait Thomas Malingre, & par une fingularité dont on ne connaît pas le motif, il prenait parfois, — mais feulement, femble-t-il, dans fes ouvrages, — le prénom de Mathieu. [2]

---

[1] Dans l'*Epiftre envoyée à Clément Marot* (1542), Malingre s'exprime ainfi :

> Tu as Marcourt, faige prédicateur,
> D'honneur divin très-ferme zélateur,
> Miniftre tel que faint Paul nous defcrit,
> *Lequel nous a plufieurs livres efcrit.*

[2] Cette particularité pourrait, au premier abord, faire fuppofer qu'il s'agit de deux perfonnages diftincts, mais les documents connus jufqu'ici ne s'adaptent qu'à un feul & même individu.

cxlv

Ancien dominicain, ¹ fils d'un gentilhomme de Normandie, ² il aurait été, felon M. Crottet & M. Herminjard, pafteur de Neuchâtel dès 1535 ; cette même année, il rédigea l'une des tables de la Bible d'Olivetan fous le pfeudonyme de Mathieu *Gramelin*, qui était l'anagramme de fon nom. Mais antérieurement déjà il habitait Neuchâtel, puifqu'il y publia, en 1533, deux opufcules (*Plufieurs belles & bonnes chanfons, Moralité de la maladie de chreftienté*),

1 Dans fon dizain refponfif, du 5 mai 1543, Marot dit à Malingre :

. . . . . *Tu es l'excellence*
Et le premier des Jacobins de Bloys.....

Et plus loin :

En quoy faifant, à faint Paul refemblois
Cent mille fois plus qu'à faint Dominique.

2 « Noble Jean Malingre, feigneur de Mornellyer, paroiffe de Saint-Saphorin, en Normandie. » C'eft ainfi qu'imprime M. Crottet (*Hift. & annales de la ville d'Yverdon*, p. 277), mais les deux noms de *Mornellyer* & *Saint-Saphorin* n'exiftent pas en France. Il s'agit évidemment de *Morvillers-Saint-Saturnin*, village du département de la Somme, fitué à une ou deux lieues d'Aumale, fur les limites de la Picardie & de la Normandie, & qui, felon l'atlas de G. Robert de Vaugondy, faifait partie de cette dernière province.

auxquels, uſant d'une autre anagramme, il mit ſon nom ſous la forme : Y ME VINT MAL A GRE. Peut-être même réſidait-il en Suiſſe dès 1531.[1]

D'après ſon propre témoignage, il aurait prêché à Blois vers 1527, « en déteſtant publiquement la meſſe, »[2] & il eſt à remarquer que le nom de cette ville figure comme étant celui de ſon lieu d'origine dans une ſtrophe de ſes *chanſons* diſpoſée en acroſtiche : MALINGRE DE BLOYS. Ce renſeignement & celui qu'a donné l'auteur des *Annales d'Yverdon* ne ſont pas néceſſairement contradictoires: l'ancien jacobin de Blois regardait peut-être

[1] Ce pourrait être le Thomas *** que l'on trouve, en 1531, paſteur à Court, dans le Jura bernois (Herminjard, t. II, p. 307, n. 2, 308, n. 2, 406), & qui ne ſemble être ni Thomas de la Planche (Id., t. IV, p. 120, 178, n. 22), ni Thomas Cunier (Id., p. 178, 463).

[2] Voy. l'*Epiſtre de M[athieu] Malingre envoyée à Clément Marot*, imprimée en 1546, réimpr. en 1868 d'après un exemplaire unique appartenant à M. Ad. Gaiffe; cette épître eſt datée du 2 décembre 1542, & dans le paſſage en queſtion l'auteur rappelle que Marot a pu l'entendre prêcher à Blois contre les « abus » de la meſſe « il y a desjà quinze ans paſſéz. »

comme fa patrie la ville où il avait fait fes premières prédications évangéliques.[1] D'ailleurs, il pouvait y être né, tout en appartenant à une famille normande.[2]

Outre les pièces indiquées plus haut, nous attribuons à Malingre une autre *moralité* anonyme, intitulée *la Vérité cachée*. Il eft auffi l'auteur d'une *Epiftre envoyée à Clément Marot, en laquelle eft demandée la caufe de fon département de France* (1542). Ce petit poème donne des détails intéreffants fur plufieurs réfugiés français qui habitaient alors le pays romand. Malingre l'avait compofé à Yverdon, où il exerçait le miniftère depuis le mois de février 1536. En 1543, il réfigna fes fonctions, tout en continuant à demeurer à

---

[1] On a dit (*Chanfonnier huguenot*, p. xxvj & 423) qu'il était prote dans l'atelier de Pierre de Vingle & qu'il avait fuivi fon patron de Lyon à Neuchâtel. Cette fuppofition ne s'eft pas confirmée depuis le moment où elle a été émife.

[2] L'auteur du pamphlet catholique intitulé *Paffevent Parifien refpondant à Pafquin Romain*, &c. (1556) rapporte que Thomas Malingre avait été jacobin à Paris (p. 37 & 82 de la réimpreffion de 1875).

Yverdon. Appelé en 1546 au poſte d'Aubonne, il l'occupa pendant dix ans & redevint en 1556 paſteur d'Yverdon. Il mourut en 1572 chez ſon fils, Daniel Malingre, paſteur à Vuarrens,[1] après avoir pu aſſiſter de loin au ſuccès des poéſies qu'il avait rimées dans ſa jeuneſſe: pluſieurs d'entre elles furent, en effet, incorporées dans ces chanſonniers proteſtants qui ſe réimprimèrent pendant tout le cours du XVIme ſiècle & juſqu'à la fin du ſiècle ſuivant, à Genève, à Berne, à la Rochelle, à Montbéliard, &c.[2]

La liſte des publications ſorties des preſſes de Pierre de Vingle & dues à Marcourt, à Malingre, à Farel, ou à quelque autre *prêcheur* demeuré inconnu, s'élève actuellement, telle que nous avons pu l'établir, au chiffre d'une vingtaine. Le Nouveau Teſtament de 1534 & la Bible de 1535 ſont des volumes de format in-folio: les

---

[1] Crottet, *op. cit.*, p. 277, 288-290.
[2] *Chanſonnier huguenot*, p. xxxj, 442 & ſuiv.

autres ne font que de minces opufcules pour lefquels les chances de deftruction ont été bien plus confidérables. Quelques-uns de ces rariffimes livrets, qui n'exiftent guère que par unités, ont été confervés à l'état ifolé, mais la plupart nous font parvenus réunis en trois recueils qui paraiffent avoir été formés dès le XVIme fiècle. Ce font, en premier lieu, le recueil de la Bibliothèque de Zurich, coté *Gallica* XXV, 1009, qui contient neuf pièces;[1] — puis le recueil du duc de La Vallière,[2] qui en renferme huit [3] & qui précédemment avait fait partie

---

[1] Chacune d'elles a été, tout récemment, reliée à part.

[2] *Catalogue des livres de la bibliothèque de feu M. le duc de La Vallière*, 1re partie (1783), n° 905 (vendu 32 livres).

[3] Il exifte fans doute encore & Brunet paraît l'avoir eu entre les mains (*Manuel*, t. III, col. 1367), mais nous ignorons quel a été fon fort depuis l'adjudication de 1783, dont le prix ferait aujourd'hui prefque centuplé. D'après ce qui eft dit au *Dictionnaire de géographie à l'ufage du libraire* [par P. Defchamps], col. 921, on pourrait fuppofer que le recueil en queftion eft maintenant à la Bibliothèque nationale : nous n'avons pu l'y découvrir.

cl

de la collection Gaignat,[1] vendue en 1769, & de la collection Cisternay Du Fay,[2] mise aux enchères en 1725; — enfin, un recueil de cinq pièces, donné en 1866 par M. le pasteur J.-J.-L. Vallette à la Bibliothèque du protestantisme français,[3] & qui avait été trouvé parmi les pauvres hardes d'un artisan octogénaire, né à Zurich, mort à Jussy (canton de Genève) dans les derniers jours de 1865.

Bien que les pièces contenues dans ces trois recueils n'indiquent jamais, sauf la *Manière & façon*, le lieu de leur impression ou n'offrent sur ce point que des renseignements fantaisistes qui ne doivent pas être pris au sérieux, il est évident que celles qui sont datées du 22 août 1533 au 4 juin 1535 sont de Neuchâtel, puisqu'à ces deux

---

[1] *Catalogue des livres du cabinet de feu M. Louis-Jean Gaignat*, t. I, p. 144-145, nº 543 (adjugé 38 liv. 4 s.). Le contenu du recueil y est indiqué d'une manière plus complète que dans le catalogue La Vallière.

[2] *Bibliotheca fayana*, nº 690 (6 livres).

[3] *Bull. du protest. franç.*, t. XVI (1867), p. 47; t. XVII, p. 331.

époques extrêmes Vingle exerçait son art dans cette ville. Lorsqu'elles font dépourvues de date & qu'aucun témoignage contemporain ne permet de leur en assigner une, on ne saurait affirmer avec autant de certitude leur origine neuchâteloise & il se pourrait qu'elles eussent été publiées à Genève dans les premiers mois de 1533. Il faut noter, à ce propos, que dans le recueil de la Bibliothèque de Zurich, qui contient les plus anciennes publications de Pierre de Vingle, se trouvent réunis un petit chansonnier primitif, ne comptant que seize pages, dont les caractères sont ceux de Vingle, & une réimpression du même livret où nous avons aisément reconnu les types employés par Wigand Kœln à Genève. Peut-être cette circonstance, jointe au fait de la place occupée par ces deux opuscules en tête du recueil de Zurich, avant les pièces datées de 1533, semblerait-elle indiquer que l'original a été, aussi bien que la réédition, imprimé dans la même ville. Mais comme on pourrait tirer de la circonstance en question des déductions tout à fait oppofées, il ne convient guère d'y infifter.[1]

Tous les livrets édités par Pierre de Vingle fe reffemblent par leur apparence extérieure. Leur format eft un très-petit in-8, analogue à celui du *Catéchifme* & de la *Confeffion de foi*, mais les titres ne font pas encadrés des élégantes bordures de Wigand Kœln. Les feuillets, non chiffrés, ont le plus fouvent de 24 à 27 lignes par page complète. Dans les marges font indiqués les renvois aux paffages de l'Ecriture. Outre les gros caractères gothiques employés pour la première ligne du titre & dans quelques autres occafions, trois types gothiques diftincts & facilement reconnaiffables faifaient partie du matériel de l'imprimerie : 1° un caractère grand[2] (celui de la Bible de 1535), qu'on

---

[1] L'une des pièces non datées de Pierre de Vingle (*Les grans pardons & indulgences*) eft donnée comme imprimée à *Gand*. Faut-il voir dans la forme germanique & flamande du nom de cette ville, *Gent*, une allufion au nom allemand de Genève, *Genf?*

[2] « Un peu moins carré que d'ordinaire, c'eft-à-dire plus haut que large, & un peu arrondi dans fes formes. »

trouve employé pour les titres & quelquefois aussi pour le texte tout entier; 2° un caractère plus petit, qui est celui de la plupart de ces livrets; 3° un caractère fin pour les notes, les manchettes, les préfaces, & dont le successeur de Pierre de Vingle fit un usage plus fréquent. Quant aux lettres ornées, elles sont généralement en petit nombre.

Une sorte de molette d'éperon, à cinq rais pattés ou élargis en pointe, est très-souvent placée au-dessous de la dernière ligne du titre; cet ornement caractéristique avait déjà été employé par Claude Nourry.[1] Mais, dans la grande Bible française de 1535, Pierre de Vingle a inauguré une vraie marque typographique, qui n'existait pas sur ses publications protestantes antérieures. Il voulut reprendre, en le simplifiant, l'emblème du cœur couronné que Jean de Vingle & Claude Nourry avaient

(Ed. Reuss, *Revue de théologie*, 3ᵉ série, t. III, 1865, p. 229.)

[1] Du moins on le trouve dans le Nouveau Testament qui va être signalé tout à l'heure.

adopté avec des modifications diverses. La marque qu'il fit graver, & dont lui-même n'usa que dans cette seule occasion, est de forme carrée : sur le fond blanc d'un écusson, échancré aux côtés, se détache un cœur surmonté d'une couronne. Autour de l'écusson, des hachures remplissent le reste du cadre & sont recouvertes par les plis d'une banderole, où se lisent les mots : COR CONTRITVM ET HVMILIATVM DEVS NON DESPICIET. PS. 50. Cette jolie marque [1] ne porte d'ailleurs pas de nom, ni d'initiales, de sorte qu'elle put être utilisée plus tard par l'acquéreur de l'imprimerie neuchâteloise.

On a attribué [2] à Pierre de Vingle une marque, de plus grandes dimensions, reproduisant aussi le motif du cœur couronné, mais qui offre en outre, aux quatre angles, une fleur de lys, & au

---

[1] Silvestre, *Marques typogr.*, n° 435. — Elle avait déjà été reproduite, ou plutôt imitée, par Samuel Morland, *The history of the evangelical churches in the valleys of Piemont*, London, 1658, in-fol., p. 27.

[2] Herminjard, t. III, p. 423.

bas un lion couché. L'épigraphe eſt coupée de la même manière & préſente auſſi la leçon DESPICIET au lieu de DESPICIES ; ſeulement la banderole ſur laquelle elle eſt gravée s'enroule ici autour d'une couronne d'épines. La marque en queſtion figure ſur une édition peu connue du Nouveau Teſtament (verſion de Le Fèvre), dont M. Ad. Gaiffe poſſède un exemplaire, malheureuſement incomplet des deux premiers feuillets,[1] ce qui ne permet pas d'affirmer qu'il ſoit dépourvu de toute indication de lieu & d'année. C'eſt un volume in-12, compoſé de 216 ff. chiffrés pour les Evangiles & les Actes, 158 ff. chiffrés pour les Epîtres & l'Apocalypſe & 17 ff. non chiffrés pour la Table. Nous ne croyons pas qu'il ait été imprimé par Pierre de Vingle, car la marque décrite tout à l'heure a été recueillie par Silveſtre (n° 1056) ſous le nom de Claude Nourry :[2] cela veut dire

[1] Et d'un autre, le 216e & dernier de la première partie.

[2] On a vu plus haut (p. cxx) que Claude Nourry avait déjà introduit un lion & des fleurs dans la marque dont il ſe ſervait le plus ſouvent.

qu'il l'a trouvée fur d'autres ouvrages publiés par cet imprimeur.[1]

Sur les minces livrets qui fortaient de l'atelier de Neuchâtel pour être répandus en France parmi les populations catholiques, Pierre de Vingle, avons-nous dit, fe gardait de mettre une indication de lieu qui en eût immédiatement décelé l'origine huguenote & il la remplaçait fouvent par des énonciations plaifantes ou fimplement fictives, deftinées foit à dérouter les lecteurs curieux, foit à leur infpirer quelque confiance dans l'orthodoxie du texte, par exemple : *Imprimé à Corinthe*;[2] — *Imprimé à Paris, par Pierre de Vignolle, demourant en la rue de la Sorbonne*;[3] — *On les vend à Paris*.[4] Ne trouvant que cette feule mention de Pierre de Vignolle & ne voyant pas fon nom figurer dans les liftes de Lottin,

---

[1] Ajoutons que certains détails de ce Nouveau Teftament (par ex. le format in-12 & les feuillets chiffrés) ne rentrent pas dans les ufages typographiques adoptés par P. de Vingle.

[2] *Livre des Marchands*, 22 août 1533.

[3] *Moralité de la maladie de Chreftienté*, 1533.

[4] *Déclaration de la Meffe*, f. d.

M. Brunet a fuppofé [1] qu'il était un des imprimeurs parifiens fupprimés en 1535 [2] par des lettres patentes de François Ier, tandis que M. Henri Bordier faifait obferver [3] avec raifon que Pierre de Vignolle [4] n'eft qu'une traduction tranfparente de Pierre de Vingle. [5]

Au bas du titre des *Grans Pardons*, pièce non datée, mais antérieure au 29 avril 1534, fe lit cette mention : *Nouvellement imprimé à Gand par Pieter van Winghue.* C'eft encore là un déguifement facilement reconnaiffable. Pieter van Winghue n'eft

[1] *Manuel*, t. III, col. 1342.

[2] A. Taillandier, *Réfumé hiftor. de l'introd. de l'imprimerie à Paris* (*Mém. de la Soc. des antiquaires de France*, t. XIII, p. 391 & fuiv.).

[3] *Chanfonnier huguenot*, p. 420.

[4] Jean de Vingle faifait déjà une allufion analogue à fon nom en mettant fur fa marque un cep de *vigne*. (Voy. ci-deffus p. cxix.)

[5] Sur le bord du lac de Bienne, à une petite diftance de la ville du même nom, fe trouve un village appelé en allemand *Vingels* ou *Vingelz*, & en français *Vigneule*. Cette circonftance a pu être connue de P. de Vingle, au moment de fes voyages dans les terres de MM. de Berne.

autre que Pierre de Vingle & Gand doit se traduire par Genève ou Neuchâtel.

Dans ce même opuscule, le verso du titre est occupé par une vignette, ou plutôt une véritable planche, [1] représentant le Christ debout, sur le devant d'un champ de blé, une faucille à la main & d'autres à ses pieds. Au-dessus est une banderole portant ces mots: MESSIS QVIDEM MVLTA. OPERARII AVTEM PAVCI. MAT. IX.

L'existence de ce bois gravé sur deux autres ouvrages dépourvus de toute indication de lieu, d'année & d'imprimeur, permet de les attribuer aux presses de P. de Vingle. L'un d'eux [2] est un livret qui, à en juger par le titre, est tout à fait analogue à ceux qu'éditait l'imprimerie de Neuchâtel de 1533 à 1535; d'ailleurs, le seul exemplaire que nous en connaissions fait partie du recueil Gaignat-La Vallière, ce qui est déjà une attestation très-explicite de

---

[1] Elle n'a pas été reproduite par Silvestre. Brunet l'a mentionnée sans la décrire (*Manuel*, t. II, col. 1043, & t. III, col. 1367).

[2] *Exhortation sur ces sainctes paroles*, &c.

provenance. L'autre, au contraire, eſt une édition du *Manuel du chevalier chreſtien* d'Eraſme, [1] qui forme un volume in-8 de 166 ff. chiffrés. [2] En voici le titre:

ENCHIRIDION | (ou *Manuel*) *du Cheua-* | *lier Chre-* | *ſtien: aorne de co(m)mandeme(n)s tres-* | *ſalutaires, Par Deſydere Eraſme* | *de Roterodame, Auec vng p(ro)logue* | *merueilleuſement vtile, et de nou-* | *ueau adiouſte.* [Ici eſt la marque du Seigneur & de la moiſſon; elle ſe retrouve encore au f. 166 b.]

Au verſo du titre eſt une pièce de 20 vers de dix ſyllabes, intitulée *L'imprimeur au lecteur fidele* & débutant ainſi:

Le mortel monde eſt vng champ de bataille,
Lequel eſt cauſe que touſiours debat aille.

Les apparences typographiques de cet ouvrage, — telles que la groſſeur des caractères gothiques, les lettres ornées à perſonnages, le format in-8 grand, les feuillets chiffrés, l'emploi de capitales romaines à

[1] La première édition de cette traduction françaiſe, due à Louis de Berquin, eſt celle d'Anvers, Martin Lempereur, 1529. (Brunet, t. II, col. 1042.)
[2] Bibl. de M. Ad. Gaiffe.

la première ligne du titre, — font complétement en dehors des habitudes de Pierre de Vingle à Neuchâtel. Auſſi nous penſons qu'il a imprimé ce volume dans les derniers temps de ſon ſéjour à Lyon, en 1531 ou 1532, avec un matériel dont il n'emporta en Suiſſe qu'une partie. Au moment où il mettait au jour cette traduction de l'*Enchiridion* d'Eraſme, qui n'avait pas encore paru en France & qui devait être, quelques années plus tard, condamnée par la Sorbonne & le Parlement,[1] Vingle était attaché de cœur aux convictions évangéliques : le choix du livre, la marque de la *Moiſſon*, & juſqu'à la précaution utile de taire à la fois ſon nom, la date & le lieu de l'impreſſion, tout concourt à le faire ſuppoſer.

La dernière publication de Vingle à Neuchâtel fut auſſi la plus conſidérable : c'eſt la première Bible proteſtante en langue françaiſe qui ſort, cette fois, de ſes preſſes, c'eſt un gros in-folio de 852 pages

[1] En 1543. L'original latin avait été cenſuré dès 1540. (D'Argentré, *op. cit.*, t. II, p. 130, 133, 135, nº 21.)

à deux colonnes, imprimé avec un grand luxe de lettres ornées.¹ Mais il femble que cet effort fuprême ait épuifé les reffources financières fournies par les Vaudois. La Bible d'Olivetan s'achève le 4 juin 1535 ; aucune des impreffions de Pierre de Vingle, — de celles du moins qui ont une date, — n'eft poftérieure à ce jour & dès lors le nom du typographe lui-même, qui, dans ce dernier ouvrage, prend le titre de bourgeois de Neuchâtel, ceffe de figurer dans la correfpondance échangée entre les contemporains. Une obfcurité complète fe fait autour de l'homme qui avait été un intelligent auxiliaire des réformateurs du pays romand : fes deftinées ultérieures, l'époque & le lieu de fa mort font abfolument inconnus. ²

1 Il y en a plufieurs alphabets, de grandeur & d'ornementation différentes.

2 Dix-fept ans plus tard, on trouve à Pau un imprimeur nommé « Jean de Vingles, » qui pourrait être le fils de Pierre, ou quelque autre parent du premier Jean de Vingle de Lyon. En 1552, il imprime, avec H. Poivre, *Los Fors & coftumas de Bearn* (Brunet, t. II, col. 353), & feul, une *Eclogue compofée par très-chref-*

Avec Pierre de Vingle, l'imprimerie disparaît en même temps de la ville de Neuchâtel;[1] il lui faudra plus d'un siècle & demi pour y pénétrer de nouveau.[2] C'est Genève qui va recueillir cette succession

tienne princeffe Marguerite de France, roine de Navarre (Ant. Du Verdier, *Bibl. franç.*, édit. Rigoley de Juvigny, t. III, p. 18), ainfi que les *Conftitutiones diœcefis Lafcurienfis* (*Dict. de géogr. à l'ufage du libraire* [par P. Defchamps], col. 174). Cette dernière publication, que M. Defchamps — fans motifs fuffifants, croyons-nous, — veut placer à Lefcar, prouve que ce Jean de Vingle était catholique. — Selon MM. Breghot du Lut & Péricaud ainé (*Catalogue des Lyonnais dignes de mémoire*, 1839, p. 317), il y aurait eu à Louvain, en 1554, un imprimeur auffi nommé Jean de Vingle.

1 La tradition qui place l'établiffement typographique de Vingle dans le petit village de Serrières, près Neuchâtel, ne repofe fur aucune donnée certaine. Elle eft formellement contredite par la foufcription de la *Manière & faffon*, comme par celle de la Bible de 1535 (Voy. auffi Herminjard, t. III, p. 294, n. 4).

2 En 1689 (J.-H. Bonhôte, *Les imprimeurs & les livres neuchâtelois*, dans le *Mufée neuchâtelois*, t. III, 1866, p. 175). — L'épître de Farel *A tous cœurs affamez* eft datée de Neuchâtel, 11 janvier 1545, mais n'a pas été imprimée dans cette ville, comme on a pu le croire. Elle fe trouve dans l'*Hiftoire des martyrs*, de Crefpin, fol. 152-155, de l'édit. de 1582.

vacante; en peu d'années les ateliers typographiques y feront fi nombreux, qu'ils alimenteront de leurs produits les marchés proteftants de l'Europe entière.

§ 3. WIGAND KŒLN.

L'imprimeur du Catéchifme & de la Confeffion de foi de 1537 était établi à Genève dès 1521.[1] Sur un des opufcules qu'il y publia l'année fuivante,[2] il prend la qualité de *Teuthonicus*; ailleurs,[3] il fe dit *natus ex Francia orientali*, & de cette double défignation on peut conclure qu'il était originaire de la Franconie,[4] comme les deux premiers imprimeurs de Genève, Adam Steinfchaber & Henri Wirzburg. Lui-même s'eft toujours appelé fur fes publications

---

[1] Catal. de la vente Luzarche, nº 6153; — Aug. Dufour & F. Rabut, *L'imprimerie en Savoie* (1877), p. 19.

[2] *Partes orationis*.

[3] Gaullieur, *Etudes fur la typogr. genev.*, p. 82.

[4] Guérard, *Du nom de France & des différents pays auxquels il fut appliqué* (*Annuaire hiftor.* publ. par la Soc. de l'hift. de France, t. XIII, p. 158-159, 168).

clxiv

latines *Vuygandus Kœln*, & fur celles en français *Wygand Kœln*, [1] ou *Vuygant de Kœln*; [2] mais les Regiftres du Conseil eftropient parfois fon nom de manière à le rendre méconnaiffable & le transforment, par exemple, en *Karolong, Karolun, Karould, Vifzjehan Kaulz*; [3] pour la génération fuivante, on ira jufqu'à *Collombz* ou *Colon*. [4] D'ailleurs, afin d'éviter ce nom étranger de Kœln qu'ils avaient tant de peine à prononcer & à écrire, les fecrétaires d'Etat le remplacent très-fréquemment par la dénomination plus fimple de *Vigandus impreffor, Wigand* [5] (l') imprimeur, fi bien que

[1] *La doctrine & inftruction des chreftiens & chreftiennes*, &c., 1532.

[2] *Le coronnement du très-illuftre roy de Behemen*, 1527.

[3] Reg. du Conseil, vol. 37, f° 9 v°; vol. 38, f° 60 v°; vol. 40, f° 15 v°; vol. 34, f° 475 v°.

[4] Reg. des particuliers, vol. 7, f° 42 v°; Reg. du Conseil, vol. 51, f° 219 v°.

[5] *Vigand, Vigant, Vizant, Vijan, Vijant*, &c. M. Roget l'appelle « le libraire Venga » (*Hift. du peuple de Genève*, t. I, p. 36), & M. Gaberel imprime « Hohn, Vigaud » (*Hift. de l'Eglife de Genève*, t. I, Pièces juftif., p. 198).

ce prénom deviendra plus tard pour le fils un véritable nom patronymique.[1]

Sa marque typographique est de forme carrée: au centre est un écusson avec les lettres W. K., placées l'une au-dessous de l'autre & disposées, à la façon des anciens monogrammes, sur les branches d'une croix; elles sont accompagnées de trois coquilles, deux en chef & une en pointe. L'écusson est dans un encadrement formé par une bandelette & des branchages sur un fond noir.

Kœln se servait aussi d'une marque plus petite où se trouve un écusson semblable, bien que différent de forme: il a deux lions pour supports & n'est pas encadré.[2]

---

[1] Gabriel *Vigean, Vyzan, Vyjehan, Vitjehan, Vijehain, Vyjan, Colon dit Vijehan, Vigeant dit Collombz, Collnum dit Vigeant, Vigant alias Keune*, &c.

[2] Ces deux marques ont été reproduites, la plus grande par Gaullieur, *Etudes sur la typogr. genev.*, pl. II, n° 5, & par Silvestre, n° 817, la plus petite par Silvestre, n° 818, & par Aug. Dufour & F. Rabut, *L'imprimerie en Savoie*, pl. I, n° 3. — Au reste, la première a été empruntée (Voy. le *Speculum doctrine presbiterorum*, s. l. n. d.) à l'imprimeur genevois Louis Cruse, ou Garbin (1481-1513): W. Kœln a utilisé le bois qui servait à son prédécesseur, en se bornant à rem-

En général, la souscription est placée au bas du titre, selon l'usage moderne, & accompagnée de la devise *Spes Mea Deus*.

Parmi les quinze ou vingt publications que nous connaissons de Wigand Kœln antérieurement à la Réformation de 1535, quelques-unes appartiennent à cette catégorie de minces brochures où étaient racontés les événements les plus récents, les *nouvelles du jour*, comme les victoires des Turcs, les batailles livrées dans la Haute Italie, le couronnement d'un souverain, ou encore quelque subite catastrophe, telle qu'une inondation en Flandre, &c. [1] C'est avec raison qu'on a vu dans ces feuilles volantes les ancêtres du *journal*, quoiqu'elles n'eussent, dit un écrivain moderne, « ni sa

---

placer, par ses initiales, la tête de Maure qui occupait le centre de l'écusson.

[1] Des récits de ce genre, relatifs aux « lettres de deffy du grand Turc Soulen Tellin, » ainsi qu'à deux « beaux miracles de la Vierge Marie » arrivés en 1532, l'un « à Congres, en Hongrie, » l'autre « en la ville de Tornay, » ont été recueillis par Jeanne de Jussie, qui les a intercalés dans son histoire de l'*Hérésie de Genève* (Edit. de 1611, p. 38 & suiv.).

périodicité, ni fa continuité, ni fa variété.»¹ Elles femblent s'être furtout multipliées en Allemagne, après le premier quart du feizième fiècle.² Leur apparition à Genève (1525-1530) n'avait pas été fignalée jufqu'ici, & de fait nous n'en avons encore retrouvé que quatre ou cinq. L'une d'elles porte cette mention qui prouve que l'imprimeur était parfois auffi le traducteur de ces petits écrits populaires: *Tranflaté ou vray Dallemant en francoys par Vuygant de Kœln.*

Lorfque les publications de Kœln ne portent ni fon nom, ni fes initiales, elles font encore aifément reconnaiffables, foit par les caractères du texte, foit par les lettres ornées, foit furtout par les élégantes bordures qui encadrent prefque toujours fes titres & dont les fac-fimile, qu'on a vus plus haut, donnent une idée fuffifam-

---

1 Eug. Hatin, *Bibliographie hift. & crit. de la preffe périodique franç.*, p. lvj.

2 M. Emile Weller a donné dans le *Serapeum*, en 1859 & 1860, un catalogue de celles qui ont été publiées en langue allemande de 1505 à 1599 (*Die deutfchen Zeitungen des fechzehnten Jahrhunderts*). Cette lifte comprend 584 numéros.

ment exacte. Nous ne connaiſſons d'ailleurs aucune impreſſion de W. Kœln poſtérieure aux deux livrets de 1537 qui ſont reproduits dans le préſent volume.[1] Après la révolution religieuſe de 1535, les bréviaires & les miſſels, les romans, les poëmes & les chanſons légères ne furent plus de miſe, & le mouvement de la typographie dut forcément en être ralenti, juſqu'à ce qu'une transformation complète vînt le faire entrer dans une nouvelle voie. Kœln n'était pas aſſez jeune pour changer bruſquement les habitudes de toute ſa vie, & pour ſe mettre à éditer, à la place de ſes *Relations* colportées dans les rues, de ſes *Almanachs* & de ſes *Pronoſtications*, les livres ſaints en langue vulgaire & les écrits des nouveaux

---

[1] Un placard aux armes de Genève intitulé : *Se(n)-ſuyt le Taux et vente du Pain tant Blanc, Moyen que Gros* (Voy. les Reg. du Conſeil, 26 novembre 1543 & 19 janvier 1545), offre les types gothiques & les bois gravés de Kœln (Portef. hiſtor., n° 1369. — Cf. Blavignac, *Armorial genevois*, dans les *Mém. de la Soc. d'hiſt. de Genève*, t. VI, p. 217). Il eſt daté de 1545 & a pu être imprimé par le fils de Wigand.

docteurs. Si Calvin & le Conseil s'adresfèrent à lui pour le Catéchisme & la Confession de foi, ce fut probablement à cause des types gothiques que, seul alors, il possédait : ces deux opuscules, étant destinés au peuple, devaient être imprimés avec les caractères auxquels celui-ci était le plus accoutumé.

Les documents contemporains nous donnent quelques détails sur Wigand Kœln & sa famille. Il avait été admis gratuitement à la bourgeoisie de Genève le 27 juin 1531 : [1] cette faveur avait, sans doute, pour cause des publications officielles imprimées pour le compte de l'Etat. En 1533 & 1534, on le trouve sur la liste des membres du Conseil des Deux-Cents; en 1535, il entre au Conseil des Soixante, où il reste pendant cinq ans au moins. [2] A partir de 1541, il ne

---

[1] « Hon. Vigandus Kollno fuit gratis admissus in burgensiam contemplacione serviciorum sibi impensorum & præstitit juramentum in forma. » (Reg. du Conseil, vol. 24, f⁰ 135 v⁰.) — Le *Livre des bourgeois* l'appelle « Vigan Corolle. »

[2] Il y est encore en 1539; le rôle de l'année 1540 manque.

figure plus que dans le Conseil des Deux-Cents ; en raison de son âge ou pour le distinguer de son fils, le Registre l'appelle *Vijan (l')ancien.* [1] Il est encore sur le rôle du Conseil pour l'année 1545 (12 février); mais son nom en a disparu un an plus tard (9 février 1546) : c'est donc entre ces deux dates qu'il faut placer sa mort. En 1544, le pasteur Jacques Bernard avait eu l'occasion d'exposer au Conseil « la neccessité de Vijan, imprimeur, son beau-père, lequelt est détenu suspicionné de peste. » [2]

Avant le nouvel état de choses inauguré en 1535, Kœln avait vu des jours plus heureux. Sa profession était lucrative. Jeanne de Jussie, après avoir raconté qu'à la suite de la Dispute de 1535 « Jacques Bernard, du grand Ordre des Frères de S. François, Gardien du Couvent de Rive, prestre & prescheur mesprisa.... son ordre & print l'habit seculier le vingtiesme de Juillet, » ajoute : « *Et tantost print à femme*

[1] Reg. du Conseil, vol. 35, fº 56.
[2] Id., vol. 39, fº 4 vº, 13 octobre 1544.

clxxj

une belle jeune fille d'un riche imprimeur.» [1] C'eſt d'une fille de Wigand Kœln, nommée Georgea, que l'auteur du *Levain du Calviniſme* veut parler ici, & nous avons retrouvé ſon contrat de mariage,[2] daté du 16 août 1535.[3]

Kœln avait une autre fille, Catherine,[4] mariée à Renaud Tartier, de Reims, — dont on ne ſait rien, ſi ce n'eſt qu'il avait « preſté

[1] Edit. de 1611, p. 127.

[2] Minutes de Claude de Compois, notaire, vol. 9, fo 182 vo. — Dot: 300 florins d'or. — L'acte donne le nom de la mère de Jacques Bernard, Clauda Bonna, que Galiffe (*Notices généalog.*, t. III, p. 49) avait laiſſé en blanc: l'ancien gardien des cordeliers de Rive était né du ſecond mariage de ſon père, & non du premier, comme l'a cru le généalogiſte.

[3] Flournois, dans ſes Notes ſupplémentaires aux Extraits des Regiſtres publics (impr. par M. G. Revilliod, à la ſuite des *Actes & geſtes* de Froment, p. ccv, ccvj; — cf. Mſſ. des Archives, no 48, t. I, Remarques, p. 82), dit que le mariage fut célébré, par Farel, le 15 août 1535. Ce double renſeignement a dû être tiré de quelque document aujourd'hui perdu.

[4] Morte en 1544 (Reg. du Conſeil, vol. 38, fo 13; vol. 39, fo 4 vo). — Voy. encore ſur elle les Reg. du Conſiſtoire, vol. 1, fos 165-168, 170-171; les Reg. du Conſeil, vol. 38, fo 119, & les Reg. des particuliers, vol. 11, fo 13.

clxxij

à la Ville cent efcus, » [1] — & un fils, Gabriel, [2] qui s'occupa auffi d'imprimerie & de librairie; nous ne connaiffons de lui aucune publication fignée, mais à plufieurs reprifes il fut réprimandé par le Confeil [3] & le Confiftoire, pour avoir mis au jour des « almanach exquielx font toujours les furfpertiffions » & d'autres « livres prophanes » ou « papiftiques, » qu'il faifait « pourter par la ville vendables. » Marié à Andrée Pomar, [4] qui, felon toute apparence, était fille de l'imprimeur Gabriel Pomar, il mourut vers 1559, laiffant un fils.[5]

1 Reg. du Confeil, vol. 30, fº 152 vº, 18 janvier 1537; vol. 46, fos 6 vº & 8; Reg. des particuliers, vol. 4, fº 252.

2 Les *Notes extr. des Reg. du Confiftoire* par M. Cramer (p. 25, 73; — voy. auffi Gaullieur, p. 99) ont fait de lui deux perfonnages différents, nommés Gabriel *Wenger* & Gabriel *Vignon*. En réalité les Regiftres originaux portent *Wigean* (6 janvier 1547) & *Vigean* (12 octobre 1553).

3 Reg. du Confeil, vol. 51, fos 12, 17; vol. 53, fos 39, 43 vº, 50 vº, 95 vº; 17 & 20 février 1556; 8, 11 & 15 mars, 9 avril 1557.

4 Reg. du Confeil, vol. 55, fos 13 vº, 39.

5 Reg. du Confeil, vol. 56, fº 218. — Ce fils luimême décéda jeune ou fans poftérité, car il n'eft pas

sa veuve, ayant époufé en fecondes noces
un typographe d'Annecy, nommé Antoine
Botton,[1] abandonna Genève,[2] comme
l'avait fait Pomar en 1535. C'eft ainfi qu'il
faut expliquer le tranfport en Savoie des
bois gravés de Wigand Kœln: un grand
nombre d'entre eux décorent un almanach

mentionné dans deux actes du mois de juillet 1584,
par lefquels « nobles Claudyne & Françoyfe Botton,
filles de feu noble Anthoine Botton, bourgeoys d'Anneffy, nées de feue hon. Andrée Pomard, mariés, la
dite Claudyne, femme de Mᵉ Pierre Perrin, bourgeoys
& praticien de Chambéry, & la dite Françoyfe, femme
d'hon. Michiel Critin, appothicaire, bourgeoys du dit
Anneffy, » vendirent, pour le prix de 850 flor., à Vincent Carneille, B. G., une maifon, ou portion de maifon,
fife à Genève, & leur appartenant comme héritières
univerfelles d'Andrée Pomard, leur mère, héritière
elle-même de « feu Gabriel Vuigand, fon mary en premières nopces. » (*Minutes de Jean Crefpin, notaire*,
vol. 2, fᵒˢ 1-5.) — Cette maifon, fituée rue de la Cité,
près de la ruelle de Bémont, qui la confinait au nord,
était celle où Wigand Kœln avait eu fes preffes & fa
boutique de libraire: dès 1533 le rôle du CC place fa
demeure « en la Cita »; *prope cappellam pontis Rodani*,
dit la foufcription des *Proverbia communia* (f. d.).

[1] Voy. fur lui l'ouvrage cité de MM. Dufour &
F. Rabut, p. 227.

[2] Reg. du Confeil, vol. 56, fᵒ 234; 1ᵉʳ feptembre
1561.

de l'année 1564, imprimé à Annecy, en placard in-folio, « pour Anthoine Botton. »[1] Beaucoup plus tard, on retrouve encore quelques débris de ce matériel à Chambéry: fur le titre du *Levain du Calvinifme,* publié en 1611 par les frères Du Four, figure un bois [2] dont Wigand Kœln s'était fervi quatre-vingts ans auparavant. [3]

§ 4. JEAN GERARD.

« L'an M. D. XXXVI, raconte Théodore de Bèze, les Fidèles des valées de Piémont, qui de tout temps ont eu en horreur le fiége Romain, & toutesfois par fucceffion de temps avoient aucunement décliné de la piété & de la doctrine, envoièrent à Genève vers Guillaume Farel, renommé pour fa doctrine & piété, deux perfon-

---

1 *Almanach Joan Carion, très-renommé docteur en medicine & aftrologue en Allemaigne.*

2 Il repréfente des combattants & a été imité dans la réimpreffion due à M. G. Revilliod (1853).

3 *Petit Traictié pour parvenir à la vraye congnoiffance des Lettres & Syllabes,* 1532.

nages, l'un nommé Jean Girard, qui depuis a esté imprimeur en la dite ville, & l'autre appellé Martin Gonin, lequel, aiant esté à son retour emprisonné à Grenoble, y fut noyé le 26 d'avril, secrètement & de nuict, à la persuasion de l'Inquisiteur, après avoir tellement résisté aux adversaires de vérité qu'ils ne l'osèrent exécuter de jour. » [1]

Crespin, qui donne les mêmes détails sur le voyage des deux députés envoyés à Farel par les habitants des Vallées vaudoises pour le prier « de vouloir prendre la charge de réformer leurs Eglises, » ajoute que Martin Gonin, « homme craignant Dieu, ministre en la vallée d'Angronne, » fit cette déclaration lors de son interrogatoire à Grenoble : « Je suis d'Angronne en Piedmont, & à présent je demeure à Genève où j'exerce l'art d'imprimerie. » [2]

Au premier abord, cette réponse semble avoir été dictée à Gonin par le désir de dissimuler sa qualité de ministre & de don-

[1] *Hist. ecclés. des églises réformées au royaume de France* (1580), t. I, p. 23.
[2] *Hist. des martyrs*, édit. de 1582, fos 109-110.

ner le change à fes bourreaux. Cependant deux lettres des magiftrats genevois, poftérieures de quelques mois,[1] défignent le martyr de la même façon, « imprimeur en Genève, habitant de noftre ville, » ce qui permet de croire que Martin Gonin avait réellement formé le projet de s'établir à Genève, comme Jean Gerard, fon compagnon de route, & qu'il ne retournait aux Vallées que pour rendre compte de fa miffion.[2]

Jean Gerard[3] était originaire de Sufe en Piémont.[4] On peut fuppofer que ce fut à la follicitation de Farel qu'il fe décida à monter une imprimerie dans la ville où fes compatriotes venaient de l'envoyer. Le vaillant apôtre de la Réforme, qui, peu de

---

[1] Herminjard, t. IV, p. 129.

[2] « Ayant intention de vifiter fes parens & amis, » dit précifément Crefpin.

[3] En général il s'appelait *Gerard* fur fes impreffions françaifes & *Girardus* fur fes impreffions latines, mais cette règle offre des exceptions.

[4] « Jo. Girard, imprimeur, filz de feuz Pierre Girard, de Suffez, de l'évefchée de Thurin » (Reg. du Confeil, vol. 35, f° 219).

mois plus tard, en juillet 1536, devait tenter la même démarche, avec un fuccès égal, auprès de l'auteur de l'*Inftitution chrétienne*, s'était plaint depuis longtemps de ne pouvoir trouver à Genève un typographe difpofé à lui offrir fes preffes. [1] La ceffation de l'établiffement de Neuchâtel lui enlevait fa feule reffource: il était temps d'avifer.

Quoi qu'il en foit de cette conjecture, il eft certain que Gerard ne perdit pas de temps, car la même année il publia à Genève un Nouveau Teftament en français. Il n'y mit pas fon nom, mais le volume eft imprimé avec des caractères romains trèsfins, aifément reconnaiffables, dont il fit, dès l'année fuivante, un nouvel ufage, en ceffant de garder l'anonyme. [2] C'était la première fois qu'on abandonnait à Genève les types gothiques. En 1538, Gerard tenta une nouvelle expérience en mettant au jour

---

[1] Non habemus qui imprimat nobis prelo intentus.» Lettre de Farel à Fabri, 22 mai 1535 (Herminjard, t. III, p. 293).

[2] (Olivetan) *L'inftruction des enfans.*

des opuscules imprimés d'un bout à l'autre en italiques.

L'activité typographique de Jean Gerard appartient presque tout entière à une période qui ne rentre pas dans le cadre de cette notice. A partir de 1545 environ, les produits de ses presses deviennent très-nombreux & comprennent, en particulier, beaucoup d'écrits de Calvin & de Viret. Ces volumes sont tous recherchés aujourd'hui, non seulement pour leur rareté & parce qu'ils donnent des textes originaux, mais encore comme spécimens des belles éditions du XVIe siècle. Ils se distinguent, en effet, par la netteté de l'impression, l'élégance des caractères, la finesse des lettres ornées, l'ampleur du format. Nous espérons revenir un jour sur ce sujet dans une autre étude sur la typographie genevoise au XVIe siècle.

Sur ses premières publications, Jean Gerard n'a pas mis de marque typographique. Dans la Bible de 1540, il en inaugure une qui a fait donner à cette édition le nom de *Bible de l'épée*. Elle repréſente [1] une épée courte, poſée en pal, tenue par une main à feneſtre & accoſtée des initiales I. G. Autour eſt ce paſſage de S. Paul : « La parolle de Dieu eſt viue & efficace, & | plus penetrante que | tout glaiue a deux trenchans. Ebrieux 4. » Ce motif un peu nu reçoit bientôt pluſieurs modifications : le poignard ſe transforme en un glaive qui s'élève au milieu de flammes & de rayons lumineux & qui eſt maintenu par deux bras vigoureux ; [2] il eſt accompagné de ces deux paſſages : NON VENI PACEM MITTERE, SED | GLADIVM. MATTH. X. | VENI IGNEM MITTERE. LVC. XII. [3]

[1] Silveſtre, n° 919.
[2] Id., n° 918 ; — Brunet, t. I, col. 1507.
[3] Il y a eu pluſieurs variantes de cet emblème bien connu (Voy. Silveſtre, n° 917, ainſi que les Prolégomènes des Œuvres de Calvin, édit. Baum, Cunitz & Reuss, t. III, p. xxxiv, xxxv ; t. V, p. lj, &c.). — Une marque tout autre, également employée par Jean Gerard, eſt celle où figure un enfant fuſpendu par une main à un palmier. Deviſe : PRESSA VALENTIOR. Silveſtre ne l'a pas reproduite, bien qu'il y en ait au moins deux grandeurs différentes. En revanche, il donne trois variantes (n°s 175, 402, 1083) d'une

Admis à la bourgeoisie de Genève le 27 mai 1541, Jean Gerard fit partie, comme Wigand Kœln, du Conseil des Deux-Cents; il en devint membre le 5 février 1544.[1] Il était déjà marié en 1539;[2] nous ignorons si c'est à cette première union, ou à une seconde, que se rapporte un contrat de mariage qui fut stipulé le 8 octobre 1548 entre lui & « noble Claude, fille de feu noble Humbert de Mussi, relayxée de feu Jehan Françoys Galliard, en son vivant citoein de Genève. »[3] Lorsqu'il mourut,[4]

marque analogue qu'il attribue à « Nicole Paris, imprimeur à Troyes & à l'abbaye de l'Arrivour, 1542-1547. » Cette similitude soulève un problème bibliographique, dans la discussion duquel nous ne pouvons entrer ici (Voy. Brunet, t. III, col. 1244; t. IV, col. 1439). — Un libraire de Paris vient d'adopter ce même motif pour un Recueil de travaux historiques & de documents, qui portera le titre de *Collection de l'Enfant au palmier*.

1 Reg. du Conseil, vol. 38, fo 63.
2 Id., vol. 33, fo 115 vo.
3 Minutes de Michel Try, notaire, vol. 7, fo 43 & vol. 8, fo 78. — On sait que le contrat était souvent passé plusieurs années après la célébration du mariage.
4 A la même époque, il y eut à Genève un autre Jean Gerard, imprimeur (sans doute ouvrier), dont le

au commencement de l'année 1558,[1] il était le mari de Jeanne-Françoise Levet.[2] Sa fille unique, Anne Gerard, épousa (23 juin 1566) le notaire ducal Pierre Perret, d'Allinges. En 1583,[3] elle vendit à l'imprimeur Jacob Stoer[4] les deux tiers d'une maison, fise rue St-Chriftophe, où Jean Gerard avait inftallé fes preffes vers 1551.[5]

décès eft infcrit à la date du 30 feptembre 1555. Sa veuve, Clauda Barbier, mourut le 26 avril 1560.

[1] Il figure encore fur le rôle des CC le 8 février 1558 (Reg. du Confeil, vol. 54, f° 80 v°). Deux mois après, le 8 avril, fa *veuve* préfente au Confeil une requête (Reg. des particuliers, vol. 12, f°s 21, 23). Une lacune dans les regiftres mortuaires ne permet pas de précifer le jour du décès : il doit fe placer entre le 8 février & le 21 mars, date à laquelle recommencent ces regiftres.

[2] Elle fe remaria la même année (5 feptembre 1558) avec Jaques Chapelle.

[3] Minutes de François Blecheret, notaire, vol. 1, f° 30 ; 5 juin. — Prix : 1862 fl. 10 f.

[4] Stoer avait époufé en 1563 (*Mém. de la Soc. d'hift. & d'arch. de Genève*, t. XIX, p. 170) Efther, fille du miniftre Jean de Tournay & de Claudine Levet, & celle-ci était la fœur de Jeanne-Françoife Levet.

[5] En février 1544, au moment où il entre au Confeil des CC, Gerard demeure « au Bourg-de-four. » L'année fuivante fon nom n'eft pas fur le rôle, fans doute par fuite d'un oubli. De février 1546 à février

§ 5. JEAN MICHEL.

Jean Michel, qui imprima à Genève dès 1538, était peut-être un ouvrier de Pierre de Vingle, acquéreur du fonds de son maître. Pendant six ans au moins, jusqu'en 1544, on le trouve en possession du matériel qui avait servi à l'imprimerie de Neuchâtel. Il est aisé de reconnaître dans ses publications les différents types gothiques qui appartenaient à Vingle & qui ont été énumérés plus haut. On y voit reparaître également ses lettres ornées, ainsi que l'emblème

1551, son domicile est « vers Rive. » Enfin, à partir de février 1552 jusqu'à sa mort, les registres le désignent comme habitant de nouveau le quartier du Bourg-de-four. — Un acte de 1569 est indiqué comme « faict & receu..... en la maison qui fut de Jehan Girard, luy vivant bourgeoys & maistre imprimeur de Genève, située en la rue dicte de Sainct Christofle, prèz le Bourg-de-four » (Minutes de Jean Ragueau, notaire, vol. 11, p. 212; 19 mars). — L'acquéreur du matériel de Gerard fut sans doute Jacques Bourgeois: on le voit se servir des deux marques typographiques décrites plus haut, l'épée flamboyante & l'enfant au palmier (*Calv. opera*, édit. citée, t. III, p. xxxix & xlij).

du cœur couronné mis ſur là Bible de 1535. Jean Michel l'accompagne quelquefois de ſes initiales & auſſi de deux verſets en français tirés l'un du chapitre 31 de Jérémie & l'autre du Pſaume 51 : ce dernier n'eſt autre que celui dont le texte latin figurait déjà dans la même marque, autour de l'écuſſon. Les initiales J. M. ſont aux deux côtés de la marque; les paſſages, qui ſont tantôt en proſe, tantôt rimés, ſont diſpoſés au-deſſus & au-deſſous d'elle.

Nous ignorons de quel pays cet imprimeur était originaire.[1] La première année de ſon établiſſement à Genève, il demeurait « en la place Sainct Pierre, devant la grand Egliſe; »[2] ſix ans plus tard, il habitait

---

[1] En 1531, vivait à Grandſon un notaire Jean Michel (Herminjard, t. II, p. 368, n. 4; cf. t. III, p. 436). — Il eſt à remarquer que l'imprimeur Jean Michel était, comme on va le voir, en relations avec le paſteur de Grandſon.

[2] L'imprimerie, ou la boutique de libraire, *officina*, de Jean Belot était ſituée, en 1512, *ante Sanctum Petrum* (Gaullieur, *Etudes*, p. 69). Plus tard, en 1526, Gabriel Pomar avait également la ſienne *ante ecclefiam Sancti Petri* (*Breviarium ſecundum uſum eccleſie Gebennenſis*. Lyon, Denys de Harſy, pour G. Pomar à Ge-

le quartier de Rive.¹ Dans les listes qu'on trouvera plus loin, nous avons attribué à ses presses une dizaine de publications. S'il n'a mis son nom que sur deux d'entre elles, il a quelquefois suppléé à cette lacune volontaire par la marque du cœur couronné. Une partie de ses éditions sont des

nève). Il y avait alors, sur la place qui s'étend devant la cathédrale, des échoppes qui, selon M. Galiffe, « se louaient au profit du Chapitre, & que le gouvernement réformé fit enlever en novembre 1536 » (*Genève hist. & archéol.*, t. I, p. 176-177). On en voit cependant encore sur la gravure de F. Diodati (vers 1675).

1 « Maistre Anthoine Grivet, de Maringues en Aulvergne, résident à Genève, s'afferme avec maistre Jehan Michiel, imprimeur, habitant de Genève, présent, pour apprend[r]e le art de emprimerie, par l'espace de ung an debvoir commancer le viij de aoust prochain venant, & c'est pour la ferme & sallaire de l'apprentissage & sogne de boche, avec le reblanchir, de dix & huyct escus soleil pour ledit sire Jehan Michiel & deux semblables escus pour la donne Catherine, femme dudit sire Jehan Michiel, à poier audit viij dudit moys d'aoust, entrée de son an, dix escus, & caresmentrant de l'an la reste. Présent devent Rive, habitation dudit sire Michiel, maistre Phillippe de Ecclesia, ministre à Genève, Benoyd Duter, emprimeur, habitant de Lyon, de présent résidant à Genève » (Minutes de Jean Duverney, notaire, vol. 7, fº 386 vº; 28 juillet 1544).

réimpreſſions d'opuſcules antérieurement publiés par Pierre de Vingle.

Jean Michel n'eſt mentionné que rarement dans les Regiſtres du Conſeil. En 1542, il demande « licence de imprimer ung livre nommé *Les 52 dymenches.* » Cet ouvrage, dont le titre rappelle le livre de Le Fèvre d'Etaples,[1] avait été compoſé par « le prédicant de Granſſon, » c'eſt-à-dire par Jean Le Comte,[2] originaire, lui auſſi, d'Etaples. Les magiſtrats font « viſiter » le manuſcrit; puis ils décident de le rendre à ſon auteur, « pource qu'il n'eſt pas de grande édification. »[3] Le 31 juillet 1544, Michel

---

[1] »L es cinquante-deux Dimanches compoſés par Fabre Stapulenſe. » (Arrêt de condamnation rendu par le Parlement de Paris, le 14 février 1543. — D'Argentré, t. II, p. 133.) Nous en avons vu, chez M. Ad. Gaiffe, une édition ſ. l. n. d., imprimée en caractères gothiques & qui n'eſt pas citée par les bibliographes. Elle eſt intitulée: *Epiſtres & Euangiles pour les cinquante et deux ſepmaines de lan, comme(n)ceans au premier dime(n)che de Ladue(n)t,* &c. Pet. in-8 de 280 ff. ch.

[2] Ruchat, t. III, p. 132-135; Crottet, p. 274-287.

[3] Reg. du Conſeil, vol. 36, fos 133 vo & 146; 29 ſeptembre & 17 octobre.

sollicite & obtient « une lettre de recomandacion addreyssante aux officiers de Lyon pour la préservacion de ses biens. » [1] C'est la dernière trace que nous ayons trouvée de lui. L'année précédente, il avait failli se voir confisquer l'édition tout entière d'un Nouveau Testament français, « en petite forme, » accompagné « d'ung summayre suspect, » mis sous le nom de Calvin, bien que celui-ci y fût demeuré étranger. [2] Les ministres Abel Poupin & Mathieu de Geneston insistaient pour qu'il fût fait défense à l'imprimeur de terminer le volume commencé. Mais le Conseil, avant de prendre une résolution, voulut connaître l'avis de Calvin, alors à Strasbourg. Après avoir entendu le réformateur à son retour, les magistrats arrêtent, au sujet du « Noveault Testament que Johan Michiel a imprimer, » que « combien que en icelluy aye plussieurs

---

[1] Reg. du Conseil, vol. 38, f° 305 v°.
[2] Reg. des particuliers, vol. 1, f° 73 ; 6 juin. — Reg. du Conseil, vol. 37, f°s 138, 138 v°, 140, 143 v°, 146 v°, 148, 150, 209 ; 26 & 29 juin, 3, 6, 9 & 10 juillet ; 31 août 1543.

faultes aux sommayres, nonpourtant luy ayans fayct bonnes remonstrances pour ceste foys, luy soyt permys de paraché l'ouvre, moyennant qu'il ne mecste pas *Genève*, ny le nom de monsr. Calvin. »

Le Regiſtre ſe tait ſur les noms de ceux qui avaient été les inſtigateurs de cette publication; il ne les déſigne que par des expreſſions vagues: « aulchongs déſirant calumpnye ſus l'Eſcripture Saincte, » — « l'imprimeur & ſes auctheurs, » — « l'imprimeur & ung aultre avecque luy. » Une lettre écrite à Calvin par les paſteurs de Genève [1] cite comme principal auteur des arguments ou ſommaires incriminés un perſonnage, du reſte complétement inconnu, nommé Claude Boyſſet.

Ce Nouveau Teſtament, qu'on n'a jamais décrit, eſt un volume petit in-8, imprimé en caractères gothiques comme tout ce qui eſt ſorti des preſſes de Jean Michel, & comprenant 12 ff. prélim. non ch., 750 p. ch. & 29 ff. fin. non ch. Le titre (f. 1) manque dans l'exemplaire de M. Adolphe

---

[1] *Calvini opera*, t. XI, n° 487; 11 juillet 1543.

Gaiffe, le seul que nous ayons vu. Au f. 2 a commence la préface de Calvin *(Dieu le créateur,* &c.) avec cet en-tête: *Sensuit vne epistre exhortatoyre, ou est traicte de Adam & de sa race, de Dieu & de sa bonte, de Christ & de son regne, de Leuangile et de son efficace. A tous amateurs de Jesus Christ & de son Euangile, Salut.* Elle se termine au f. prél. 12 b par la molette de P. de Vingle. Le texte occupe les p. 1-750. Des 29 ff. qui sont à la suite, le premier offre au recto un dizain de Marot [1] « aux amateurs de la Saincte Escripture, » & au verso seize vers de Mathurin Cordier « aux lecteurs » qui figuraient déjà dans le Nouveau Testament gothique de 1538; les 20 ff. suivants sont occupés par la table, imprimée sur deux colonnes. Viennent ensuite 7 ff. pour un *Recueil* [2] *daucuns motz difficiles du nouueau Testament, auec leur exposition.* Cet intitulé est suivi d'un avis de 13 lignes *Aux Lec-*

---

[1] Il a été reproduit par Gaullieur, p. 130, d'après le Nouveau Testament imprimé en 1543 par Jean Gerard.

[2] Disposé par ordre alphabétique.

teurs & de la date: 1544. Un dernier feuillet, blanc au recto, offre au verso la marque du cœur couronné, accostée des initiales J. M. & accompagnée des deux versets. Au-dessus:

Je donneray ma loy dedans eulx —
& lescriray en leur coeur. Jerem. 31.

Et au-dessous:

Dieu ne mesprisera point le coeur
contrit & humilie. Psal. 51.

§ 6. MICHEL DU BOIS.

Originaire de Villers-en-Arthies, bourg situé non loin de Mantes, à douze ou quinze lieues de Paris, Michel Du Bois forma dès 1537 le projet de se retirer à Genève. Il n'était point aussi dénué de ressources que la plupart des réfugiés français qui y affluaient alors,[1] car, le 27 juin 1537, avant même qu'il fût arrivé, il faisait, « comme

---

1 « Non pauci huc quotidie confluunt, sed nudi. » Lettre des pasteurs de Genève, du 1er septembre 1537 (Herminjard, t. IV, p. 288).

dernier & plus offeriffant, » l'acquifition d'une maifon fife dans la rue de Rive. [1] Un mois après, il achevait d'en payer le prix (302 écus) par l'intermédiaire de Saunier, [2] & le 25 janvier 1538, [3] il *reconnaiſſait* pour elle, en perfonne, entre les mains du Confeil. [4] A cette occafion, il eft défigné comme « imprimeur de Parys, » ce qui veut dire, fans doute, qu'il avait travaillé à Paris comme ouvrier, & non qu'il y poffédait lui-même une imprimerie : en effet, on ne connaît de lui aucune publication datée de cette ville. [5]

[1] Reg. du Confeil, vol. 29, 2ᵉ partie, fᵒ 60.

[2] Id., fᵒ 62 ; 31 juillet.

[3] Le 28 décembre 1537, Pierre Touffain écrivant de Montbéliard à Farel, alors à Genève, mettait au nombre des *frères* « voftre libraire Michel, » qu'il avait vu ce jour-là & qui arrivait de Genève (Herminjard, t. IV, p. 333). Veut-il défigner Michel Du Bois ou Jean Michel ? Si c'eft Michel Du Bois, on ne comprend guère pourquoi, étant déjà fixé à Genève, il ne reconnut pour fa maifon que le 25 janvier 1538. Si c'eft Jean Michel, il faudrait en conclure qu'avant d'imprimer avec les types gothiques de P. de Vingle, il s'était mis à voyager pour écouler les livrets publiés à Neuchâtel deux ou trois ans auparavant.

[4] Reg. du Confeil, vol. 29, 2ᵉ partie, fᵒ 83.

[5] Au refte, il faut peut-être lire, avec une virgule,

A Genève, il ne se mit pas immédiatement à l'œuvre, & son inaction dura deux ans. Le 4 octobre 1539, Antoine Du Pinet, pasteur de Ville-la-Grand, écrivait à Calvin : « Michel Du Bois est venu se plaindre auprès de moi d'avoir traîné les choses en longueur dans le but de vous dédier les prémices de son imprimerie & de la consacrer en quelque manière par un ouvrage portant votre nom. Il possède diverses sortes de caractères élégants, qui ne le cèdent certainement en rien aux types gothiques, &, sans vouloir médire de ses concurrents, je ne doute pas que, dans son établissement, les livres ne soient publiés avec plus de soin & de diligence que dans tout autre.[1] » Et Du Pinet pressait son correspondant de lui envoyer non seulement l'opuscule encore inédit de la *Psychopannychia*, mais aussi ce qu'il pouvait avoir en préparation.

L'occasion, si impatiemment attendue par

imprimeur, de Parys, & ne voir dans cette dernière indication qu'un lieu d'origine. La proximité de Villers-en-Arthies pouvait, à la rigueur, autoriser cette inexactitude.

[1] *Calvini opera,* t. X, n° 186.

Michel Du Bois, ne tarda pas à se présenter & ce fut, comme il le désirait, par un écrit de Calvin qu'il débuta. La réponse, datée du 1er septembre 1539, que le réformateur avait faite à l'épître du cardinal Sadolet aux Genevois, avait paru sur-le-champ à Strasbourg, mais il restait à imprimer une version française de ces deux pièces. Le 6 janvier 1540, Michel Du Bois demanda au Conseil l'autorisation nécessaire;[1] le 30 du même mois, elle lui fut accordée après que les magistrats se fussent assurés de l'assentiment des ministres. En même temps, l'imprimeur faisait acte de soumission respectueuse au Conseil[2] &, sur sa requête, on lui accordait la bourgeoisie.[3] Le volume sortit de

---

1 Reg. du Conseil, vol. 34, fº 3 vº.

2 « Le sire Michiel des Boes, librayre. Lequelt az proposer coment si venoyt qu'il imprimisse aut fisse imprimer aulchongs lyvres que ce pourryent trouver aut déshonneur de laz ville que il ce submest d'estre pugnys sans nulle grâce, jouxte l'exgigence du cas, & que toutjour il veult espédier le premier lyvre relyé az Messieurs pour fere laz librayrerie de laz Seygneurie. » (Id., fº 63.)

3 ..... « Michiel, filz de feuz Johan du Boes, de Villard en Arthie, près de Parys. Lequelt az esté admys

presse le 6 mars, & treize jours après, Du Bois achevait la publication d'un opuscule de S. Augustin. La même année, il donna une édition du texte latin de l'épître de Sadolet & de la réponse de Calvin, en suivant pour l'écrit du cardinal le texte authentique de la missive originale envoyée au Conseil. En 1541, il imprima une traduction française [1] de la Déclaration de Schmalkalden, [2] ainsi que le *Petit traiƈté de la sainƈte Cène* de Calvin. [3] Au dire de MM. Baum, Cunitz & Reuss, l'*Institution chrétienne* en français, publiée pour la première fois en

---

az bourgeoys & juré de laz ville pour le moyean de ving escus soley & ung selliot..... » (Id., f° 63 v°). Ce prix était très-supérieur à celui qu'on payait alors.

[1] LA RESPONCE DONNEE PAR LES PRINCES D'ALlemaigne, & autres conioinƈtz auec eux, en matiere de la Religion Chrestienne: sur l'aduertissement a eux enuoyé à Smalcalt. Translaté de latin en Francoys. IMPRIME a Geneue par Michel du Bois. M. D. XLI, in-8 de 28 ff. non ch. (Biblioth. Tronchin à Bessinge).

[2] 5 mars 1537 (Meurer, *Der Tag zu Schmalkalden*, Leipzig, 1837, p. 100).

[3] *Calvini opera*, t. V, Proleg., p. l. — Au verso du titre est un dizain de « L'imprimeur aux leƈteurs, » avec acrostiche au nom de IEAN CALVIN.

1541, sans indication de lieu & de typographe, est également imprimée avec ses caractères.[1]

Depuis son installation à Genève, Michel Du Bois avait été en relations suivies avec les réformateurs de la Suisse française & son nom paraît plus d'une fois[2] dans leur correspondance.[3] L'un des premiers, il fit savoir à Calvin, en mars 1540, que son rappel à Genève était une éventualité possible,[4] & le 13 octobre de la même année,[5]

---

[1] *Calvini opera*, t. III, Proleg., p. xxix, note.

[2] Id., t. X, nos 194, 200, 201 ; t. XI, nos 227, 236, 356.

[3] En 1539, il avait aidé Christophe Fabri à dresser l'inventaire & à faire l'estimation des papiers & des livres laissés par Olivetan (Id., t. X, nos 182 & 185 ; t. XI, nos 210 & 234).

[4] Id., t. XI, n° 214.

[5] (En Conseil ordinaire.) « Quant des ministres, az esté parler & arresté de rescripre à maystre Calvin une lettre le priant de nous vouloir assister, & nous dire le moyans par lequelle nous puysse acssisté, & luy envoier Michié de Boys, comme de nostre part envoés, avecq lettres & instructions de luy fere les recommandations & à ses amys, yceulx priant de persuader de venir, & nous mandé lesdictz moyans, & aultrement comme est contenus en la lettre & instructions. » (Reg. du Conseil, vol. 34, f° 477.)

le Conseil le chargea de porter à Strasbourg une première missive demandant le retour du pasteur exilé.[1]

Mais vers la fin de 1541 ou au commencement de 1542, alors que son établissement paraissait être dans une voie prospère, Michel Du Bois abandonna brusquement Genève & l'Eglise réformée.[2] Nous ne le retrouvons que beaucoup plus tard. Au mois d'octobre 1557,[3] il se présente au Consistoire, puis au Conseil, & expose « que après avoir esté receu icy bourgeois y a passé quinze ans, il est allé à Lyon,[4] là

---

[1] C'est à cette lettre, dont le texte n'a pas été conservé, que Calvin répondit le 23 octobre, & non au second message du gouvernement genevois, daté du 22 & confié à Louis Dufour, conseiller des CC (Cf. *Calvini opera*, t. XI, nº 246, n. 2).

[2] La lettre de Calvin qui mentionne le fait est de juillet 1542 (*Calvini op.*, t. X, nº 407), mais le départ de Du Bois devait remonter déjà à quelques mois en arrière, car son nom, qui figure parmi les membres du Conseil des CC le 8 février 1541 (« vers Rivaz »), disparaît du rôle l'année suivante (7 février 1542).

[3] Reg. du Consistoire, vol. de 1557, fº 111 vº; 21 octobre. — Reg. du Conseil, vol. 53, fºs 370 vº, 372, 374 ; 25, 26 & 28 octobre.

[4] M. Monfalcon le mentionne, en effet, comme

où il s'eft marié & pollué en l'idolâtrie, comme il confeffe, faifant repentence. » Le Confiftoire lui fait « bonnes admonitions » & lui interdit la Cène. Quant au Confeil, il décide « qu'il foit mys en prifon troys jours en pain & eau, & foit privé de fa bourgoifie, laquelle il doibt reftituer s'il l'a, & foit receu pour habitant. » Toutefois, en 1559, il fut admis de nouveau à la bourgeoifie, « attendu qu'on a bon raport de luy,[1] » mais il ne devait pas jouir longtemps de cette faveur : le 15 janvier 1561, il fit fon teftament[2] & mourut en avril ou mai de la même année.

On connaît quelques ouvrages imprimés par Du Bois pendant ce fecond féjour à Genève.[3] C'eft ainfi qu'il mit fon nom

---

libraire à Lyon en 1553 (*Manuel du bibliophile lyonnais*, p. xxix), & M. Silveftre (n° 1027), comme imprimeur dans la même ville de 1552 à 1556.

[1] Reg. du Confeil, vol. 55, f° 18 v°; 14 mars.

[2] Chez le notaire Tourtelon dont les minutes n'exiftent plus (Livre des affaires du collége, f° 5 v°).

[3] *The complaint of Roderyck Mors, fomtyme a gray Fryre, unto the parlament houfe of Ingland hys naturall countrey, For the redreffe of certein wycked lawes evell*

à un certain nombre d'exemplaires du curieux pſautier de Pierre Davantes (1560).[1] La marque,[2] qui figure ſur le titre, repréſente un livre entr'ouvert & vu de dos, placé au milieu d'une couronne de lauriers & de lierres entrelacés; ſur les plats du livre ſe liſent les mots τρίβανον ἐσχάρα

cuſtumes and cruell decrees. Imprinted at Geneve in Savoye by Myghell boys. Pet. in-8 de 64 ff. non ch., car. goth., ſans indication d'année (Biblioth. de M. H. Bordier). Cet opuſcule, non cité, eſt ſans doute de la même date que les deux livres de Chriſtophe Goodman, imprimés à Genève en 1558 (J. Strype, Eccleſiaſtical memorials, vol. III, part. II, p. 131. — A. Wood, Athenæ oxonienſes, new ed. by Ph. Bliss, t. I, col. 721 & ſuiv.). — Le 26 mars 1560, Michel Du Bois demanda au Conſeil un privilége pour l'impreſſion des Lieux communs de Muſculus en français (Reg. du Conſeil, vol. 56, f° 23). — Ioann. Sleidani, De ſtatu religionis et reipublicæ, Carolo quinto Cæſare, commentariorum libri xxvi. in duos tomos diuiſi, argumentiſque, ac locupletiſſimo indice inſigniti. Additi ſunt præterea eodem authore, De quatuor ſummis imperiis, libri tres. [Petite marque du ſcorpion.] S. l. Excudebat Michael Sylvius. M. D. LXI. 2 vol. in-12, comprenant enſemble près de 2300 p. (Bibl. de M. Ed. Fick.)

1 Bull. du proteſt. franç., t. X, p. 186.
2 Voy. Brunet, t. III, col. 1463, & Silveſtre, n° 1031.

& de l'intérieur s'échappent des jets de flammes. Aux deux côtés de la marque est cette devise: *Almus inest ardor, | flammam experiêre terendo.* [1]

Nous avons vu tout à l'heure que Michel Du Bois s'était marié à Lyon. Sa femme, Jeanne Thibaut, mourut à Genève le 27 décembre 1558, & il se remaria fort peu de temps après, le 8 mai 1559, avec Antoina Sambeyte. Des enfants qu'il avait eus de sa première union & qui furent mis sous la tutelle de l'imprimeur Thomas Courteau, nous connaissons [2] Jean, qui mourut [3] au

---

[1] Du Bois fit aussi usage d'un autre emblème, repréfentant un scorpion posé en pal dans un médaillon de forme ovale. Autour on lit: MORS ET VITA (Silvestre, nº 1027). — Nous avons retrouvé cette marque sur un ouvrage de Claude Aubéry (*De fide catholica apostolica romana, contra apostatas omnes*), imprimé en 1587, à Lausanne, par Jean Chiquelle (originaire d'Ampilly-le-Sec en Bourgogne, reçu bourgeois de Genève le 26 janvier 1579).

[2] Outre Noémi, baptisée à Genève le 15 mai 1558, décédée en bas âge.

[3] Entre 1568 & 1573. Il ne doit pas être confondu avec Jean Des Boys, imprimeur. Ce dernier était fils d'un Pierre Des Boys, ainsi que le constate son testament, du 21 janvier 1587 (Min. de M. Try, vol. 5, fº 333 vº).

bout de quelques années, Sara, qui époufa en 1570[1] François Roffelin, d'Avignon, & Sufanne, qui tefta le 7 novembre 1573,[2] partageant fes biens entre fa fœur & « la bource dez paouvres eftrangers de cefte cité de Genève : » elle était encore propriétaire de « certaines matrices, poinfons & aultres otilz de fonte de lettres d'imprimerie, » qui provenaient de fon père. A la fin de fa vie, Michel Du Bois avait effectivement joint à fa profeffion d'imprimeur-libraire celle de fondeur de caractères typographiques, mais il ne revint pas à la profpérité des premières années : « le malheur le pourchaffoit,[3] » & fes enfants durent demander la permiffion « de fe porter héritiers par bénéfice d'inventaire.[4] »

[1] 17 juin (à Genève). Contrat paffé à Lyon le 29 décembre 1571 (Minutes de Jean Jovenon, notaire, vol. 1, f° 543, & vol. 2, f° 124 v°. — Arch. de Genève).

[2] Id., vol. 3, f° 92. — Elle mourut le 17 du même mois.

[3] Reg. du Confiftoire, 21 octobre 1557.

[4] Reg. des particuliers, vol. 12, f°s 148 & 149; 15 & 29 janvier 1562 ; — vol. 15, f° 79 ; 2 janvier 1568.

§ 7. IMPRESSIONS DE P. DE VINGLE [1]
(1533-1535).

I. — *Chanſons nouuelles | demonſtrantʒ pluſieurs erreurs | et faulſeteʒ : deſquelles le | paoure mo(n)de eſt re(m)ply | par les miniſtres | de Satan. |* (Molette.) *| Matth. xv. | Les diſciples dire(n)t a Ieſus. | N̄as tu point co(n)gneu que les | Phariſiens ont eſte offenſeʒ | oyantʒ ceſte parolle? | Ieſus leur reſpondit. | Toute plantatio(n) laq(ue)lle mon | pere celeſte naura point pla(n)- | te, ſera arrachee. Laiſſeʒ les | ilʒ ſont aueugles, et condu- | cteurs des aueugles &c.*

Pet. in-8 de 8 ff. non ch., 26 lignes à la page. S. l. n. d. Caract. goth. de P. de Vingle. Signat. par une lettre double, AA ij - AA iiij, ce qui pourrait faire ſuppoſer que ces 8 ff. devaient être placés à la ſuite de quelque autre ouvrage.

Contenu : 1 b-8 b. Texte. — 8 b. Au bas de la p.,

---

[1] Faute des caractères typographiques néceſſaires, nous avons, dans la tranſcription des titres, mis entre parenthèſes les lettres dont les ſignes abréviatifs tiennent la place ſur les originaux. La ponctuation a été conſervée. Les titres gothiques ſont reproduits en italiques.

« Fin de plufieurs belles chanfons, extraictes de la fainéte efcripture. »

Les cinq pièces renfermées dans ce petit recueil ont paffé dans le *Chanf. hug.* (p. 10, 134, 100, 97, lxxvij). La troifième eft celle que les éditeurs du *Bull. du prot. franç.* (t. VI, p. 341, 416; t. VIII, p. 280; t. IX, p. 27) avaient inutilement cherchée, & qui fut fi populaire qu'elle pénétra, dit-on, jufqu'en Suède (Id., t. VI, p. 18). Le vers : *O prebftres, prebftres, il vous fault marier*, eft le premier de la ftrophe onzième.

Cet opufcule a été réimprimé par W. Kœln (Voy. plus loin, § 8). On a penfé (*Chanfonnier huguenot*, p. 418) qu'il l'avait été auffi fous le titre : « Chanfons demonftrantes les erreurs & abuz du temps prefent, » 1542, pet. in-8, goth., de 8 ff. (Brunet, t. I, c. 1787). En tout cas, ce n'eft point une reproduction pure & fimple, car M. Ferd. Wolf (*Ueber die Lais, Sequenzen und Leiche*, 1841, App., p. 411) a tiré de l'édition de 1542 une pièce (*Bull. du prot. franç.*, t. VII, p. 367; *Chanf. hug.*, p. 167) qui n'exifte pas dans le livret de Pierre de Vingle.

Bibl. de la ville de Zurich, Gall. XXV, 1009, 1.

II. — *Le liure des mar- | cha(n)s, fort vtile a toutes ge(n)s | nouuellement co(m)pofe par | le fire Pantapole, | bien expert en | tel affaire, | prochain voyfin | du feigneur | Panta- | gruel. |* (Molette).

Pet. in-8 de 24 ff. non ch. (le dernier bl.), 20 lign. à la page. Car. goth. de Pierre de Vingle.

Contenu : 1 b. « Prologue de Lauteur. » — 2 a-23 a.

Texte, précédé de cet en-tête: « Cy commence le liure des marchans. » — 23 a. « Imprime a Corinthe, le xxij. Daoust, Lan Mil cinq cens xxxiij. » — 23 b. « Non omnibus datum est adire Corinthum. » (Molette.)

Edition originale de cette satire célèbre, qui a été souvent publiée (Voy. Brunet, t. III, col. 1123-1125), & qu'on a quelquefois mise mal à propos (*Catal. der Stadtbiblioth. in Zürich*, 1864, t. III, p. 169; — P. Deschamps, *Dict. de géogr.*, col. 922, &c.) sous le nom de Gabriel Cartier, le typographe genevois qui la réimprima en 1582. D'autres ont cru qu'elle était de Farel (Barbier, *Dict. des ouvr. anon.*, 3ᵉ éd., t. II, col. 1329). Un examen attentif du texte a fait penser à M. Herminjard (t. III, p. 421), que la composition pouvait en être attribuée à Marcourt. Nous avons deux preuves décisives à apporter à l'appui de cette dernière assertion:

1º Pantapole était le pseudonyme de Marcourt. Cela est démontré par le fait suivant. La *Déclaration de la Messe*, dont une première édition anonyme fut publiée en 1533 ou 1534 (Voy. plus loin, nº IX), est accompagnée d'une postface de Cephas Geranius, où est mentionné « nostre loyal & bon amy *Pantapole*, véritable censeur. » En 1544, parut une nouvelle édition du même opuscule, où l'auteur, Antoine Marcourt, est cette fois désigné sur le titre; la phrase de Geranius s'y retrouve, mais avec la substitution significative du nom de *Marcourt* à celui de *Pantapole*.

2º Entre les deux petites pièces de vers qui terminent la deuxième édition du *Livre des marchands* (30 décembre 1534), on remarque une formule qui semble résumer tout le pamphlet: *Riche marchant, ou paoure poullaillier*. Elle a l'apparence d'une anagramme & il ne faut, en effet, qu'une courte recherche pour y trouver cette phrase, qui est un vers de douze syllabes: *Anthoi. Marcour prêcheur à la ville poli.*

Bibl. de la ville de Zurich, Gall. XXV, 1009, 4.

III. — *La maniere & fasso(n) | quon tie(n)t en baillant le sainct ba- | ptesme en la saincte co(n)gregation | de dieu: & en espousant ceulx qui | viennent au sainct mariage, & a | la sai(n)cte Cene de nostre seign(eu)r, | es lieux lesq(ue)lz dieu de sa grace a | visite, faisa(n)t q(ue) selo(n) sa saincte pa- | rolle ce quil a deffe(n)du en so(n) eglise | soit reiecte, & ce quil a co(m)man- | de soit tenu. Aussi la ma- | niere co(m)me(n)t la predica- | tion co(m)me(n)ce, moye(n)ne | & finit, auec les | prieres & exhor | tatio(n)s quon | faict a | tous & pour tous, & de la | visitation des | malades. |* (Molette à huit rais.)

Pet. in-8 de 44 ff. non ch., 19 lign. à la page. Car. goth. de la Bible de 1535.

Contenu: 1 b. Court avant-propos, suivi de trois passages de l'Ecriture. — 2 a-6 a. « Preface.» — 6 a-13 b. « Declaration du sainct baptesme. » — 13 b-20 b. « Declaration du sainct mariage.» — 21 a-35 a. « Declaration briefue de la saincte Cene de nostre seigneur Iesuchrist. » — 35 a-39 a. « La maniere que lon obserue en la predication quant le peuple est assemble pour ouyr la parolle de Dieu. » — 39 a-44 a. « De la visitation des malades. » — 44 a. Trois passages du N. T.; puis cette souscription: « Imprime par Pierre de vingle a Neufchastel, le .xxix. iour Daoust. Lan .1533. » — 44 b. Blanc.

Première liturgie des églises protestantes de langue française, composée par Farel. Une réimpression, faite presque exactement page pour page, en a été donnée par M. le prof. Baum (Strasbourg, 1859, in-12 de xvij-87 p.). — Voy. plus loin, § 8, une édit. de 1538.

Bibl. de la ville de Zurich, Gall. XXV, 1009, 7. — Recueil Gaignat-La Vallière.

IV. — *Sensuyue(n)t plusieurs | belles & bonnes chansons, que les | chrestiens peuuent chanter en gra(n)de | affectio(n) de cueur: pour & affin de sou- | lager leurs esperitz & de leur donner | repos en dieu, au nom duquel | elles sont composees par | rithmes, au plus pres | de lesperit de Iesus | Christ, co(n)tenu | es sainctes | escriptu- | res. | (Molette.) | Chantez nouueau canticque a dieu: | En toute place, & en tout lieu. | 1. Paralipo. 16. & Psal. 96.*

Pet. in-8 de 24 ff. non ch., 25 lign. à la page. S. l. Car. goth. de P. de Vingle.

Contenu: 1 b. « Aux lecteurs chrestiens. » Seize vers (reproduits dans le *Chans. hug.*, p. 421) formant un double acrostiche au nom de MALINGRE. Ils font fuivis des mots « Y ME VINT MAL, A GRE » — où l'on retrouve, en anagramme, MATYEV MALINGRE, — & de la date, 1533. — 2 a-24 b. Texte. — 24 b. Au-deffous du mot « FINIS » un quatrain (*Toy muficien, garde la finalephe*).

Sur les 19 pièces de ce recueil, fept (n°s 1, 4, 7, 10, 11, 15, 18) ont été inférées dans le *Chanf. hug.* (p. 3, 22, 335, 25, 15, 106, 42), mais le plus fouvent d'après le texte modifié, ou même complétement remanié, qu'offrent les chanfonniers poftérieurs. La comparaifon peut donner lieu à quelques remarques de détail. Ainfi, dans le livret de 1533, la pièce n° 1 (*Chanfon des dix commandementz de Dieu*), que l'on croit être d'Ant. Saunier (*Chanf. hug.*, p. xxiij), ne contient pas de ftrophe fur la défenfe de faire des images taillées, & la ftrophe finale (*Ces mandements feront gardez de nous*) n'y exifte pas non plus; en revanche, il y en a deux pour le 10e commandement. Beaucoup de vers font, d'ailleurs, changés ou tranfpofés. De même, n° 7, ftr. 1, v. 4, il faut lire (p. 335 du *Chanf. hug.*): *defprifé des* gens, & ftr. 4, v. 3 (p. 336): par ton *concile*; — n° 15, ftr. 3, v. 4 (p. 107): *maulx*; — n° 18, ftr. 8, v. 1 (p. 43): *Fié*. — Au n° 4, ftr. 2, le 8e vers, *Toute ma vie*, eft omis (p. 23); ftr. 6, v. 4, lifez (p. 25) *fire*. Les fix derniers vers de cette pièce doivent être rétablis comme fuit:

> *En ces hermites,*
> *Dieu voit la foy,*
> *En qui ie croy,*
> *Bon roy de gloire,*
> *Lequel ie honnore,*
> *Oys loraifon, ie crie a toy.*

Ce qui, avec les fept premiers vers de la ftrophe,

permet de lire en acroſtiche : MALINGRE DE BLOys.

La dernière ſtr. du n° 5 & la première du n° 19 donnent également le nom de MALINGRE ; il figure encore, cette fois en anagramme, dans la ſtrophe finale du n° 10 (*Chanſ. hug.*, p. 27).

Bibl. de la ville de Zurich, Gall. XXV, 1009, 3.

V. — *Moralite de la mala-| die de Chreſtie(n)te, a. xiij. perſonnages : | en laquelle ſo(n)t mo(n)ſtreʒ pluſieurs abuʒ, | aduenuʒ au monde, par la poiſon de pe-| che & lhypocriſie des hereticques.*

Foy.	Le medecin celeſte.
Eſperance.	Inſpiration.
Charite.	Laueugle.
Chreſtiente.	Son varlet.
Bon oeuure.	Lapoticaire.
Hypocriſie.	Le docteur.
Peche.	

Ceſte moralite reprend
Les abuz de Chreſtiente,
Celuy qui eſt en Chriſt ente
Iamais a la mort ne meſprend.

Y ME VINT
MAL A
GRE.

Pet. in-8 de 48 ff. non ch., 26 lign. à la page. Car. goth.

Contenu: 1 b. « Les noms & accouſtremens des perſonnaiges de cefte prefente moralite. » — 2 a-48 b. Texte, terminé par un rondeau mis dans la bouche d'un des perfonnages (*Prenez en gre pardonnant a ieuneſſe*). — 48 b. « Nouuellement Imprime a Paris, par Pierre de vignolle, demourant en la rue de la Sorbonne. 1533. » [Sur cette foufcription, voy. plus haut, p. clvj.]

Cette moralité a pour auteur Malingre, dont l'anagramme figure fur le titre & dont le nom fe retrouve en acroftiche (MALINGRES) dans les vers qui précèdent immédiatement le rondeau final (f. 48 a). Elle fe compofe d'environ 2075 vers & n'a jamais été réimprimée. Contrairement à ce qu'on a fuppofé, ce n'eſt point la pièce qui fut repréfentée à La Rochelle en 1558 (*Bull. du prot. franç.*, t. IX, p. 28; — L. de Richemond, *Origine & progrès de la Réform. à La Rochelle*, 1872, p. 51); mais c'eſt peut-être celle qui, jouée à Genève le 2 mai 1546, était intitulée *La Chrétienté malade*, au dire de M. Galiffe (*Nouv. pages d'hiſt. exaɛte*, p. 73. — Cf. Roget, *Hiſt. du peuple de Genève*, t. II, p. 235-236).

Bibl. de la ville de Zurich, Gall. XXV, 1009, 5. — Bibl. du prot. franç., recueil Vallette; exempl. incomplet des ff. 27-30, 36-38, 42-43. — Vente de La Vallière, n° 3373, exempl. en mar. r. (42 liv.) — Une copie figurée fur vélin, en mar. r. tab., a paffé dans les ventes Méon (1803), n° 2019, 51 fr.; Morel-Vindé (1822), 71 fr.; de Soleinne (1844), n° 646, 23 fr.

VI. — Noelz nouueaulx.

Musiciens amateurs des Cantiques,
Au nom de dieu, cha(n)tez noelz nouueaulx,
Lesq(ue)lz sont faictz sur les vieulx & antiq(ue)s:
Ie vous supply, delaissez les lubriques:
Ne cha(n)tez point braya(n)t co(m)me noz
[veaulx,
Gl(or)ieux cha(n)tre, ne vault poi(n)t deux
[naueaux
Recordez vous q(ue) Dieu veult lhu(m)ble coeur
En foy contrict. Note cela chanteur.

Psalme. 112.

Humbles enfantz, pleins de mansuetude
Si vous voulez, auoir loz & renom
Faictes debuoir, de mettre vostre estude
De collauder, du hault seigneur le nom.

Pet. in-8 de 24 ff. non ch., 25 lignes à la page. S. l. n. d. Car. goth. de P. de Vingle.

Contenu: 1 b. « Rondeau aux lecteurs. » Les huit premiers vers de ce rondeau (*Mettez voz coeurs a chanter vers & carmes*) donnent en acrostiche, comme le huitain du titre (& comme la str. 1 du 15me noël), le nom de MALINGRE. Au bas de la page, l'anagramme: Y ME VINT MAL A GRE, — 2 a-24 b. Texte. — 24 b: « Fin des Noelz nouueaulx. »

Ces noëls font au nombre de vingt-quatre. Le *Chanf. hug.* (p. lxxxiv, 27 & 20) a recueilli le huitain transcrit ci-deſſus & les nos 2 & 11, ce dernier d'après le texte retouché d'une édition ſubſéquente.

Le 14ᵉ noël (ftr. 1) offre en acroſtiche le nom, d'ailleurs inconnu, de IAQVELIN.

Sur les trois opuſcules compoſés ou édités par Malingre (ci-deſſus nos IV, V & VI), voy. Brunet, *Manuel*, t. III, col. 1340-1341.

Bibl. de la ville de Zurich, Gall. XXV, 1009, 6.

VII. — *La Verite cachee, deua(n)t| cent ans faicte & co(m)poſee a ſix per- | ſonnages: nouuelleme(n)t cor- | rigee et augmentee. auec | les autoritez de la | ſaincte eſcri- | pture. |*

   Verite.   *Aucun.*
   Miniſtre.   *Auarice.*
   Peuple.   *Simonie.*

[Suit un dialogue en douze vers, dont les deux interlocuteurs ſont déſignés par les initiales P. & C. On y explique que la *Vérité cachée* date d'un ſiècle & a été compoſée dans le Hainaut.]

Pet. in-8 de 40 ff. non ch. (le dernier bl.), 25 lign. à la page. S. l. n. d., mais antérieur au 29 avril 1534 (*Procès de Baudichon de la Maiſonneuve*, p. 7). Car. goth. de Pierre de Vingle.

Contenu: 1b. « Preco. » Douze vers, ſervant de prologue (*Grand ioye au cueur, ſoulas aux ames*). — 2a-38b. Texte. — 39a. « Preco. » Epilogue en douze vers (*Grace a dieu foit, & grans mercys*). — 39 b. « Rondeau au Gracieux Compaignon. » (*De Verite, on doibt tenir grand conte.*) — Au bas de la page, une citation rimée, tirée du « Pfalme. 84. » [Pf. LXXXV, v. 12.]

La pièce compte environ 1700 vers de huit fyllabes. L'affertion relative à fon ancienneté, ainfi que la mention « nouuellement corrigee & augmentee, » ne fauraient nous empêcher d'en attribuer la compofition à Malingre, bien qu'il n'ait pas indiqué fon nom au moyen d'un des artifices qui lui étaient familiers. C'eft d'ailleurs un écrit fort peu connu (Voy. *Bull. du prot. franç.*, t. VIII, p. 129, & t. IX, p. 29). Il figure dans le catalogue des ouvrages cenfurés de 1544 à 1551 par la Faculté de théologie de Paris (D'Argentré, t. II, p. 178). Brunet (t. V, c. 1142), qui a placé « vers 1550 » la première édition, décrite ci-deffus, obferve qu'aucun des hiftoriens du théâtre français n'en a parlé. Il en fignale une édition, « reueüe & augmentee tout de nouueau, » fortie en 1559 de l'imprimerie d'Antoine Cercia (à Genève), mais il n'en indique pas une autre, datée de 1544, qui reproduit page pour page la plaquette de P. de Vingle, & que l'identité des caractères gothiques doit faire attribuer aux preffes de Jean Michel, à Genève. Cette réimpreffion offre un certain nombre de variantes orthographiques. Quant à l'édition de 1559, le texte y eft, paraît-il, « entièrement rajeuni & paraphrafé » (Catal. de Soleinne, n° 3721).

Edit. de P. de Vingle : Bibl. du proteft. franç., recueil Vallette. — Bibl. impér. de Vienne. — Vente de Soleinne (n° 3720), exempl. en mar. r. doublé de mar. ol. (*Bauzonnet*), 115 fr.

Edit. de 1544 : Bibl. impér. de Vienne. — Bibl. Guicciardini, donnée à la ville de Florence (p. 358 du Catalogue). Ce dernier exemplaire est le même qui a figuré sous le nº 209 du *Catalogue d'une précieuse collection de livres du XVIᵉ siècle sur la Réformation* (Nov. 1867, libr. Tross): il provenait des doublets de la Bibl. de Vienne, & a été adjugé au prix de 860 fr. (*Bull. du bibliophile* de Techener, 1867, p. 450). Le *Catalogue* de 1867 ayant indiqué Farel comme auteur de la pièce, cette attribution, évidemment erronée, a passé dans le *Trésor* de Graesse, Suppl., p. 294.

VIII. — *Les grans pardons | & indulgences, le tresgrand Iubile de | plainiere remissio(n) de peine & de coulpe | a tous les confraires de la tressacree | co(n)frairie du sainct esperit: que nostre | sainct pere parauant auoit p(ro)mis par | ses sainctz prophetes, & ordonne & co(n)- | ferme par nostre seigneur Iesuchrist | son seul & tresayme filz, & de rechief | veult quon publie & adnu(n)ce par | tout le monde, co(m)me il auoit | co(m)mande a ses apostres, | affin que tous soye(n)t | de la digne con- | frairie. |* (Petite feuille de lierre.) | *Proest de gheesten.* | 1. Ioan. 4. | *Nouuelleme(n)t imprime a Gand | par Pieter van winghue.*

Pet. in-8 de 15 ff. non ch. Car. goth. de P. de Vingle. — En regard du titre, huit renvois bibliques:

Efai. 61. *Hiere.* 31. &c. — *Proeft* [lif.: *Proefi*] *de gheeften* est la traduction flamande d'un fragment du verset 1 de l'épître citée: *Eprouvez les esprits.* — Sur la souscription, voy. ci-dessus, p. clvij.

Contenu: 1 b. Marque du Seigneur & de la moisson (voy. ci-dessus, p. clviij). — 2 a-15 a. Texte, commençant par ces mots: « Nostre sainct pere, lequel seul on doibt nommer pere Sainct de tous les fideles... » — 15 b. Bl.

Ce livret est évidemment celui que les juges de Baudichon de la Maisonneuve désignaient, le 29 avril 1534, sous ce titre: *La Confrérie du Sainct Esprit* (*Procès*, p. 7). Nous ignorons si *Le grand pardon de plenière rémission pour toutes personnes, durant à toujours*, Genève, Adam & Jean Rivery, 1550 (D'Argentré, t. II, p. 177), est encore le même ouvrage. Le 8 mars 1560, Jean Rivery obtint la permission d'imprimer *Le grand pardon dit du pape* (Reg. du Conseil, vol. 56, fº 17 vº).

Bibl. de M. Ad. Gaiffe, exempl. en mar. v. (*Trautz-Bauzonnet*). — Recueil Gaignat-La Vallière.

IX. — *Declaration de la | Messe, Le fruict dicelle, La | cause, et le moyen, pour- | quoy & co(m)me(n)t on la | doibt main- | tenir. | Iesus dit. | Iehan. vj. | Ie suis le pain de vie. Qui vie(n)t | a moy, il naura point faim: et | qui croit en moy, il naura ia- | mais soif.*

Pet. in-8 de 48 ff. non ch., 24 lign. à la page. S. l.

n. d. Car. goth. de P. de Vingle. Titre courant pour chaque chapitre.

Contenu: 1 b. « Cephas Geranius aux lecteurs. S. » Le rédacteur de cette première préface, qui débute par ces mots : « Apres auoir confidere le grand & horrible blafpheme . . . . . », dit qu'il a « obtenu ce prefent liure de fon autheur, affin de pouoir fubuenir a la fimplicite & ignorance daucuns & rebouter labuz & temeraire affertion des autres. » — 2 a-8 b. « Preface de Lautheur. » (*Nous auons la parolle des prophetes ferme . . .*) — 8 b-42 a. Texte, comprenant fept chapitres ou *Déclarations*. — 42 a. Au bas de la page : « LA FIN. » — 42 b-45 a. « C. G. aux fideles Lecteurs. » C'eft dans ce nouueau morceau de Cephas Geranius que fe trouve (42 b) la mention de Pantapole (v. plus haut, p. ccij). A la fin, Geranius annonce qu'il a rédigé les pages qui fuivent « en epilogue & petit recueil » de façon à feruir « comme en vne table. » — 45 b-48 a. « Senfuyuent les abus damnables qui font en la meffe, contraires a la faincte Cene de Iefus Chrift. » — 48 a. « De plufieurs autres abuz & fuperftitions de la meffe congnoiftras au liure dit les Cauteles de la meffe, certes cauteleufes . . . . » — 48 a-48 b. « Aucuns fruictz de la meffe, des plus communs & notables. » — 48 b. « Ite miffa eft. »

En 1544, il parut de cet ouvrage une édition « nouuellement reueue & augmentee, par fon premier Autheur M. Anthoine Marcourt. » S. l. [Jean Michel, à Genève]. Pet. in-8 goth. de 52 ff. non ch. — Bibl. de Gotha. — Bibl. de M. Alfred André, à Paris; exempl. en mar. bl. (*Chambolle-Duru* 1864), provenant de la vente du baron J. P[ichon], n° 92 bis du Catalogue, adjugé 305 fr.

L'édition décrite ci-deſſus ne fut peut-être pas la ſeule avant la réimpreſſion de 1544, car dans le recueil Gaignat-La Vallière (cf. Brunet, t. II, col. 558), ſe trouvait un exemplaire de la même pièce, également ſ. d., pet. in-8 de 48 ff., mais portant, en outre, cette indication : *On les vend à Paris* (voy. ci-deſſus, p. clvj). Au reſte, il eſt poſſible qu'il s'agiſſe là non d'une édition diſtincte, mais ſimplement d'une modification apportée au feuillet de titre dans un certain nombre d'exemplaires.

La *Déclaration de la Meſſe* eſt antérieure à l'édition neuchâteloiſe du *Sommaire* de Farel (23 décembre 1534) qui la cite (éd. Baum, p. 41). Elle fut cenſurée par la Sorbonne (D'Argentré, t. II, p. 176). Quant à Cephas Geranius, qui n'eſt nommé que dans ce ſeul opuſcule, — à notre connaiſſance du moins, — on ignore ſi c'eſt le même perſonnage qu'un Pierre Granier, dont il eſt queſtion en 1537 & 1538 (Herminjard, t. IV, p. 313, 374, 375, 377, 378).

Bibl. de M. Ad. Gaiffe; exempl. en mar. r. (*Trautz-Bauzonnet*), provenant des ventes Méon, n° 372, & Yemeniz (201 fr.), n° 63, où il ſe trouvait alors relié avec deux autres livrets contemporains. — Bibl. du proteſt. franç., recueil Vallette; exempl. incomplet des ff. 24 & 46 à 48.

X. — *La Confeſſion de maiſtre Noël Beda.*

Pet. in-8, ayant au moins 67 ff. non ch. Car. goth. de P. de Vingle.

Nous n'avons vu de cet ouvrage qu'un exemplaire incomplet des premiers & des derniers feuillets (ainſi que du f. 38) : le f. 5, par lequel il débute, contient au

recto & au verso la fin d'une Epître dédicatoire au roi de France, où l'on remarque les paſſages ſuivants :
« ... Il plaira auſſi à voſtre ſacrée Majeſté de pardonner à mon audace & trop grande préſumption ce que j'ay attenté de luy deſdier *ceſte petite confeſſion* .... Je me ſuis enhardy & avancé de luy préſenter *ceſte mienne dernière confeſſion*, laquelle j'ay faicte en noſtre vulgaire françoys, affin que ceulx qui n'entendent point le latin puiſſent congnoiſtre ma dernière ſentence ſur les articles contenus en icelle, & affin auſſi de oſter la mauvaiſe ſuſpicion que pluſieurs avoient de ma doctrine ... »

Avec le f. 6 commence le texte, qui eſt diviſé en 22 chapitres dont voici la ſérie : « De Dieu. — De Ieſus Chriſt. — Du S. Eſperit. — De adoration. — De prædeſtination. — De leſcripture ſaincte. — De legliſe. — Des miniſtres de legliſe. — Du Roy. — De la foy & des bonnes oeuures. — Du baptefme. — De la table du ſeigneur. — De leſtat de mariage. — De peche. — De la ſatiſfaction et remiſſion des pechez. — De penitence ou repentance. — De confeſſion. — De ieune. — De oraiſon. — Des viandes. — Des feſtes. — De excommunication. » — Le f. 67 & le chapitre 22 ſont les derniers de l'exemplaire. Chaque chapitre ſe compoſe d'une *confeſſion* de quelques lignes, ſuivie d'un certain nombre de paſſages bibliques & d'un commentaire où ſont très-fréquemment cités les Pères de l'Egliſe.

Bien que le titre manque & que nulle part, dans le texte, le nom de l'auteur ſuppoſé (cf. D'Argentré, t. II, p. 175), Noël Beda, ne ſoit prononcé, il eſt hors de doute, à nos yeux, que cet ouvrage eſt bien celui qui fut « imprimé à Neufchaſtel, » ſous le titre « La Confeſſion de maiſtre Noël Beda, » & qui contenait « une eſpiſtre faicte au Roy par le dit Beda. » Le 20 février

1534, Louis Dangerant, seigneur de Boisrigaud, ambassadeur de France auprès des Cantons suisses, écrivit au Conseil de Genève (Herminjard, t. III, p. 142) pour lui signaler ce livre qu'il déclarait « abusifz & secandaleux, » protestant « pour certain que jamais le dit lyvre ne fut fait par le dit Beda, & ne vint oncques à la congnoissence du Roy, &c. »

Nous croyons que l'auteur réel de cette publication, désigné comme appartenant à « la nation de France, » ne pouvait être qu'Antoine Marcourt.

Bibl. du protest. franç., recueil Vallette.

XI. — *LE nouueau testament | de nostre seigneur & seul sauueur | Iesus Christ.* | *Les noms des liures contenuz au nouueau testament.* | [Suit une table, occupant 34 lign. & indiquant le titre de chaque livre, le nombre de ses chapitres & le feuillet auquel il commence.] *Ce nouueau testament a este de nouueau imprime en telle grosse | lettre que vous voyez, pour plus ayseme(n)t & facileme(n)t | lire vne tant Saincte lecture. | Auec vne briefue table des plus singulieres et | necessaires matieres co(m)prises | en iceluy.*

In-fol. de 4 ff. prél. non ch. & 97 ff. ch., à deux col. de 55 lign. Car. goth. de la Bible de 1535. Titres courants.

Contenu : Ff. prél. 1 b. « Limprimeur aux lecteurs. » Préface reproduite en grande partie par M. E. Pétavel (*La Bible en France*, 1864, p. 288-290). — 2a-4b. « Table des plus communs passages de lescripture saincte. » Annoncée sur le titre, ainsi qu'à la fin de la préface, cette table, « moult vtile pour trouuer certains lieux, » eft imprimée fur quatre colonnes. Elle renvoie aux paſſages du N. T. qui ſe rapportent à un certain nombre de ſujets (environ 120) rangés alphabétiquement, tels que *Adultère, Amour de Dieu, Antechriſt & ſon règne, Avarice*, &c. Peut-être eſt-elle due à Malingre qui, l'année ſuivante, l'aurait augmentée & étendue à toute la Bible. — Ff. ch. 1 a-97 b. Texte. — 97 b. « Ce nouueau Teſtament fut acheue dimprimer le. xxvij. iour du moys de Mars. Lan Mil Cinq cens.xxxiiij. A Neufchaſtel, par Pierre de Vingle. » [Molette.] « A la louenge de Dieu ſoit. »

Verſion de Le Fèvre d'Etaples. Les chapitres des Evangiles & des Actes commencent tous par un ſommaire; les Epitres n'ont chacune qu'un ſommaire général.

Ainſi que le titre le donne à entendre, cette édition, dont le format diffère tellement de celui que l'uſage avait alors conſacré, était deſtinée au « commun peuple » (N. T. goth. de 1538, préface de l'imprimeur), qui liſait & lit encore « plus ayſement & facilement » les impreſſions « en groſſe lettre. »

Quelques bibliographes (Brunet, t. V, col. 752; — Graeſſe, *Tréſor*, t. VI, p. 92; — P. Deſchamps, *op. cit.*, col. 921) prétendent que, la même année, Pierre de Vingle réimprima le N. T. dans le format in-8. Cette aſſertion ne peut provenir que d'une mépriſe.

Bibl. de Neuchâtel (le *Catal.* de cette collection, 1861, p. 3, n° 31, indique par erreur 99 ff. en tout). — D'après le P. Le Long (*Bibl. ſacra*, 1723, fol°, t. I, p. 351), un exemplaire de ce N. T. ſe trouvait à la Bibliothèque de la Sorbonne, qui a été diſperſée pendant la Révolution. Mais c'eſt par erreur que Boerner, dans ſes Additions au même ouvrage (*ibid.*), en cite un autre à la Bibliothèque de l'Univerſité de Cambridge. M. H. Bradſhaw, l'un des conſervateurs de ce dépôt, nous écrit que Boerner a fait une confuſion avec la Bible de 1535 & qu'en outre le diſtique qu'il mentionne comme *imprimé* à la fin du volume eſt ſimplement *écrit* à la plume en regard des vers adreſſés « Au Lecteur de la Bible. »

XII. — Articles veritables ſur les horribles, grans & importables abuz de la Meſſe papale.

Ce titre eſt celui des célèbres Placards qui furent affichés à Paris pendant la nuit du 17 au 18 octobre 1534, ainſi qu'à Orléans, à Amboiſe & dans quelques autres villes de la France. On ſait qu'ils amenèrent une perſécution où périrent plus de vingt perſonnes (Herminjard, t. III, p. 306, n. 2). Farel a été longtemps regardé comme l'auteur de ces violents *Articles*, mais il eſt aujourd'hui démontré qu'ils étaient l'œuvre d'Antoine Marcourt (id., p. 225, n. 4). Froment l'avait déjà atteſté d'une manière formelle (*Actes & geſtes*, p. 248).

Les Placards furent certainement imprimés à Neuchâtel, où Marcourt était paſteur. Tel était d'ailleurs le bruit public dès la fin de la même année 1534 (Herminjard, t. III, p. 236). Ils ont été réimprimés à pluſieurs repriſes, notamment par MM. Haag (*Fr. prot.*, t. X, nᵒ II, p. 1-6), mais il ne paraît pas qu'un exemplaire original en ait été conſervé.

XIII. — *Petit traicte tres* | *vtile, et ſalutaire de la* | *ſaincte euchariſtie* | *de*

noſtre Sei- | gneur Ie- | ſuchriſt. | (Petite fleur de lys.) | *Audiens ſapiens*, | *ſapientior* | *erit*. | *Prouerb. j.*

Pet. in-8 de 40 ff. non ch. (le dernier bl.), 24 lign. à la page. S. l. Car. goth. de P. de Vingle.

Contenu : 1 b. « Aux beneuoles lecteurs : Salut. » Préface («Ceſt choſe certaine et quaſi a tous congneue..») — 2 a-39 b. Texte, commençant ainſi : « Toute parolle et ordonnance de Dieu, doibt eſtre dicte & tenue ſaincte, & nulle autre. » — 39 b. « Acheue de Imprimer le. xvj^e. iour de Nouembre. 1534 »

Ce traité (D'Argentré, t. II, p. 177) eſt dû à la plume de Marcourt, puiſque dans un paſſage, reproduit par M. Herminjard (t. III, p. 225 & ſuiv.), l'auteur reconnaît avoir « compoſé & rédigé » les Placards d'octobre 1534. En 1542 (26 juillet), Jean Michel en donna une nouvelle édition (Bibl. de M. Ad. Gaiffe), pet. in-8 de 36 ff. non ch., 26 lign. à la p., ſans nom de ville ni d'imprimeur.

Bibl. de M. Ad. Gaiffe, exempl. en mar. bl. doublé de mar. r. (*Trautz-Bauzonnet.*) — Bibl. de la ville de Zurich, Gall. XXV, 1009, 8, exempl. incomplet du f. 1. — Recueil Gaignat-La Vallière.

La date du 16 novembre 1534 ne permet pas de confondre le *Petit traicte de la ſaincte Euchariſtie* avec l'ouvrage que les juges de Baudichon de la Maiſonneuve intitulaient, le 29 avril de la même année: *La Cenne de Ieſuchriſt*. M. Baum (*Procès*, p. 7) a ſuppoſé que ce dernier n'était autre que la *Maniere & faſſon*, inexactement déſignée par l'un des ſujets dont elle traite. Nous croyons plutôt qu'il s'agit du livre portant le titre :

DE La Tressaincte Cene de nostre seigneur Iesus: Et de la Messe quon cha(n)te communement, pet. in-8 de 96 ff. (le dernier blanc), car. goth., dont un exemplaire a figuré dans une vente (*Catal. d'une précieuse collection de livres du XVIe siècle sur la Réformation*, libr. Tross, n° 207) du mois de novembre 1867 (590 fr., *Bull. du bibliophile*, 1867, p. 450), & a passé dans la bibliothèque donnée par le comte Pierre Guicciardini à la ville de Florence (*Catalogo*, p. 120). Dans les deux catalogues, ainsi que dans le *Trésor* de J.-G.-Th. Graesse, Suppl., p. 294, cet opuscule a été attribué à Farel & aux presses de Neuchâtel, avec la date « vers 1534. » Comme il provenait des doublets de la Bibliothèque impériale de Vienne, M. le docteur Alfred Gœldlin de Tiefenau, attaché à ce riche établissement, a eu l'obligeance d'examiner l'exemplaire qui y est resté & de nous envoyer un fac-simile très-exact du titre & des premières lignes du texte (*LA verite eternelle qui ne peult mentir dit, ce qui est hault aux hommes,* &c.); mais nous n'y avons pas reconnu les caractères, ni les lettres gravées de l'imprimerie de Neuchâtel. L'emploi de lettres rondes (ff. 93-95) est également contraire aux habitudes de P. de Vingle. Le lieu d'impression du livret (D'Argentré, t. II, p. 175) demeure donc à déterminer, aussi bien que le nom de son auteur.

XIV. — *Su(m)maire, & briefue| declaration daucuns lieux | fort necessaires a vng | chascun Chrestien, | pour mettre sa | co(n)fia(n)ce en | Dieu, | et ayder son | prochain.* | [Trois petites fleurs de lys, posées 2 & 1.] |

Item, vng traicte du Pur- | gatoire nouuelle-| me(n)t adiouste | sur la | fin. | (Molette.)

Pet. in-8 de 104 ff. non ch., 24 lignes à la page. S. l. Car. goth. de P. de Vingle.

Contenu : 1 b. Trois paſſages du N. T. — 2 a-4 b. « A tous ceulx qui ayment noſtre Seigneur, & ont deſir de congnoiſtre la verite: Salut. » — 5 a-6 a. « La table des choſes contenues en ce liuret. » Elle n'a pas été reproduite dans l'édition de M. Baum. — 6 b-103 a. Texte. — 103 b. « Rondeau » (*Apres la mort, le pere a compaſſez*). — 104 a-104 b. « Salut & oraiſon a Ieſuchriſt noſtre ſeul mediateur, vie doulceur & eſperance. » — 104 b. Au bas de la page : « Acheue de Imprimer, le xxiij^e. iour du moys de Decembre. 1534 »

Cet ouvrage de Farel, dont on n'a pas encore retrouvé la première édition (1524 ou 1525), figure ſous deux titres différents (*Sommaire & brieve declaration*, &c. — *Brief recueil*, &c.) dans le catalogue des livres cenſurés de 1544 à 1551 (D'Argentré, t. II, p. 177). L'édition décrite ci-deſſus a été réimprimée par M. Baum, en 1867 (Genève, Fick, pet. in-8 de xv-160 p.), avec une introduction, un fac-ſimile du titre & quelques notes.

Bibl. de la ville de Zurich, Gall. XXV, 1009, 9. — Bibl. de M. Ad. Gaiffe. — Recueil Gaignat-La Vallière.

XV. — *Le liure des mar- | chans, fort vtile a toutes gens, | pour co(n)gnoiſtre de quelles mar- | cha(n)diſes on ſe doit garder deſtre | trompe. Lequel a eſte nouuelle- |*

ment reueu & fort augmen- | te, par son premier au- | theur, bien ex- | pert en tel | affaire. | (Molette.) | Lisez & proffitez. | Ad libelli Repertorem. |

En, fine Mercatu Merces Mercator ine(m)ptas
Tolle tibi, Merces has tibi sponte damus.

Pet. in-8 de 31 ff. non ch., 24 lignes à la page. S. l. Car. goth. de P. de Vingle.

Contenu : 1 b. « Prologue de Lautheur. » — 2 a-29 b. Texte, avec l'en-tête : « Cy commence le liure des marchans. » — 30 a. Au-dessous d'un verset du Ps. 134, en latin, cette souscription : « Acheue de Imprimer, le penultime iour du moys de Decembre. 1534 » — 30 b. « Dizain pour les marchans. » (*Il ne fut iamais telz Marchans.*) — Au-dessous : « Riche marchant, ou paoure poullaillier. » [Voy. plus haut, p. ccij.] — 31 a. « Chronique veritable, daucunes choses aduenues depuis vingt ans. » Dizain, qui donne en acrostiche : LA PAPALITE (*Lon veit iadis vne gaillarde Dame*). — Au-dessous : « Proficiat vobis. » — 31 b. Bl.

Cette deuxième édition offre un texte remanié & allongé. Si l'imprimeur s'est conformé à l'usage, alors assez général en Suisse (Herminjard, t. III, p. 126, n. 6), de faire commencer l'année à Noël, la date réelle serait du 30 décembre 1533.

Un exemplaire en demi-rel. d'une édition datée de 1544, pet. in-8 goth. de 32 ff. non ch., qui n'est pas citée par Brunet, a été décrit par M. Ap. Briquet dans le *Bull. du bibliophile*, 1854, p. 918, & porté à 300 fr. dans la *Descr. bibliogr. des livres choisis composant la libr. J. Techener*, 1855, n° 432. Sans avoir vu cette édition, nous croyons qu'elle peut être attribuée aux preſſes de Jean Michel. — Le catalogue de la vente Méon (nº 367) en indique auſſi une autre, ſ. l. n. d., pet. in-8, goth.

Bibl. du proteſt. franç., recueil Vallette. — Bibl. de M. Ad. Gaiffe, exempl. en mar. r. doublé de mar. bl. (*Trautz-Bauzonnet*). — Recueil Gaignat-La Vallière. — Vente Haillet de Couronne (1811), 14 fr.

XVI. — *La maniere de lire Leua(n)gile & quel proffit on en doibt attendre. Et auſſi la maniere de mediter & pe(n)ſer a la paſſion de noſtre ſaulueur Ieſuchriſt, fort co(n)ſolatiue a toute p(er)ſonne qui a quelque tribulation.*

Pet. in-8, goth., de 23 ff. S. l. n. d.

Opuſcule qui fait partie du recueil Gaignat-La Vallière & qui, par cela même, peut être attribué avec certitude aux preſſes de P. de Vingle. Le titre ci-deſſus eſt emprunté à Brunet, t. III, col. 1366.

XVII. — *Exhortatio(n) ſur ces ſai(n)ctes paroles de noſtre ſeign(eu)r Ieſu. Retournez vous & croyez a leuangile; Prinſe ſur la ſaincte eſcripture, en laq(ue)lle eſt declaire lefficace de Leuangile, ceſt le gran bien quil aduient a lho(m)me : & co(m)ment & a quelle fin on doibt faire les bonnes oeuures, et quelles ſont les bonnes oeuures. Et la ſubiec-*

tio(n) & obeyssa(n)ce quon doibt rendre aux seigneurs, renda(n)t a ung chascun ce que luy appartient.....

Pet. in-8, goth., de 16 ff., titre rouge & noir. S. l. n. d.

Cette pièce est comprise, comme la précédente, dans le recueil Gaignat-La Vallière, & nous en donnons le titre d'après Brunet, t. III, col. 1367. L'auteur du *Manuel* atteste qu'elle est sortie des mêmes presses que les *Grans pardons* (ci-dessus n° VIII), & qu'elle offre également la marque du Seigneur & de la Moisson.

Voy. D'Argentré, t. II, p. 135, n° 57; p. 176, 177.

XVIII. — *Letres certaines dau-| cuns grandz troubles & tumultes adue- | nuz a Geneue, auec la disputation faicte | l'an. 1534. Par mo(n)sieur nostre Maistre | frere Guy Furbiti, docteur de Paris en | la faculte de Theologie, de lordre de S. | Dominicque, du co(n)uent des freres | p(re)scheurs de Montmellian. Alen- | contre daucu(n)s quon appelle | predicantz, qui estoyent | auec les Ambassa- | deurs de la sei- | gneurie de | Berne. | * | Ephesiens. vj. | Vestez vous de larmeure de Dieu: | affin que puissiez estre fermes | contre les embusches | du diable.*

Pet. in-8 de 48 ff. non ch., 27 lign. à la page. S. l. n. d. Car. goth. de P. de Vingle.

Contenu: 1 b. Bl. — 2 a-3 b. « L'imprimeur au lecteur. » Cette préface, réimprimée par M. Herminjard, était l'œuvre commune de Fabri, Saunier, Froment & Marcourt. — 4 a-48 a. Texte, terminé par la date : « De Geneue ce premier Dauril. 1534. » — 48 b. Bl.

Sur cet opufcule de Farel, qui parut à Neuchâtel vers la fin de mai 1535, voy. la *Corr. des Réf.*, t. III, p. 293-298. En 1644, le miniftre François Manget en donna une nouvelle édition, à laquelle il joignit une verfion latine en regard du texte français ; c'eft un vol. pet. in-8 de 9 ff. prél. & 189 p., intitulé : *Difpute tenve à Geneve l'an M. D. XXXIIII. Les Entre-parleurs eftans le Moine Dominicain, Guy Furbiti, Docteur de la faculté de Theologie de Paris, & vn Prefcheur du S. Euangile, Theologien de Berne, Tournée de François en Latin..... Auec quelques Remarques & Obferuations*. A Geneve, de l'impr. de Iaques de la Pierre. Senebier (*Hift. litt. de Genève*, t. I, p. 168) a cru que cet ouvrage était différent des *Letres certaines*, & il l'a pris pour la traduction d'un original latin (*Difputatio Genevæ habita anno 1534 a Monacho Dominicano*, &c. Genevæ, 1534, in-8) qui n'a jamais exifté. L'indication de Grillet (*Articles prêchés publiquement dans la cathédrale de Genève*, &c. 1534, in-8) n'eft pas plus exacte (*Dict.*, t. III, p. 128), ces *Articles* faifant en réalité partie des *Letres certaines* (ff. 9 a-13 b).

Bibl. de Genève, B a 1588.

XIX. — LA BIBLE. | *Qui eft toute la Saincte efcripture.* | *En laquelle font contenus, le Vieil*

Teſtament | & le Nouueau, tranſlatez | en Francoys. | Le Vieil, de Lebrieu: | & le Nouueau, | du Grec. | Auſſi deux amples tables, lune pour linterpretation | des propres noms: lautre en forme Dindice, | pour trouuer pluſieurs ſentences | et matieres. | Dieu en tout. | Iſaiah. 1. | Eſcoutez cieulx, et toy terre preſte laureille: | car Leternel parle.

In-fol. de 8 ff. prél. non ch., 186 ff. ch. pour les livres de l'A. T. depuis la Genèſe juſqu'au Cantique incluſivement, 66 ff. ch. pour les Prophètes, 60 ff. ch. pour les livres apocryphes, & 106 ff. ch. pour le N. T. & les Tables. A deux col. de 61 lign. Car. goth. — Les deux mots LA BIBLE ſont dans un cartouche rectangulaire, entouré d'arabeſques & ſurmonté d'une banderole, où on lit, en hébreu, un paſſage tiré d'Eſaie, XL, 8.

M. le prof. Reuss ayant donné dans la *Revue de théologie* (3ᵉ ſér., t. III, 1865, p. 224 & ſuiv.) une deſcription complète de ce beau volume, dont Ruchat (t. III, p. 403) regardait naïvement l'impreſſion comme « fort mauvaiſe, » il nous parait inutile de reproduire ici l'indication détaillée de ſon contenu. Au bas du f. 94 b de la 4ᵐᵉ partie (N. T. & Tables), on lit: « Imprime par Pierre de wingle, dict Pirot Picard, Bourgeois de Neufchaftel. Mil. CCCCC. xxxv. » Et au recto du

f. 106 & dernier (non ch.) : « Acheue dimprimer en la Ville & Conte de Neufchaftel, par Pierre de wingle, dict Pirot picard. Lan. Mil. D. xxxv. le. iiij^e. iour de Iuing. » Au-deſſous de cette ſouſcription eſt la marque typographique du cœur couronné (voy. ci-deſſus, p. cliij), qui ſe voit déjà au f. 1 a de la 3me partie.

La Bible d'Olivetan eſt la ſeule publication de P. de Vingle que l'on rencontre un peu aiſément. Elle ſe trouve, en particulier, dans la plupart des grands dépôts de Paris, & en Suiſſe dans les bibliothèques de Genève, Lauſanne, Morges, Yverdon, Neuchâtel, Berne, Zurich, St-Gall, &c. Parmi les exemplaires qui ont paſſé en vente publique (Brunet, t. I, col. 890 ; — P. Deſchamps, col. 921), on ſignale ſurtout celui qui porte le chiffre & les armes du comte d'Hoym (n° 168 du catal. de 1738 ; vendu 150 livr.) ; il eſt relié en mar. r. & a figuré ſur trois catalogues de l'année dernière (Catal. de la libr. Aug. Fontaine, 1877, n° 1 ; 1500 fr. — Vente Léon D., G., & Moreau C[haſlon], avril 1877, n° 4, libr. Bachelin-Deflorenne ; — Catal. à prix marqués de cette dernière librairie, 15 nov. 1877, n° 231, 750 fr.).

§ 8: IMPRESSIONS GENEVOISES.[1]
(1533-1540.)

I. — *Chanſons Nouuelles | demonſtrantz pluſieurs erreurs | et faulſetez, deſquelles le | paoure mo(n)de eſt re(m)ply | par les miniſtres | de Satan.* | (Fleurette.)|

---

[1] Voy. les réſerves faites ci-deſſus p. clj & clij.

Matth. XV.|*Les disciples dirent a Iesus. N'as tu | point congneu que les Pharisiens ont | este offensez oyantz ceste parolle? | Iesus leur respondit. | Toute plantation laquelle mon Pere | celeste naura point plante, sera | arrachee. Laissez les ilz sont | aueugles, et co(n)ducteurs | des aueugles &c.*

Pet. in-8. de 8 ff. non ch. & non signés, 27 lign. à la page. S. l. n. d. Car. goth. de W. Kœln (cf. ci-dessus, p. clj, & le *Chans. hug.*, p. 418), ceux-là mêmes qui ont été employés pour le Catéchisme & la Confession de foi.

Contenu : 1 b-8 a. Texte. — 8 a. Au bas de la page : « Fin de plusieurs belles chansons, extraictes de la saincte escripture. » — 8 b. Bl.

Reproduction du livret imprimé par P. de Vingle & décrit plus haut, p. cc. Il y a quelques légères différences ; ainsi, le titre de la 4me pièce a été abrégé. Divers indices du même genre attestent que c'est l'édition de Kœln qui est la copie, & celle de Vingle l'original.[1]

Bibl. de la ville de Zurich. Gall. XXV, 1009, 2.

II. — Conclusions chrétiennes pour la Dispute de Genève.

« Le vendredy dernier du mois d'avril [1535], dit

---

[1] Nous laissons de côté, dans l'énumération qui va suivre, deux ou trois publications, dues à Gabriel Pomar & qui ne se rapportent pas au mouvement de la Réforme, par ex. les *Dies feriati*, placard in-fol., imprimé en 1533, & le volume de 1535 qu'indique Gaullieur (*Etudes*, p. 90).

Jeanne de Juſſie, le gardien des cordeliers, nommé Frère Jaques Bernard, porta des conclufions (contenant cinq articles fort hérétiques) qu'il diſtribua & en donna par toutes les égliſes, couvents & monaſtères de ville, & meſmes perſonnellement au chapitre de Meſſieurs de Sainct Pierre, égliſe cathédrale, & à toutes gens d'eſtat, clercs & lais ſeculiers, & meſmes par le païs de Monſeigneur & maiſons des gentilshommes, de la part de Meſſieurs de la ville, préſentant & enjoignant à gens de tous eſtats de venir diſputer le prochain dimanche après la Trinité [30 mai] audict couvent à Genève ſur leſdicts articles, qu'il vouloit maintenir ſur ſa vie... » (Edit. Revilliod, p. 111.)

Les Thèſes de Bernard avaient été ſoumiſes au Conſeil le 23 avril (*Frater Jacobus Bernard, ordinis minoritani, preſentavit quaſdam criſtianas poſitiones*, &c. Reg. du Conſeil, vol. 28, fº 43). Michel Roſet rapporte qu'elles furent « *imprimées* & notiffiées aux prebſtres & chanoynes dudit Genève & ès lieux circonvoyſins comme à Grenoble, Lyon, & allieurs, avec déclaration d'aſſeurance & ſauf conduit pour tous voulans diſputer. » Elles ne nous ſont point parvenues en original, mais un texte abrégé en a été reproduit à diverſes repriſes (Voy. Herminjard, t. III, p. 295, n. 10).

Le *Troiſième catalogue de la bibliothèque de Morges*, dreſſé en 1781, contient, p. 36, cette indication : « Nº 57, 1 (vol.) Pſeaumes de David, caract. Gothiques & gravés, 1535, 12º. — [Prix d'eſtimation :] Liv. 2. » Gaullieur a reproduit ce titre (p. 91), mais il y a ajouté, de ſon chef, un lieu d'impreſſion « Genève » & la mention que les Pſaumes étaient « mis en rimes françaiſes, » comme s'ils n'avaient pu paraître dans une ſimple traduction en profe (voy. plus loin, n° XII, une édit. de 1537). En apprenant par une note de la *Corr. des Réf.* (t. IV, p. 163) que la Bibliothèque de Morges poffédait depuis longtemps, — bien qu'il ne figure pas dans ce même catalogue, — le Pfautier de Pierre Davantes (1560), qui eft imprimé en caractères de civilité, nous avions penfé que l'expreffion, d'ailleurs peu claire, de « caractères gothiques & gravés » devait précifément s'appliquer à ce Pfautier dont la date ℳ. Ɔ. ℒ𝓋. aurait été lue 1555 & imprimée, par une nouvelle erreur, 1535. Cette fuppofition eft devenue une certitude, lorfque nous avons fu, par M. Charles Ritter, que le Pfautier de 1560 porte encore dans la Bibliothèque de Morges le n° 57. Il n'y a donc là qu'une méprife évidente du Catalogue de 1781 & il convient de la fignaler (cf. Fél. Bovet, *Hift. du pfautier des égl. réf.*, p. 297) pour qu'elle ne continue pas à fe répéter d'un livre à l'autre. (Brunet, t. III, col. 1461 ; — Græffe, *Tréfor*, t. IV, p. 413, &c.)

III. — *La guerre & defliurance de la Ville de Genefue. Fidelement faicte & compofee par vng marchant demourant en icelle.*
In-4 goth. de 23 p. S. l. n. d.

Haller, qui donne le titre ci-deffus (*Bibl. der Schweizer-Gefch.*, t. V, 1787, p. 142, n° 475), a dû avoir fous les yeux un exemplaire original, aujourd'hui perdu (cf. Senebier, *Hift. litt. de Genève*, t. I, 1786, p. 75), de cet opufcule anonyme, contenant la narration très-abrégée « des guerres, divifions & débats... faits dans ... Genève » depuis la fin de 1532 jufqu'au commencement de 1536. L'expreffion *ces derniers jours*, employée par l'auteur à propos de la conquête du pays de Vaud, prouve qu'il écrivait en janvier ou février 1536. Son récit a été réimprimé, en 1863, avec une préface de M. G. Revilliod, dans les *Mém. de la Soc. d'hift. de Genève* (t. XIII, p. 23-39), & féparément (pet. in-8 de 37 p., impr. Fick; tiré à 75 ex.), d'après une copie du dernier fiècle, confervée à la Bibliothèque de la ville de Zurich (Mss. de Leu, in-4, t. I, p. 185-208). Une autre copie fe trouve à la Bibliothèque de Berne (Mss. Hift. Helv. VI. 34), & le bibliothécaire, M. Fr. Fetfcherin, a bien voulu nous la communiquer. Comme la précédente, elle porte cette annotation : « tirée d'une copie faite de la main de monfieur le libraire Jean Bardin. » Sa provenance eft donc identique, mais la tranfcription du texte a été faite ici d'une manière plus exacte & elle peut fournir des corrections utiles. Nous en indiquerons plufieurs, en faifant obferver toutefois que quelques-unes de ces leçons (défignées par la lettre Z) exiftaient déjà dans la copie de Leu, comme nous avons pu le vérifier fur le manufcrit, qui nous a auffi été envoyé de Zurich par M. le Dr Horner.

P. 11 (de l'éd. féparée), l. 11 du texte, après : *comment Dieu,* ajoutez ce paffage omis : *les a toujours protegez, guarantis & deffendus envers tous & contre tous leurs ennemis capitaux, qui eft une chofe fort pitoyable à tous ceux qui aiment Dieu....* » — p. 13, l. 5, le langage plus *fecond,* lif. : *fecond* (Z); — p. 14, l. 3, qui ... ont *excufé* leurs briganderies, lif. : *exercé*; — p. 19, l. 6, moines bien *jugeux,* lif. : *joyeux* ; — l. 19, *harqueballe,* lif. : *hacquebutte* (ou *harquebutte,* Z); — p. 21, l. 14, forgée entre deux *ferchaux,* lif. : *fers chaux* (Z); — p. 24, l. 24, après *l'Eveque,* ajoutez : *comme il confte en fes reponfes, auquel n'a été concedé;* — p. 32, l. 10, *qu'eftre* que *ces* hommes, lif. : *qu'eft ce* que *les* h.; —

p. 33, l. 2, après: *ennemis*, ajoutez: *tellement que s'ils ne se retiroyent leurs amis seroyent leurs ennemis;* — l. 6, après: *la ville*, ajoutez: *lesquels furent detenus prisonniers leur rompant la foy;* — p. 34, l. 14, après: *regarde*, ajoutez: *ne la force;* — p. 35, l. 3, *renvoyent*, lis.: *venoyent;* — l. 12, desquels chevaucheurs *qui se sont mis*, lis.: 9 se sont mis (Z); — p. 36, l. 17, *grande sang*, lis.: *grande effusion de sang*, &c., &c.

IV. — *Ce que les Hostes ou hostesses obseruero(n)t et feront obseruer che | eulx, sur la peyne contenue en la Crie faicte le dernier | Iour de Feburier. Lan Mil. cccc. xxxvj.*

Placard in-fol. de 22 lign. Car. goth. de W. Kœln. En tête, l'écusson genevois qui figure encore sur un placard de 1545 (voy. ci-dessus, p. clxviij).

Le texte de cette ordonnance, qui fut arrêtée en Conseil des CC le 28 février 1536 (Reg. du Conseil, vol. 29, f° 33), a été reproduit dans les *Etudes* de Gaullieur, p. 118, & plus exactement dans l'ouvrage intitulé: *Les Archives de Genève. Inventaire des documents*, &c. (1528-1541), par F. Turrettini & A. Grivel, 1878, p. 142.

Arch. de Genève, Portef. histor., n° 1161.

V. — *La Deploration de la Cite de Genefve sur le faict des Hereticques qui l'ont tiranniquement opprimée.*

In-4 goth. de 4 ff., 30 lignes à la page. « Au titre un grand bois représentant, en perspective, une ville, &

au fond des bâtiments dans la campagne; dans le ciel, des météores en feu qui tombent fur la ville. »

Signalée en 1846 par M. Léon Menabrea (*Mém. de la Soc. royale académ. de Savoie*, t. XII, p. XXIII), cette pièce, qui comprend 154 vers de dix fyllabes, a été décrite & réimprimée, dix ans plus tard, par M. Anatole de Montaiglon (*Recueil de poéfies françoifes des XVe & XVIe fiècles*, t. IV, p. 94-102). Elle fe termine par les mots: *J'en feray grace*, où l'on a retrouvé en anagramme *Frère Jean Gacy*. Ce perfonnage eft auffi l'auteur d'un ouvrage en vers & en profe (*Trialogue nouueau contenant lexpreffion des erreurs de Martin Luther*, &c.), imprimé avec les caractères & les bois de W. Kœln, & terminé par une épître datée: « De Clufes le centre de[s] allobroges, a ces Kalendes Octobriennes. 1524. » Il fe qualifiait alors « humble religieulx Frere Jehan Gachi de Clufes, des freres mineurs le moindre. » En 1527, on le trouve à Chambéry, où il était très-populaire comme orateur (Herminjard, t. II, p. 39, n. 3). Les fœurs de Sainte-Claire à Genève l'eurent enfuite pour confeffeur &, felon Froment (*Actes & geftes*, p. 166), il leur faifait « belles ballades & rondeaux d'amourettes, defquelz en furent trouvés ung grand nombre dans leurs chambres. »

Le 20 mars 1536, l'imprimeur Gabriel Pomar, retiré à Annecy, apprenant qu'il était « chargé d'avoer imprimé certainnes compofitions de *La défolation de la cité de Genefve*, » écrivit aux magiftrats genevois (Arch. de Genève, Portef. hiftor., n° 1155) pour protefter contre cette accufation & déclarer qu'il n'avait vu « oncques la dicte compofition, » bien qu'il en eût entendu parler. La fauffeté du bruit ainfi répandu pouvait, felon lui, fe « prover & apparoiftre par les carratères & lettres » dont il était « acouftumé ufer à impreffion. »

Sans avoir vu la plaquette originale (Bibl. de M. le baron de La Roche Lacarelle; exempl. provenant de la bibl. Montreal), nous penſons qu'elle a dû être imprimée clandeſtinement à Genève, peut-être par W. Kœln, qui, douze ans auparavant, avait mis au jour le *Trialogue*. (Pour l'attribution à Annecy, voy. Aug. Dufour & F. Rabut, *L'imprimerie en Savoie*, p. 223-224.)

VI. — Lettre d'un cordelier de Grandſon.

« Vers la fin de l'an 1536 [liſez : en avril 1536; Herminjard, t. IV, p. 46, n. 7], raconte Ruchat (t. IV, p. 424), on intercepta une lettre d'un cordelier du couvent de Grandſon, écrite de Beſançon à un autre cordelier du même couvent, dans laquelle il n'y avait que des ordures; & ſous des paroles couvertes, il faiſait entendre que la plupart des cordeliers paſſaient leur vie dans l'impureté. Cette lettre fut imprimée & publiée pour la rareté du fait. »

La publication en queſtion, qui ne nous eſt pas autrement connue, n'a pu être faite qu'à Genève, ſeule ville réformée du pays romand qui eût alors une imprimerie.

VII. — Edit des ſeigneurs de Berne, qui ordonne une diſpute publique de religion à Lauſanne.

Le 27 juillet 1536, le Conſeil de Berne en envoyant aux magiſtrats genevois « ung édict patent » qu'il avait « faict coucher pour la publication de la diſputation de

Laufanne, » ajoutait : « ... Vous prions que le plus foudainnement que fera pouffible nous faicles, à nous miffions, imprimer troys cens defdicls édict, tout ainfin que le dict patron vous monftrera & en celle forme, fans en toutesfoys imprimer ny publier davantaige; puis, quant feront dépefchés, les nous tramétés incontinant... » (Arch. de Genève, Portef. hiftor., n° 1162.) Les 300 exemplaires, ainfi commandés, étaient déjà prêts le 2 août (Herminjard, t. IV, p. 83, n. 2). Il ne s'en eft point confervé, mais le texte de l'édit, qui était daté du 16 juillet, a été inféré dans le *Welfch-Miffivenbuch* A. fol^{os} 412-415 (Arch. de Berne) & reproduit par Ruchat (t. IV, p. 500-503) avec l'intitulé tranfcrit plus haut. « Les Seigneurs de Berne, » dit le même hiftorien (id., p. 173), « en firent afficher des copies aux portes des temples de toutes les paroiffes. »

VIII. — Conclufiones Laufannæ provincia nova bernenfi difputandæ prima octobris 1536. — Les conclufions qui doibvent eftre difputees a Laufanne, nouvelle province de Berne, le premier iour d'octobre 1536.

Les dix Thèfes rédigées par Farel pour la Difpute furent, fans doute, imprimées à Genève, comme l'édit du Confeil de Berne. D'après Ruchat, qui en a donné le texte latin (t. IV, p. 505-507), en le traduifant en françai s (id., p. 174-176), elles furent écrites dans les deux langues, « & on les afficha auffi de cette manière, avec le décret, aux portes des temples. » MM. Baum, Cunitz & Reuss ont reproduit le texte français dans fa forme authentique (*Calvini opera*, t. IX, col. 701-702). On n'a, d'ailleurs, signalé jusqu'ici aucun exemplaire du placard original.

IX. — LE NOVVEAV | TESTAMENT, | de noftre Seigneur & feul fauueur | Iefus Chrift. | translaté de Grec en Francois. | EN DIEV TOVT. | *Matthieu* 17. | *Voicy mon filz bien aymé, auquel* | *ay pris mon bon plaifir,* | *efcoutés le.* | Marc 1. | Repentez vous, & croyez à l'Euangile.

Pet. in-8 de 8 ff. prél. non ch. & 631 p. ch. (35 lignes à la page); plus 20 ff. non ch. avec titre & fign. diftinéts pour la Table. Petits car. rom. de J. Gerard. — Les trois premiers mots du titre font placés dans un cartouche rectangulaire, avec banderole portant ces mots: « Ἐσονται πάντες διδακτοί τοῦ Θεοῦ. Ιωαν. ς. »

Contenu: Ff. prél. 1 b. « Lés liures du nouueau Teftament, auec la page ou ilz commencent, & le nombre dés chapitres. » — 2 a-8 b. « A tous amateurs de Iefvs Chrift & de fon Euangile, Salut. » Préface de Calvin, tirée de la Bible de 1535, où elle fe trouve en tête du N. T. — P. 1-631. Texte. En marge font les paffages parallèles & de brèves rubriques réfumant des portions de chapitres. Il n'y a pas de notes exégétiques. — P. 631. « Fin de la Reuelation de S. Iehan, & confequamment du nouueau Teftament. Tovt en Diev. Paul, aux Romains 10. τελος νομοῦ Χριςος. La fin de la Loy, eft Chrift. » — Le verfo eft bl. — Ff. fin. 1 a. « LA TABLE | dés plus communs paffages | du nouueau Teftament. | Auec vne Epiftre declaratiue d'icelle, | en la page fuyuante. | s. lvc | aux Actes 17. | Ilz receurent la parolle auec toute affection, | iournellement cerchans lés efcriptures, | pour fcauoir s'il eftoit ainfi. | (Feuille de lierre.) | M. D. XXXVI. » — Les mots LA TABLE font difpofés comme au premier titre, mais l'encadrement n'eft pas le même & il a pour légende : « Iehan 5. Cerchez (dit chrift) lés efcriptures. » — 1 b. « L'imprimeur au Lecteur. » — 2 a-20 a. Texte de la table, impr. fur deux col. de 37 lign. — 20 a. Au bas de la 2me col.: « F. H. M. Fin de la Table. Imprimé à Genefue. » — 20 b. Bl.

Verfion d'Olivetan ; fon pfeudonyme (*noftre frere Belifem*) eft rappelé dans l' « Epiftre declaratiue, » foit avis de l'imprimeur au lecteur. Cette pièce donne quelques explications fur l'ufage typographique, alors tout nouveau (cf. *Bull. du comité de la langue, de l'hiftoire & des arts de la France*, t. III, 1857, p. 441), de l'apoftrophe & des accents. Pendant plufieurs années, J. Gerard continua à mettre l'accent aigu fur l'*e* ouvert de certains mots & à imprimer *lés, dés, cés,* &c.

Les initiales F. H. M. doivent être celles de l'auteur de la Table (beaucoup plus développée que celle de Malingre dans la Bible de 1535), mais fon nom demeure encore inconnu. Dans le N. T. de 1538 (ci-après, n° XVII) elles font remplacées par la formule : « A Dieu feul honneur et gloyre. »

Nous renvoyons d'ailleurs, pour tout ce qui concerne ce volume (ainfi que les n°s XII, XIII & XIV ci-après), à l'étude de M. le prof. Reuss (*Revue de théol.*, 3me fér., t. V, 1867, p. 301-324) fur *Belifem de Belimakom*. L'éminent théologien de Strafbourg a démontré que le texte de ce N. T. était une première révifion de la verfion inférée dans la Bible de Neuchâtel, & il penfe que cette révifion était elle-même l'œuvre d'Olivetan.

Bibl. de Genève, B b 823; exempl. incomplet du 2ᵉ f. prél. & dont le f. de titre eſt en partie déchiré. — Bibl. de M. J. Adert, à Genève; exempl. réglé, en mar. br. (*Thibaron-Joly*), inc. de la Table, à laquelle eſt ſubſtituée la Table du N. T. goth. de 1538.

X. — *Inſtruction | et confeſſion de Foy, donr | on vſe en Legliſe de | Geneue. | &c.*

Voy. ci-deſſus, p. cj & ſuiv.

XI. — *Confeſſion de la | Foy, la-q(ue)lle ro(us) Bourgeois et | habitans de Geneue et ſubieĉtz du | pays doyue(n)t iurer de garder & te- | nir, extraiĉte de Linſtruĉtion | dont on vſe en Legliſe de | ladiĉte Ville. | &c.*

Voy. ibid. — Aux réimpreſſions indiquées p. cix, il faut ajouter celle de M. Goguel dans ſon *Hiſtoire de Guillaume Farel* (1873, in-12, p. 183-195); elle préſente un grand nombre d'erreurs & de contre-ſens de tout genre.¹

XII. — LES PSALMES | DE DAVID. | Translatez d'Ebrieu en Francoys. | *S. Paul aux Coloſſ. 3. | Enſeignez & admoneſtez l'un*

---

1 Le volume de Calvin, *Epiſtolae duae, de rebus hoc ſaeculo cognitu apprime neceſſarijs*, &c., que Gaullieur (p. 125) indique, avec un texte inexaĉt, à l'année 1537, fut imprimé à Bâle, & non à Genève (*Calvini opera*, t. V, p. xxxix).

l'autre, | *en pſalmes, loue(n)ges, & cha(n)-ſo(n)s ſpirituelles,* | *auec grace,* | *chantans au Seigneur en uoſtre cœur.* | M. D. XXXVII.

Pet. in-8 de 213 p. ch. & 3 p. fin. non ch., 34 lign. à la p. Petits car. rom. de J. Gerard. — Encadrement [le même qu'à la Table du N. T. de 1536] pour les deux premiers mots du titre, avec banderole où on lit : « Ie diray pſalmes à mo(n) Dieu ta(n)dis q(ue) ſeray p(ſalme). 104 »

Contenu : 2. « De l'uſage dés Pſalmes, qui giſt en priere, en louenge, & admonition. » Ce ſont des verſets des Pſ. VII [18] & CIV [33] & de 1. Cor. XIV [15, 16, 19, 26], auxquels ſont ajoutés les mots : « Liſez d'auantage au meſme chapitre. » — 3-213. Texte, comprenant les 150 pſaumes, répartis en cinq livres. Dans ce volume, ainſi que dans celui qui eſt conſacré aux Livres de Salomon (n° XIV), il y a en marge les paſſages parallèles & des rubriques aſſez nombreuſes. — 213. « Fin du liure dés Pſalmes, tranſlaté et reueu par A. Beliſem de Belimakon. Imprimé à Geneue. » — Pp. fin. 1-2. « Regiſtre dés Pſalm. latins, ſelon la Tranſl. commune reduis au nombre dés Ebrieux. » — 2. « A. Beliſem Belimakomenſis, candido lectori. » Avis en neuf lignes, reproduit par M. Reuss (*Rev. de théol.*, 1867, p. 305-306). — Au-deſſous : « Finis. » — 3. Citation de Eph. V [18-20].

Verſion de la Bible de 1535, avec quelques corrections. Du Verdier (*Bibl. franç.*, édit. Rigoley de Juvigny, t. I, p. 95) a traduit par *Antoine* l'initiale A qu'Olivetan a miſe ici devant ſon pſeudonyme, indication qui a paſſé dans la *Bibl. ſacra* (1723, t. I, p. 350) du P. Le Long (cf. Reuss, *loc. cit.*, p. 324).

Cette édition eſt probablement celle qui figure ſous

le n° 40 du Catalogue des ouvrages cenſurés en 1543 (D'Argentré, t. II, p. 135. — Voy. auſſi p. 178).

Bibl. de Genève, B b 581, exempl. réglé.

XIII. — L'INSTRVCTION | dés enfans, | *contenant la maniere de prononcer* | *& eſcrire en francoys.* | *Lés dix commandemens.* | *Lés articles de la Foy.* | *L'oraiſon de Ieſus Chriſt.* | *La ſalutation angelique.* | Auec la declaration d'iceux, faicte en maniere de | recueil, dés ſeulles ſente(n)ces de l'eſcriture saincte. | Item, lés figures dés ſiphres, & leurs valeurs. | Mon peuple a eſté captif, pourta(n)t qu'il n'a | pas eu ſcience. Iſai. 5. | Seigneur, bienheureux eſt l'homme, lequel tu cor- | rige, & luy enſeigne ta Loy. Pſal. 93. | M. D. XXXVII.

Pet. in-8 de 149 p. ch. & 3 p. fin. non ch., 34 lign. à la page. Petits car. rom. — Même encadrement (pour les trois premiers mots) qu'au n° précédent. Légende: « Enſeigne moy Seigneur, faire ta volu(n)té p(ſalme) 143 »

Contenu: 2-3. « Alphabeth en diuerſe ſorte de lettres. » &c. — 4-8. « La forme d'oraiſon, laquelle Ieſvs Chriſt a enſeigné aux ſiens….. » — « Lés articles de noſtre foy….. » — Lés dix commandemens de la Loy….. » — 9. « Du myſtere de l'incarnation de noſtre Seigneur….. » — 10-30. « Brieue declaration de l'oraiſon dominicale, extraicte dés eſcritures ſainctes. » — 31-87. « Declaration dés articles de la Foy. » — 87-132. « Declaration ſus lés dix commandemens, par leſquelz Dieu nous commande de bien faire, & nous deffend de mal faire. » — 132-134. « Sur la ſalutation angelique, autrement dicte l'Aue maria. » — 134-137. Oraifons diverfes. — 138-140. « Lés noms de tous lés liures de la faincte Bible auec lés nombres dés chapitres d'iceux. » — 140-141. « Lés deffufdictz liures enfeignent cecy. » Court réfumé de la foi chrétienne. — 141-145. « Au Lecteur. » Ce morceau eft ainfi défigné dans la première Table : « Enfeignement demonftrant la maniere de bien lire & efcrire en Francoys. » — 145. « Table dés Accentz & Poinctz. » — 146-148. « Senfuyuent lés noms dés nombres communs et fiphres, auec leurs ualeurs. » — 148. « Abreuiations auec leurs fignifications. » — 149. « Le petit liuret d'Arifmetique, utile et néceffaire pour apprendre à conter. » — 149. « Correction. » — Pp. fin. 1. « La table & regiftre dés principaux tiltres du prefent traicté, fignez felon leur page. » — 1-2. « Autre table dés principales matieres. » Par ordre alphabétique. — 2, au bas : « Fin du Recueil de Belifem d'Vtopie. Imprimé à Geneue par I. Gerard. » — 3. Deux textes bibliques, Pf. CXIX, [9] & Matth. XIX, [14].

Sur ce volume d'Olivetan, dont la plus grande partie (p. 10-132) eft confacrée à une forte de commentaire de l'Oraifon dominicale, du Symbole & du Décalogue, uniquement compofé de paffages empruntés à l'Ecriture fainte, voy. Gaullieur, p. 121 & fuiv., & Ed. Reuss, article cité, p. 315-321. — Dans le Catalogue des ouvrages cenfurés (1551), on trouve une « Inftruction pour les enfans » (D'Argentré, t. II, p. 176), & dans l'Index de Touloufe, « L'Inftruction des enfans » (*Bull. du prot. franç.*, t. I, p. 444, nº 55).

Bibl. de Genève, exempl. réglé, relié avec le numéro précédent.

XIV. — LES LIVRES | DE SALOMOH. |

Lés Prouerbes, | *L'Ecclefiafte,* | *Le Cantique dés cantiques,* | Translatez d'Ebrieu en Francoys. | S. Paul. 2. Timothée. 4. | Toute efcriture diuinement infpirée, | eft vtile pour doctrine, pour reprehen- | fion, pour correction, pour inftruction | qui eft en iuftice: | affin que l'ho(m)me de Dieu foit entier, | appareillé à toute bonne œuure. | M. D. XXXVIII.

Pet. in-8 de 108 p. ch. & 4 p. fin. non ch., 34 lign. à la p. Petits car. rom. — Même encadrement (pour les quatre premiers mots du titre) qu'aux deux nos précédents. Légende: « Prou. 1. Crai(n)te de l'eternel eft come(n)cem(en)t de fcie(n)ce »

Contenu: 2. « De l'eftime et efficace de la parolle de Dieu, laquelle eft noftre doctrine & fageffe. » Divers paffages bibliques. — 3-70. Texte des Proverbes de Salomon. — 71. Nouveau titre, difpofé comme le premier (la banderole de l'encadrement porte: « Eccl(ef) 1. Tout e(ft) vanité tout eft tresgra(n)de vanité. ») :

L'ECCLESIASTE, | C'eft à dire | LE PRES-CHEVR. | *Translaté d'Ebrieu en Francoys.* | 1. S. Pierre. 1. Toute chair eft comme l'herbe, & toute | la gloyre de l'homme co(m)me la fleur de l'herbe. | L'herbe eft feichée, & la fleur eft cheute: | mais la parolle de Dieu demeure eternelleme(n)t. | M. D. XXXVIII.

72. « Que tout n'eft rien en ce monde, finon craindre Dieu. » Citations des Ecritures. — 73-94. Texte de l'Eccléfiafte. — 95. Titre femblable aux précédents (lég.: « Mo(n) ami le Seign(eu)r eft à moy, et moy à luy. Ca(n). 2 »):

LE CANTIQVE | DES CANTIQVES. | DE SALOMOH. | *Translaté d'Ebrieu en Francoys.* | CHRIST. Marc 12. c. | du Deutero. 6. a. | Efcoute Ifraël, le Seigneur noftre Dieu, eft vn feul | Dieu. Et tu aymeras ton Seigneur ton Dieu, de | tout ton cœur, & de toute ton ame, & de tout | ton entendement, & de toute ta force. | M. D. XXXVIII.

96. « De l'amour fpirituel entre Dieu & fon peuple fidele, traicté foubz ce diuin Cantique. » Paffages fcripturaires. — 97-108. Texte du Cantique. — Pp. fin. 1. « L'oraifon de Salomoh, demandant fapience à Dieu, extraicte du. 1. dés Roys. 3. a. » — 2. « De la grand' et incomparable fapience de Salomoh. 1. Roys. 4. d. » — 3. « Au Lecteur. » Avertiffement reproduit par M. Reuss (*loc. cit.*, p. 308). — Au bas de la p., au-deffous d'une citation de Coloff. IV, [6]: « Trauslatez (*fic*) & reueux par Belifem de Belimakon. Imprime a Geneve Par Iehan Gerard Imprimeur. » — 4. Verfet du Deut. V, [32].

La verfion eft celle d'Olivetan (1535), avec un petit nombre de retouches.

Bibl. de Genève, exempl. réglé, relié avec les deux nos précéd.

XV. — ORDO ET RATIO DOCENDI | *Geneue in gymnafio.*

Placard pet. in-fol. de 71 lign. Car. ital. de J. Gerard.

Ce *Programme* a été réimprimé par M. Herminjard (t. IV, p. 455-460), qui en attribue la compofition à Antoine Saunier, principal du collége de Genève, & la révifion à Calvin & à Mathurin Cordier. L'expreffion *anno proximo,* qui figure à la feconde ligne, femble indiquer qu'il fut rédigé en décembre 1537. Quant à la date qui le termine, « Geneuæ pridie Idus Ian. 1538, » & qui se trouve aussi dans la traduction française (ci-après, n° XVI), ce serait celle de l'impression.

Bibl. de M. Herminjard, à Lausanne ; exempl. mutilé.

XVI. — L'ORDRE | ET MANIERE D'ENSEI- | *gner en la uille de Genéue,* | *au College.* | (Feuille de lierre.) | DESCRIPTION | DE LA VILLE | *de Genéue.* | IMPRIME A | *Genéue par Iehan Gerad (sic)* | M.D.XXXVIII.

Pet. in-8 de 12 ff. non ch., 23 lign. à la page. Car. ital.

Contenu: 1 b. Bl. — 2 a-7 b. Texte de la première partie: « L'ordre et maniere d'ensetgner (*sic*) en la Ville de Genéue, au college. » — 7 b-11 b. Seconde partie: « La description de la uille de Genéue. » — 12 a. « De l'imprimerie de Iehan Gerard. M.D. XXXVIIII. (*sic*) le XII. de Ian. » — 12 b. Bl.

Grâce à l'inépuisable complaisance de M. le Dr Horner, bibliothécaire de la ville de Zurich, nous avons pu avoir entre les mains le seul exemplaire de cet opuscule qu'on ait signalé jusqu'ici. Dans la réimpression qu'en a donnée, page pour page, M. E.-A. Bétant, à la suite de la 2e éd. de sa *Notice sur le Collége de Rive* (Genève, Fick, 1866, in-8), l'orthographe de l'original n'a pas toujours été respectée, un ou deux mots manquent çà & là & au dernier alinéa une ligne a été omise; après *la diête ville*, il faut ajouter: « est propre à marchandise. Car en tant qu'elle... »

Bibl. de la ville de Zurich, Gall. XXV, 1027, 4.

XVII. — *Le Nouueau* | *Testa-ment,* | *Cest a dire.* | *La nouuelle Alliance.* | *De nostre Seigneur & seul Sauueur* | *Iesus Christ.* | *Translate de Grec en Francoys.* | *En Dieu Tout.* | *Matthieu.* 17. | *Cest cy mon filz bien ayme, auquel* | *ay pris mon bon plaisir,* | *escoutez le.* | (Petit écusson aux armes de Genève.) | M. V^c. XXXVIII.

Petit in-8 de 12 ff. prél. non ch. & 711 p. ch. (31 lign. à la p.); plus 23 ff. non ch. avec titre & sign. distincts pour la Table. Car. goth. Encadrement [copié sur celui du N. T. de 1536] pour les trois premiers mots du titre, avec banderole portant : *I'z seront to(us) enseignez de dieu. Ieh.* 6.

Contenu : Ff. prél. 1 b. « Les liures du nouueau Testament, auec la page ou ilz commencent, & le nombre des chapitres. » — Au bas de la p. : « Sensuit vne epistre exhortatoyre, ou est traicte de Adam & de sa race, de Dieu & de sa bonte, de Christ et de son regne, de lEuangile & de son efficace. » — 2 a-12 a. Texte de cette préface de Calvin, précédé de l'en-tête : « A tous amateurs de Iesus Christ & de son Euangile, Salut. » — 12 a. Au bas de la p. : « Marc. 1. Repentez vous, & croyez a Leuangile. » — 12 b. « Mat. Cord. aux lecteurs. » Seize vers (*Grandz & petitz, si vous voulez apprendre*) en quatre strophes. [Cf. ci-dessus, p. clxxxviij.] — P. 1-711. Texte. — P. 711. « Fin de la Reuelation de S. Iehan & consequamment du nouueau Testament : translate par Belisem de Belimakom.[1] Tout en Dieu. Paul, aux Romains 10. La fin

---

1 L'imprimeur paraît avoir remplacé la lettre *k* par les deux

de la Loy, ceſt Chriſt. » — Au v°, la marque du cœur couronné, ſurmontée de ce paſſage : « Iſai. 40. La Parolle de noſtre Dieu demeure eternellement. » — Ff. fin. 1 a. *La Table | des plus communs paſſages | du nouueau Teſtament. | Auec vne Epiſtre declaratiue dicelle, | en la page ſuyuante. | S. Luc aux Actes 17. | Ilz receurent la parolle auec toute affection, | iournellement cerchans les eſcritures, | pour ſauoir ſil eſtoit ainſi.* | (Petite feuille de lierre.) | M.V^c.XXXVIII. — Encadrement [copié ſur celui de la Table de 1536] pour les deux premiers mots du titre; ſur la banderole: *Ieh. 5. Cerchez (dit chriſt) les eſcritures.* — 1 b. « L'imprimeur au Lecteur. » — 2 a-22 b. Texte de la table, impr. ſur deux col. de 32 lign. C'eſt la reproduction de la Table de 1536. — 22 b. Au bas de la 2me col.: « Fin de la Table. A Dieu ſeul honneur et gloyre. » — Le 23me & dernier f. diffère dans les deux exemplaires de cette Table que nous avons eus ſous les yeux. Dans l'un (celui de Fribourg), on lit au recto : « Imprime par Iehan Michel demourant en la place Sainct Pierre deuant la grand Egliſe. 1538. » Et au verſo : « S. Iehan. 1. La Loy a eſte donnee par Moſeh: mais grace et verite a eſte faicte par Ieſus Chriſt. »

Dans l'autre exemplaire, qui ſe trouve joint à un N. T. de 1536 [voy. ci-deſſus, p. ccxxxviij], le recto eſt occupé par huit vers « Au lecteur » (*Toy qui deſire au bas peche bouter*), & le verſo par la marque du cœur couronné, accoſtée cette fois des initiales. I. M. ; au-deſſus eſt ce paſſage verſifié :

lettres *Ir* qui ont à peu près la même phyſionomie (Cf. les ſignat. du cah. K & pluſieurs noms dans Matth. I) ; de là l'erreur commiſe par Gaullieur (p. 125) & d'autres auteurs.

Ierem. 31.

Ma Loy dens eux ie donneray,
& en leur coeur ie lefcriray.

Et au-deſſous, cet autre :

Pſal. 51.

Le Seigneur Dieu point ne meſpriſera
le coeur contriƌ & qui humble ſera.

L'*Epiſtre declaratiue* de l'imprimeur eſt en grande partie la reproduction de celle de 1536. Toutefois, il convient de noter qu'après les mots « la tranſlation de noſtre frere Beliſem, » le texte de 1538 ajoute « preſent tranſlateur », & que le paſſage relatif à l'apoſtrophe & aux accents (reproduit par M. Reuss, *loc. cit.*, p. 304), n'étant plus de miſe pour une impreſſion gothique, a été remplacé par un autre où il eſt dit: « .... Touchant les accens & autres figures nous les auons delaiſſe, pourtant que le commun peuple ny eſt pas encore accouſtume.... »

Quant à la traduction, nous avons conſtaté que les leçons nouvelles relevées par M. Reuss (*ibid.*, p. 313-314), dans le texte de 1536, comparé à celui de 1535, ont toutes paſſé dans l'édition de 1538, & que cette dernière offre, à ſon tour, d'autres corrections dont voici la liſte pour les mêmes chapitres. Les mots ſoulignés ſont ceux ſur leſquels porte le changement ou l'addition & l'aſtériſque déſigne les notes exégétiques des marges; le texte de 1536 eſt entre parenthèſes.

Matth. X, 28-42. — v. 29. un petit As, * *il vaut 4 tournois & pyte* [note extraite de la Bible de 1535].— v. 30. Et *meſme* les cheveux (Et les cheveulx.... ſont auſſi). — v. 42. *ſeullement* (tant ſeullement).

Matth. XXVIII. — v. 1. le premier des iours du Repos, *ou iour de la femaine, felon Theophy[lacte]. — v. 2. trambleement (mouvement) de terre. — s'affit (fe feoit) — v. 5. vous autres. — v. 9. Et elles (icelles) s'approcherent. — v. 13. comme (quand) nous dormions. — v. 14. le grand gouverneur (le Prevoft).

I. Cor. XIII. Pas de changements.

Rom. V. — v. 2. nous avons eu acces..... nous nous tenons ferme. — v. 3. & non feulement avons nous cela. — v. 5. pour autant que (pour ce que). — nous a efté (nous eft) donné. — v. 7. pour le iufte, *ou, chofe iufte. — mais peut eftre encore. — pour aucun bien, *ou, bon. — v. 12, 14, 15. fur (en) tous, fur (en) ceux, fur (en) plufieurs. — v. 14. Neantmoins (mais) la mort. — v. 15. Toutesfois (mais) le don neft pas comme le forfaict, *ou, la faute. — v. 19. plufieurs font (fommes) conftituez pecheurs, *aucuns exemplaires fommes. — v. 20. Et la Loy eft furvenue (furentrée).

Jean, XVI, 1-21. — v. 1. affin que vous ne foyez point fcandalizez. — v. 5. perfonne (nul) de vous. — v. 6. remply (emply). — v. 9. De péché dy ie (de péché vrayement). — v. 18. nous ne favons dequoy il (qu'il) parle.

Le N. T. de 1538 eft donc une deuxième révifion du texte publié à Neuchâtel en 1535.

Bibl. de Fribourg (en Suiffe); exempl. incomplet des ff. prél. 1, 3, 6-8. — Bibl. de M. H. Bordier; exempl. en mar. blanc (Gruel), inc. de la Table. — Vente de C.-J. de Cifternay Du Fay (1725), n° 115 du Catalogue (4 livr.), exempl. inc. du « frontifpice » & relié avec L'ordre & maniere [ci-après, n° XVIII].

XVIII. — *Lordre et maniere | quon tie(n)t en administrant les sainct₃ | sacremens: assauoir, le Baptesme, et | la Cene de nostre Seigneur. | Item, en la celebration du Maria- | ge, & en la Visitation des malades. | Auec la forme quon obserue es pre- | dications, principalleme(n)t quant aux | exhortations & prieres quon y faict. | Es lieux lesquel₃ Dieu de sa grace a | visite, faisant que selo(n) sa saincte | parolle ce quil a deffendu | en son Eglise soit reiet | te: & ce quil a co(m)- | mande, soit | tenu.*

Pet. in-8 de 32 ff. non ch., 26 lign. à la page. Car. goth.

Contenu: 1 b. Trois versets bibl., précédés d'un avant-propos. — 2 a-4 b. « Preface. » — 4 b-31 a. Texte.— 31 b. « Registre des principalles matieres de ce present traicte: selon le Caier, le fueillet, & la page. » — Au bas de cette courte table: « A vng seul Dieu honneur & gloyre. » — 32 a. « Imprime par Iehan Michel demourant en la place Sainct Pierre deuant la grand Eglise. 1538. » — 32 b. Marque du cœur couronné, avec les initiales I. M. & les deux passages rimés (Voy. le n° précédent, p. ccxlvij).

Réimpression de la *Maniere & fasson* de Farel (ci-dessus, p. cciij). N'ayant pu comparer les deux textes, nous nous bornons à faire remarquer que l'ordre adopté ici sur le titre n'est pas tout à fait le même qu'en 1533. Cette seconde édition, d'ailleurs très-peu connue, figure dans les Catalogues des ouvrages cenſurés (D'Argentré, t. II, p. 134, n° 10; p. 177), & elle a été mentionnée par Maittaire (*Ann. typogr.*, t. III, partie I, p. 282).

Bibl. de M. Ad. Gaiffe, exempl. en mar. (*Trautz-Bauzonnet*), provenant des ventes Méon & Yemeniz (Cf. ci-deſſus p. ccxiv). — Vente Du Fay, exempl. déſigné dans le catal. ſous le titre de: « Le Livre des Ceremonies Eccleſiaſtiques, » relié avec le N. T. goth. de la même année (Voy. ibid. p. ccxlviij).

XIX. — (Feuille de lierre.) D'VNG | SEVL MEDIA- | TEVR ET ADVO- | CAT ENTRE | *Dieu & les* | *hom-* | *mes noſtre Seigneur* | IESVS CHRIST. | *Dieu à dict:* | *Ie ſuis le Seigneur, ce eſt mon nom:* | *Ie ne donneray à aucun ma gloyre:* | *Iſaie* 42. | *Imprimé à Genéue par Iehan Gerard.* | M. D. XXXVIII.

Pet. in-8 de 32 ff. non ch., 22 lign. à la page. Car. ital.

Contenu: 1 b. Bl. — 2 a-32 a. Texte, précédé de cet en-tête: « Declaration par Les Sainctes eſcriptures, qu'il n'y a qu'ung ſeul Moyenneur entre Dieu et les hommes, Ieſvs Chriſt. » De 29 b à 32 a, il y a des erreurs d'impoſition; la fin du texte ſe trouve au feuillet 30 a. — 32 b. « Imprime a Geneve par Iehan Gerard M. D. XXXVIII. »

Voy. d'Argentré, t. II, p. 176, & l'Index de Touloufe (*Bull. du prôt. franç.*, t. I, p. 446, n° 65). — Une réimpreſſion de ce livret anonyme eſt indiquée dans le catal. Du Fay, n° 4243, ſous le titre: « D'un ſeul Médiateur J. C. & comment la Vierge doit être honorée. Impr. en 1544, in-8. » [Genève, Gerard.]

Bibl. de Genève, exempl. réglé, relié avec les trois opuscules d'Olivetan [ci-dessus, n⁰ˢ XII-XIV]. — Bibl. de M. Ad. Gaiffe, exempl. en mar. r. (*Trautz-Bauzonnet.*)

XX. — (Feuille de lierre.) EPISTRE | TRES VTILE | FAI- | *cte et composée par vne femme Chrestien-* | *ne de Tornay, Enuoyée à la Royne* | *de Nauarre seur du Roy* | *de France.* | *Contre* | *Les Turcz, Iuifz, Infideles, Faulx chrestiens,* | *Anabaptistes, & Lutheriens.* | LISEZ ET PVIS IVGEZ. | *Nouuellement imprimée à Anuers* | *chez Martin l'empereur.* | M. V⁰. XXXIX.

Pet. in-8 de 32 ff. non ch., 25 lign. à la p. Car. ital. de Jean Gerard.

Contenu : 1 b. Quatre passages, tirés de Joel, 2 ; I Cor. 1 ; Luc, 3 ; Luc, 19. — 2 a-3 b. « A treschrestienne princesse Marguerite de France, Royne de Nauarre, Duchesse D'alençon et de Berry : M. D. desire salut, & augmentation de grace, par Iesvs Christ. » — 4 a-5 a. « Defense pour les femmes. » — 5 b - 32 b. « L'epistre. »

Bibl. de M. Ernest Chavannes, à Lausanne.

C'est Marie Dentière, femme d'Antoine Froment, qui est désignée par les initiales M. D. Les Registres du Conseil de Genève des 1ᵉʳ, 6, 8 & 9 mai 1539 (vol. 33, fᵒˢ 103, 108, 109 v⁰-111 v⁰, 113 v⁰, 114, 115 v⁰) donnent des renseignements détaillés (voy. aussi les lettres des magistrats bernois du 23 mai & du 14 juin 1539; — Herminjard, t. V, Nos 792 & 796) sur les poursuites exercées contre cet opuscule, où l'on voulait voir des allusions aux ministres exilés & à ceux qui avaient pris leur place: ils seront, pour la plupart, reproduits par M. Herminjard (t. V, No 785), avec la dédicace & des extraits de l'*Epiſtre tres utile*. Quinze cents exemplaires, imprimés par Jean Gerard, furent saisis, & pour expliquer la fausse souscription, mise au bas du titre, *Anvers, chez Martin Lempereur*, Froment dut alléguer « que cella n'est poien meschamment fayct, cart quan il l'usse peult, il l'usse fayct imprimer audictz lieu d'Anvers, mes il l'az entendus que ledictz Martin Lempereur estoyt mort [dès le 28 juin 1536, un livre était publié à Anvers par la *veuve* de ce typographe; Brunet, t. IV, col. 1142-1143]; avecque ce que soventesfoys l'on use de cella, affin que l'honneur de Dieu & l'avancement de saz saincte parolle soyt mieulx publié; & que ung des prédicans de laz ville az bien fayct fere le semblable, aut temps qu'il demoroy àz Neufchatel, d'aulchongs lyvres que furent imprimer àz Neufchatel, et fist merstre qu'il estoyen imprimés allieurs [voy. ci-deſſus, p. clvj, clvij]; que ce nomme mayſtre Anthoine Marcour. »

Jean Gerard, qui avait été mis en arrestation sur la plainte des pasteurs de la ville, sortit de prison au bout de quelques jours, mais le Conseil ne relâcha point les exemplaires séquestrés. Le 2 janvier 1540, les ministres le prient « fere une vuydange des faulx lyvres imprimés en ceste ville à laz faveur de Anthoine Froment, prédicant. » « Résoluz, dit le protocole, de parler àz mayſtre Morand & sus saz responce l'on il adviseraz » (Reg. du Conseil, vol. 33, folo 413 vo). Aucune décision n'avait encore été prise le 16 août 1542 (id.,vol. 36, fo 96).

Ainsi que Froment le fait observer dans un chapitre, demeuré inédit, de ses *Actes & gestes*, « ceste Espistre fust cause que la Seigneurie de Genève fist une ordonnance & esdict que personne n'eusse rien à imprimer dans Genève que premièrement le livre ne fust présenté au Sénat & veu par les ministres, laquelle ordonnance dure encores de présent. De quoy plusieurs imprimeurs & aultres en ont esté fâchés & beaucop perdu, ouy mesme ces ministres principallement qui ont poursuyvi à fayre l'esdict. Car eulx, ne personne, n'ause rien imprimer, ne fayre imprimer maintenant dans Genève, soyt bon ou maulvaix, que ce ne soyt par le voulloyr & consentement d'iceulx du Sénat. » (Bibl. de Genève. Collection Coindet.)

L'édit des imprimeurs, qui exigeait l'autorisation préalable, fut décrété le 9 mai 1539 (Reg. du Conseil, vol. 33, f. 115 vo), publié le 13 mai (id., fo 122) & renouvelé dès le 6 janvier 1540 (id., vol. 34, fo 3 vo). On avait songé à punir les contrevenants d'une amende de 60 sous & de la confiscation des livres imprimés; mais cette pénalité fut remplacée par la sanction plus vague « de l'indignation de Messieurs. » Le 19 septembre 1539, le Conseil, « pour obvyer qu'il ne soyt imprimer nul lyvre autquelt l'honneur & laz gloyre de Dieu ne fusse rejecté, » décide « que tous imprimeurs doygent appourter le premier lyvre qu'il auron imprimer, lequelt debvraz demoré en laz moyson de laz ville » (id., vol. 33, fo 292 vo).

Puisque l'occasion s'en présente, ajoutons ici, sur la famille du réformateur, quelques détails tirés de divers documents inédits. Dans son testament, daté du 27 janvier 1581 (Minutes de Michel Try, notaire, vol. 5.

fo 211; vol. 6, fo 92), Antoine Froment, « filz de feu Guillaume, » eſt dit natif «de Mans en Treives» [Mens, dans le val de Trièves, départ. actuel de l'Iſère], tandis que Senebier (t. I, p. 150), ſans doute d'après le *Livre des Bourgeois* & le Reg. du Conſeil du 2 février 1553 (vol. 46, fo 343 vo), l'avait fait naître « à Tries, près de Grenoble, » localité qui n'exiſte pas.

Lorſqu'il prit pour femme Marie Dentière, celle-ci était veuve d'un premier époux, nommé Robert, que nous avons tout lieu d'identifier avec Simon Robert, de Tournay, ancien curé de cette ville, réfugié dès 1526 à Straſbourg, où il était l'hôte de Capiton: nommé paſteur à Bex en mai 1528 & déjà marié alors, il était encore dans le gouvernement d'Aigle en novembre 1532 (Herminjard, t. I & II, *paſſim*), mais il n'eſt plus mentionné après cette date. Parmi les enfants (cf. Jeanne de Juſſie, éd. cit., p. 164-165) que Marie Dentière eut de ſa première union, nous connaiſſons deux filles, l'une mariée (Min. de P. Duverney, not., vol. 2, fo 29 vo) au paſteur & profeſſeur Jean Raymond dit Merlin, l'autre, Marie Robert, qui épouſa d'abord « commendable Martin Fienda, citoyen de Genève » (fils de Guillaume Fiendaz, du diocèſe de Turin, marchand, admis à la bourgeoiſie de Genève en 1506), membre du Conſeil des CC en 1543 & du Conſeil des LX depuis 1545, mort à Sion le 22 juillet 1550, d'une bleſſure qu'il avait reçue à la tête (Reg. du Conſeil, vol. 45, fos 56 & 67; Portef. hiſtor., no 1462); puis, en ſecondes noces, le 2 janvier 1553 (contrat du 9 mai 1553, P. Duverney, not., vol. 2, fo 27), François Meſtrezat, apothicaire, de Thonon; elle vivait encore en 1581.

Froment eut à ſon tour de Marie Dentière une fille, Judith, qui, le 13 novembre 1558, devint la femme de no. Claude de Chaſteauneuf (omis dans la généalogie de Galiffe, t. I, p. 492, frère d'Amédée de Chafteauneuf qui fut premier fyndic); les deux époux teftèrent, à Troinex, le 30 feptembre 1568 (Min. de Ph. Vial, not., t. I, fᵒˢ 246, 249), & eurent un fils, Louis de Chafteauneuf, que Froment inftitua fon héritier univerfel.

Après la mort de Marie Dentière, Froment s'était remarié avec Marie Blanc. Il mourut le 6 novembre 1581, « pthifique, avec longue maladie, âgé de 90 ans,... en la rue du Boulle » (Reg. des décès, vol. 13). Quant à Marie Blanc, elle tefta le 13 août 1587 (M. Try, not., vol. 5, fᵒ 266; vol. 8, fᵒ 194) & vécut jufqu'au 13 juillet 1588, âgée alors « d'environt 67 ans. » On remarquera l'âge qui eft attribué au réformateur dans le Regiftre mortuaire & qui eft en complète contradiction avec le renfeignement que lui-même a donné (*Actes & geftes*, p. 12; — cf. Herminjard, t. II, p. 264, n. 6) fur l'époque de fa naiffance.

XXI. — *La premiere.* | Partie de Lunion de plufieurs paffaiges de lefcriptu | re faincte. Liure trefvtile a tous amateurs de paix : | Extraict des aute(n)ticques docteurs de leglife Chreftie(n) | ne, par venerable docteur Herman Bodium. | Les noms des docteurs : defquelƺ | ce prefent liure eft extraict. | (Suit une lifte de 20 *docteurs*, difpofée fur trois colonnes.) | Tu trouueras les matieres co(n)tenues en la | p(re)miere partie de ce liure, en la paige fuyua(n)te. | *Nouuellement reueu & corrige.*|
1539.

Pet. in-8 de 752 p. ch. & 24 ff. non ch. (y compris la feconde partie); 31 lign. à la page de pet. car. Types goth. de Jean Michel. — Les deux premiers mots du titre font dans l'encadrement employé pour la Table du N. T. de 1538 (ci-deffus, n° XVII), & la légende eft auffi : « *Ieh. 5. Cerchez (dit chrift) les efcritures.* »

Contenu : 2. « Les matieres contenues en la premiere partie, du prefent liure. » — 3-411. Texte (11 chap.) — 412-413 (non ch.). « Au lecteur. » — 414. Quatre citations du N. T. — Au bas de la p. : « Fin de la Premiere partie de Lunion. » — 415-416 (non ch.) Bl. — 417. Nouveau titre (fans encadrement) :

La feco(n)de partie de | Lunion de plufieurs paffaiges de | lefcripture fainête : Liure trefvtile | a tous amateurs de verite, extraiêt | des principaux doêteurs de le- | glife de la foy Catholique: | par le venerable do- | êteur Hermand | Bodium. | (Petite feuille de lierre.) | *Tu trouueras les matieres | contenues en ce liure | en la paige fuy- | uante. | Nouuellement reueu | et corrige.* | 1539.

418. « Les matieres contenues en la feconde partie de ce prefent liure. » — 419-749. Texte (chap. 12-26). — 749. « A la louange de Dieu foyt Fin de la Seconde partie de Lunion. » — 750-751 (non ch.) : « A Sonnier aux lecteurs fideles S. » Cette pièce ne femble pas avoir été reproduite dans les autres éditions. — 751. Paffage des Act. XVII, [11]. — 752 (non ch.) Bl. — Ff. fin. 1 a-24 a. « Table contenant en foy toutes les auctoritez et fentences du prefent liure, comprife en forme de fommaire & mife felon lordre de lalphabet. » — 24 a. « Acheuez dImprimer le dernier iour de Iuillet. 1539. » — 24 b. Bl.

Edition fortie des preffes de Jean Michel & qui

eſt évidemment celle de 1539 qu'a citée La Croix du Maine (*Bibl. franç.*, 1772, t. I, p. 65). Ce bibliographe la croyait de Paris & il regarde Saunier comme l'auteur de la traduction française, ce qui ne reſſort point de l'épître finale indiquée ci-deſſus. Nous croyons plutôt que Saunier ſe borna à reviſer la verſion publiée à Anvers dès 1527.

Sur cet ouvrage déjà mentionné à pluſieurs repriſes dans cette *Notice* (p. cxxij, cxxv, cxxviij, cxxxj), voy. Du Verdier, op. cit., t. II, p. 185, note de La Monnoye; — Brunet, t. I, col. 1027; — Herminjard, t. II, p. 453 & 490; — &c.

Bibl. de M. Ad. Gaiffe, exemplaire en mar. br. (*Trautz-Bauzonnet.*) — Bibl. de M. H. Bordier, exempl. inc. de la Table.

XXII. — La Bergerie.

Les Regiſtres du Conſeil donnent ſur l'impreſſion de ce livre à Genève les détails ſuivants:

« 2 ſeptembre 1539. Jo. Michiel, imprimeur. Lequelt par cy devant az pryer luy volloyer donner licence de imprimer certaien lyvres compoſées à laz gloyre de Dieu, leſquieulx ont eſté viſité par mayſtre Anthoine Marcour, prédicant, lequelt préſentement icy az fayct relation que, àz ſon advys, il ſon compoſé ſelon Dieu. Toutesfoys az eſté réſoluz que mayſtre Morand les doyge encore viſité. »

« 5 ſeptembre. Licence àz Jo. Michiel, imprimeur. Ayans aoys laz relation des prédicans az eſté donné licence au dictz imprimeur de imprimer ung lyvre nommé *Laz bergeyrie* & ung aultre que ce nomme *Terribilis eſt locus iſte*. Et quan aux aultres lyvres que il ne les doyge pas imprimer » (vol. 33, fos 268 vo & 273 vo).

La Bergerie (on trouve, dans le Catal. de 1551, *La bergerie spirituelle, envoyée au Roi*; D'Argentré, t. II, p. 175) est attribuée, comme la pièce suivante (n° XXIII), à Clément Marot. D'après une communication de M. Georges Guiffrey, qui prépare, comme on sait, une grande édition des œuvres du poëte, cet opuscule doit être identifié avec celui qu'on a intitulé au XVIe siècle : *Sermon du bon & mauvais pasteur*. Il est à remarquer que, dès 1543, l'*Index* de la Sorbonne (D'Argentré, t. II, p. 134, n° 9) place ce dernier poëme sous le nom de Marot (voy. aussi *id.*, p. 174; & *Bull. du prot. franç.*, t. I, p. 447, n° 72).

XXIII. — *Sermon notable | pour le iour de la | Dedicace. |* (Trois petites fleurs, dont deux fleurs de lys, posées 2 & 1.) | *Act.* 17. | *Dieu qui a faict le mo(n)de, & toutes les | choses qui sont en iceluy, comme ainsi | soit quil soit Seigneur du ciel & de la | terre, il ne habite point aux tem- | ples faictz de la main : & nest | pas seruy par les | mains hu- | maines. | Nouuellement imprime |* 1539.

Pet. in-8 de 8 ff. non ch., 28 lign. à la p. Car. goth. Contenu : 1 b. « Au Lecteur. » Huit vers. — 2 a. « Sermon du iour de la Dedicace. Terribilis vere locus iste. » Ce *sermon* est un poëme qui compte environ 360 vers. Il débute ainsi :

(P)*Euple Chrestien, ce que iay recite,*

& se termine, f. 8 b., par ce vers :

Que par son Christ salut puissions auoir.

Le texte est coupé à plusieurs reprises par les mots : *Terribilis vere locus iste.* — 8 b. « Amen. Fin du Sermon de la Dedicace. »

Les caractères gothiques sont ceux de Jean Michel: l'initiale gravée P du f. 2 a se retrouve p. 3 de l'*Exposition sur les deux Epîtres de S. Pierre* (ci-après, n° XXXV). Cet opuscule (D'Argentré, t. II, p. 175; — *Bull. du prot. franç.*, t. I, p. 448, n° 77) est donc bien celui que les Registres du Conseil désignaient, en septembre 1539, sous le titre énigmatique : *Terribilis est locus iste* (voy. le n° précédent). M. G. Guiffrey a l'intention de le comprendre dans son édition de Marot.

Brunet (t. V, col. 309) dit avoir vu un exemplaire de ce même poème qui se trouvait relié à la suite des Œuvres de Marot, édition de Lyon, Jean Barbou, 1539, & imprimé avec les mêmes caractères.

Bibl. de M. Ad. Gaiffe, exempl. en mar. bl. (*Trautz-Bauzonnet.*)

XXIV.— (Feuille de lierre.) EXPOSI | TION DE L'HISTOIRE DES | *dix Lepreux, prinse du dixseptiesme* | *de Sainct Luc.* | *Ou est amplement traicté de la confession* | *auriculaire :* & *comme on peut vser* | *d'allegories en la saincte Escripture* | *Translatée de Latin en François.* | Dieu ayes mercy de moy selon ta benignité : | efface més transgressions selon tés grandes | compassions. Psal. 51. | M. V^c. XXXIX.

Pet. in-8 de 150 p. ch., 24 lign. à la p. Car. ital. de J. Gerard.

Contenu : 2. Bl. — 3-149. Texte. — 150 (non ch.). « Hvictain de Iefvs Chrift appellant tous les paoures pecheurs à foy. Matt. 11. & Iehan. 14. B. Regard. »

Voy. D'Argentré, t. II, p. 135, n° 52; p. 176. — Le nom de *B. Regard*, l'auteur du huitain final, eft inconnu.

Bibl. de M. Ad. Gaiffe, exempl. en mar. r. (*Trautz-Bauzonnet.*) — Catalogue des livres provenant de la bibliothèque de M. L. D. D. L. V. [M. le duc de La Vallière], 1767, t. I, p. 162, n° 948; relié avec un exempl. du n° XXVII ci-après; 1 liv. 11 f.

XXV. — (Feuille de lierre.) BREVE | EXPOSITION FAICTE PAR | *maniere d'exhortation & d'oraifon prinfe* | *fur le Pater nofter, & aultres parol-* | *les de noftre Seigneur Iefus* | *Chrift, recitees au 6.* | *chapitre de fainct* | *Matthieu.* | Pfal. 34. | *Ie loueray l'Eternel en tout temps, fa louen* | *ge fera toufiours en ma bouche.* | M. V^c. XXXIX.

Pet. in-8 de 48 p. ch., 24 lign. à la p. Car. ital. de J. Gerard.

Contenu : 2. Bl. — 3-26. Texte. — 27. Nouveau titre, ainfi conçu :

(Feuille de lierre.) EXPOSI | TION SVR CES PAROLLES | *de Iefus Chrift: Faictes vous des amis des* | *richeffes d'iniquité: efcriptes en* | *fainct Luc, au feiziefme* | *chapitre.* | *Ou font amplement refutez les argu-* | *mens faifans pour la iuftice* | *des oeuures.* | 2. Corin. 5. |

Chrift eft mort pour tous, affin que ceux qui vi | uent, ne viuent d'orefenauant point à eux, mais | à celuy qui eft mort pour eux, & reffufcité.

28. Bl. — 29-48. Texte de ce fecond opufcule, précédé de l'en-tête : « Traicte de mammona iniquitatis, ceft a dire des richeffes d'iniquité. »

Voy. D'Argentré, t. II, p. 176.

Bibl. de M. Ad. Gaiffe, exempl. en mar. r. (*Trautz-Bauzonnet.*)

XXVI. — (Feuille de lierre.) BREVE | INSTRVCTION FAICTE | PAR MANIERE DE | *Lettre miffiue pour fe confef- | fer en verité.* | (Feuille de lierre.) | Matthieu 17. | Ceftuy cy eft mon filz bien aymé, auquel eft | mon bon plaifir, efcoutez le. | Matthieu 23. | Ne vueillez point eftre appellez Maiftres : car | vn eft voftre maiftre, & vous tous eftes freres. | M. V^c. XXXIX.

Pet. in-8 de 38 p. ch., 24 lign. à la p. Car. de J. Gerard.

Contenu : 2. Bl. — 3-35. Texte, précédé de cet en-tête : « Le miniftre à fon frere chreftien, Salut en Iefus Chrift. » — 36-38. « Recveil d'avcvns paffages de l'Efcripture faifans à propos de la matiere deffus dicte. » — 38. « Fin du Traicté de la confeffion Chreftienne. »

Bibl. de M. Ad. Gaiffe, exempl. en mar. r. (*Trautz-Bauzonnet.*)

La *Briève inftruction pour foy confeffer en vérité*, f. l. n. d., pet. in-8, car. goth., eft fans doute le même ouvrage, bien que les deux titres figurent féparément dans le Catalogue (1551) des livres cenfurés (D'Argentré, t. II, p. 176); mais nous n'avons pu conftater *de vifu* cette identité, & nous ignorons également fi les types gothiques font ceux de P. de Vingle & de J. Michel (Bibl. de M. Alf. André, exempl. en v. f. (*Petit*), provenant de la vente J. P[ichon], n° 93 du Catalogue, adjugé 340 fr.).

XXVII. — FAMILIERE | ET BRIEFVE EX-POSI- | TION SVR L'APOCALYPSE | De Sainct Iehan | l'apoftre. | (Feuille de lierre.) | *Nou-uellement imprimé à Geneue* | *par Iehan Gerard.* | Le fecret de l'ETERNEL eft reuelé | à ceux qui le craignent. Pfal. 25. | M. V^c. XXXIX.

Pet. in-8 de 223 p. ch. & 11 ff. fin. non ch., 37 lign. à la p. Pet. car. rom.

Contenu : 2. « L'imprimeur au Lecteur fidele. » — 3-4. « Argument ou diuifion de l'Apocalypfe de fainct Iehan. » — 5-233. Texte, divifé en fept livres, avec cet en-tête.: « La Revelation de Sainct Iehan Theologien. » — 233. « Fin de l'expofition de l'Apocalypfe. » — Suit un dizain : « De ferme foy et efperance en Dieu. Ro. 8. » [*Qui nous fera (Chreftiens) feparer.*] — Le v° de la p. 233 eft bl. — Ff. fin. 1 a-11 a. « Table des plvs communs paffages de ce prefent Liure. » — 11 b. Bl.

Nous ne favons pas fi cet ouvrage (D'Argentré, t. II, p. 135, n° 56) eft une première édition de celui qu'Antoine Du Pinet compofa ou traduifit en 1543 (La Croix du Maine, *Bibl. franç.*, éd. Rigoley de Juvigny, t. I, p. 48); la divifion en fept livres femble avoir été empruntée au commentaire latin de François Lambert,[1] mis au jour en 1528 & réimprimé à Bâle en 1539 (cf. D'Argentré, t. II, p. 170).

Une *Expofition fur l'Apocalypfe de S. Jean l'Apoftre, extraite de plufieurs Docteurs tant anciens que modernes, revue & augmentée de nouveau*, Genève, J. Gerard, 1545, eft indiquée dans le Catalogue de 1551 (*Id.*, p. 174, 176).

Bibl. de Genève, Bb 1592 (anc. rel., tr. dor.). — Vente de 1767; voy. ci-deffus, p. cclx.

XXVIII. — Marguerite d'Angoulême. Le Miroir de l'âme pécherefſe.

Brunet (t. III, col. 1414) cite du livre bien connu de la reine de Navarre une édition « imprimée à Genève par Iehan Girard, 1539, pet. in-8 de 43 ff. non ch., fignat. a-f, où il manque plufieurs morceaux. »

XXIX. — Le Nouveau Teftament en francoys..

Dans fa *Bibl. facra* (1709, t. II, p. 90), le P. Le Long a mentionné une édition du N. T. d'Olivetan, qu'il dit être « in-12, fub infigni Gladii Flammantis, 1539. » Cette indication a paffé dans Maittaire (*Ann. typogr.*, t. III, prem. part., p. 298), & il eft extrêmement probable qu'elle s'applique à un N. T., de format pet. in-8, dont nous avons fous les yeux un exemplaire incomplet, im-

---

[1] Les *libri VIII* qui lui font attribués par Baum (*Lambert von Avignon*, 1840, p. 178, n° 20), Haag (t. VI, p. 243, n° xix), &c., ne font dûs qu'à une faute d'impreffion (Cf. Schelhorn, *Amœnit. liter.*, t. IV, p. 388; — Niceron, *Mém.*, t. XXXIX, p. 249, n° 19; — Freytag, *Analecta litter.*, p. 508).

primé avec les fines lettres rondes que Jean Gerard employa dès 1536 jusqu'en 1540 au moins (nos XI, XII-XIV, XXVII, XXXVI). Tout ce qui précède la page chiffrée 5 manque dans cet exemplaire. Le texte (37 lign. par page) se termine ainsi, p. 607: « Fin du nouueau Testament, translaté De Grec en Latin. [*sic!*] La fin de la Loy c'est Christ. Rom. 10. » Ce feuillet (le v° est bl.) est le 8me & dernier du cahier signé Q. Vient ensuite la Table (à deux col. de 38 lign.), qui n'a pas de titre distinct, mais qui est précédée, comme dans les éditions de 1536 & 1538, d'un en-tête au haut de la 1re col: « Table et registre des principales matieres & passages du nouueau Testament, selon l'ordre alphabetique. » Cette Table est la réimpression pure & simple de la Table de 1536-1538 & occupe 16 ff. non ch., soit deux cahiers signés S & T; il ne semble pas, du reste, que le cahier R doive exister, & l'on ne voit pas à quelles pièces il serait consacré. Enfin le 16me & dernier f. manque aussi dans l'exemplaire.

En comparant ce nouveau texte avec les Testaments de 1536 & 1538, on s'aperçoit aisément qu'il est la reproduction intégrale du texte de 1538. Toutefois, quelques variantes, peu nombreuses, y ont encore pris place; elles consistent, pour ainsi dire exclusivement, dans l'addition de notes marginales, ainsi que cela résulte de la liste qui suit & qui porte sur les chapitres déjà examinés ci-dessus. Plusieurs de ces notes, désignées ici par la lettre B, sont simplement extraites de la Bible de 1535.

Matth. X, 28-42. Pas de changements.

Matth. XXVIII. — v. 14, nous luy persuaderons, *ferons à croyre*.

I. Cor. XIII. — v. 5. elle ne s'esmeut point à courroux, *ou, n'eſt point deſpiteuſe (B). — elle ne penſe point à mal, *ou, eſtime & impute (B).

Rom. V. — v. 20. Or (Et) la Loy.

Jean, XVI. — v. 13. il vous menera en toute verité, *c'eſt, il ne vous tiendra plus en ceremonies.

Par ſon apparence extérieure, ce volume rappelle tout à fait le N. T. de 1536, ſauf quelques légères différences, telles que l'impreſſion en capitales du nom de CHRIST. Si, comme nous le croyons, c'eſt bien à lui que ſe rapporte la courte deſcription du P. Le Long; il faut ajouter que, d'après ce bibliographe, il doit contenir une préface autre que celle de Calvin (*Dieu le createur*, &c.), peut-être la pièce qui figure dans la Bible à l'épée (*Le Sainct Apoſtre Pierre*, &c.).

Bibl. de M***, exempl. réglé, commun. par M: Herminjard.

La verſion d'Olivetan fut imprimée une ſeconde fois dans la même année 1539, & la Bibliothèque Sainte-Geneviève conſerve encore l'exemplaire (A. 824. Réſerve) que le P. Le Long ſignalait en 1709 (*Bibl. ſacra*, t. II, p. 401) comme appartenant aux Génovéfains de Paris. C'eſt un vol. in-8, que nous croyons devoir décrire ici en raiſon de ſa rareté. Il compte 8 ff. prél. non ch. pour le titre, la table des livres du N. T. (1 b) & la préface (2 a-8 b) *A tous amateurs*, &c., — 634 p. ch. (35 lign. à la p.) pour le texte, accompagné, dans les marges, de paſſages parallèles, de notes exégétiques & de rubriques, celles-ci imprimées en italiques, — enfin 19 ff. fin. non ch. pour une poſtface de « L'imprimeur au Lecteur » (1 a), la Table des matières (1 b-18 a), reproduction de celle de 1536-1538, les ſeize vers de « Mat. Cord. aux lecteurs » (18 b) & le huitain (*Toy qui defires*, &c.) anonyme (19 a). Le f. 19 b eſt blanc.

Une large & élégante bordure fur bois entoure le titre qui eſt ainſi conçu : LE NOVVEAV TESTAMENT, C'eſt à dire, La Nouuelle Alliance, de noſtre Seigneur & feul Sauueur Iefus Chriſt, Translaté de Grec en Francoys. M. D. XXXIX. — A la page 634, on lit : « Fin du nouueau Teſtament, translaté par Beliſem de Belimakom. Τέλος νόμȣ Χριϛός. C'eſt à dire, La fin de la Loy c'eſt Chriſt. »

Les lettres ornées font dans le ſtyle d'Holbein ; pluſieurs d'entre elles ne préſentent que de très-minimes différences avec celles que Jean de Tournes a employées, concurremment avec d'autres alphabets, dans le volume de Paradin, intitulé : *Memoriae noſtrae libri quatuor* (Lugduni, 1548, in-fol.). D'autre part, ainſi que M. Ed. Fick nous l'a fait obſerver, l'encadrement du titre eſt d'une facture analogue à celui de l'ouvrage de Zwingli : *De vera et falſa religione* (Tiguri, Chriſt. Froſchover, 1525, in-8), bien que les motifs ſoient tout autres, ou qu'ils aient été renverſés par le graveur. Ce volume n'eſt certainement pas d'origine genevoiſe, & nous croyons pouvoir l'attribuer aux preſſes d'Etienne Dolet. Dès 1543, un « Nouveau Teſtament imprimé à Lyon » par ce célèbre typographe était cenſuré par la Sorbonne (D'Argentré, t. II, p. 135, nᵒ 36). — A part quelques changements, entre autres l'intercalation d'un morceau ſur l'accent aigu de *é* & l'accent grave de *à*, la préface de l'imprimeur eſt la même que celle du N. T. goth. de Jean Michel.[1]

---

[1] Aux exemplaires du N.-T. goth. de 1538, indiqués plus haut, p. ccxlviij, il faut joindre celui (599. T. D.) que poſſède la Biblioth. de l'Arſenal (*Catal. des livres de feu M. le duc*

Quant à la traduction, elle reproduit auſſi le texte de 1538, en empruntant toutefois à la Bible de 1535 quelques-unes de ſes leçons & de ſes notes marginales, ainſi que l'uſage de mettre en plus petits caractères les mots qui ne ſont pas dans le texte grec. En outre, le N. T. de Sainte-Geneviève offre un petit nombre de variantes qui lui ſont propres, ainſi qu'on pourra le conſtater ſur le relevé qui va ſuivre & qui s'applique aux chapitres déjà dépouillés; nous avons laiſſé de côté, comme précédemment, non-ſeulement les modifications d'orthographe, mais auſſi les corrections tout à fait inſignifiantes & celles qui concernent les rubriques.

Matth. X, 28-42. — Pas de changements.

Matth. XXVIII. — v. 20. Toutes les choſes (toutes les choſes quelconques).

I. Cor. XIII. — v. 5. Les deux notes marg. tirées de B. (Cf. ci-deſſus, p. cclxiv).

Rom. V. — v. 3. Et non-ſeulement (avons nous) cela. — v. 7. pour *quelque* (aucun) bien. — v. 14. qui *eſtoit* (eſt) figure de celuy qui *devoit* (eſtoit à) venir. — v. 19. La note marg. eſt ſupprimée. — v. 20. Or (Et) la Loy.

Jean XVI, 1-22. — v. 2. Ils vous priveront des aſſemblées, *ou, chaſſeront hors des Congregations.* — v. 3. Et *vous* feront. — v. 6. *emply*, B., (remply). — v. 8. il reprendra, *ou, convaincra.* — v. 16. Un petit, & vous ne me voyez point, *aſçav. de temps.*

On ſait que la préface de Calvin, *A tous amateurs de Jeſus Chriſt & de ſon Evangile*, parut en premier lieu

---

de La Vallière, ſeconde partie (Nyon), t. I, p. 10, n° 51 ; v. f., tr. dor.). Il eſt inc. de la Table. — Ajoutons que l'exempl. Du Fay ſe retrouve dans le catal. d'Hoym (1738), n° 176, 1 l. 13 f.

dans la Bible de 1535 & qu'elle a été reproduite dans un très-grand nombre d'éditions proteſtantes des Livres ſaints. Nous avons conſtaté que le texte de cette Epître a ſubi dans les trois N. T. de 1536, 1538 & 1539 divers changements plus ou moins notables, & cette circonſtance a de l'intérêt pour la queſtion controverſée de la participation de Calvin aux premiers remaniements de la verſion d'Olivetan (Voy. ſa lettre à Fabri, du 11 ſeptembre 1535; & Reuss, *Rev. de théol.*, 3ᵉ ſérie, t. IV, p. 322, t. V, p. 310; Herminjard, t. III, p. 348, n. 5 & 6). En 1536, les changements ſont au nombre de dix ou douze, y compris l'intercalation de quelques lignes vers la fin. En 1538, il y a une vingtaine de corrections nouvelles & cinq autres petits morceaux de 3 à 15 lignes ont été ajoutés. Quant au Teſtament de 1539 (Sainte-Geneviève), il reproduit le texte de 1538, ſauf deux ou trois variantes ſans portée & la ſuppreſſion de pluſieurs mots ou membres de phraſes; mais, dans cette édition, les changements ne ſemblent être dûs qu'à des fautes typographiques & à la néceſſité où ſe trouvait l'imprimeur de gagner un peu de place, car, malgré ces retranchements, l'*Epiſtre exhortatoyre* finit tout au bas du dernier f. prél., ſans qu'il reſte une ſeule ligne en blanc.

A titre d'exemple, voici le premier & le plus conſidérable des paſſages intercalés dans le texte de 1538. Il prend place au milieu de l'alinéa qui eſt le cinquième dans la dernière édition des *Calvini opera* (t. IX, col. 793, l. 47, après le mot *éternité*):

« Car qui ſeroit celuy qui en voyant ceſte grande machine & création du monde gouvernée, ſoubſtenue, maintenue, par la ſeule main de Dieu, ne pourroit facilement lire & concevoir ſa haute puiſſance? Qui ne recognoiſtroit les largeſſes de ſa bonté, en bien conſidérant qu'il n'a eu autre cauſe de créer premièrement & maintenant entretenir toutes ſes créatures? Qui, en contemplant la beauté, variété, l'ordre & diſpoſition de tant de choſes, ne apercevroit évidemment ſa ſapience incompréhenſible? Qui, après avoir réputé que toutes choſes viennent de luy & ſubſiſtent en & par luy, ne viendroit à cognoiſſance que luy il ſe ſoubſtient, s'eſt ſoubſtenu ſans commencement, ne fin, par ſa vertu éternelle? Et encore ces choſes ſe doyvent plus comprendre en l'eſprit qu'elles ne ſe peuvent expliquer par la langue. S. Paul donc.....»

Les deux réviſions de 1536-1538 ne devaient pas être définitives. Calvin reprit, en 1543, le texte primitif de ſa préface, & les modifications qu'il y apporta à ce moment (*Calv. op.*, id., p. lxij-lxiv, c. 791-822), & qui, dès lors, ont été conſervées, ſont autres que les premières.

XXX. — EPISTRE | DE IAQVES SADO- | LET CARDINAL, EN- | uoyée au Senat & Peuple de Geneue: | Par laquelle il taſche lés reduire | -ſoubz la puiſſance de l'E- | ueſque de Romme. | (Feuille de lierre.) | Auec la Reſponſe de Iehan Caluin: | tranſlatées de Latin en Françoys. | Imprimé a Geneue par Michel du Bois. | M. D. XL.

Pet. in-8 de 162 p. ch., 25 lign. à la p. Car. rom.
Contenu : 2. Bl. — 3-48. « Iaqves Sadolet eveſqve de Carpentras, Prebſtre, Cardinal de la ſainɛte Egliſe Romaine du Tiltre de ſainɛt Calixte: A ſés bien aymez freres lés Syndiques, Conſeil, & Citoiens de Geneue. » — 49-161. « Iehan Calvin a Iaqves Sadolet Cardinal,

Salut, » — 162 (non ch.). « Imprime a Geneve par Michel dv Boys le VI. de mars, M. D. XL. »

Deux perſonnages différents, dont l'un était Antoine Du Pinet, avaient commencé à la fois, dès le mois d'octobre 1539, la traduction françaiſe de la Réponſe de Calvin (*Calvini op.*, éd. cit., t. X, nos 186, 194;—dans le no 194, col. 426, il faut ponctuer: *Vereor tamen ne ſi moretur, Antonius Pignaeus antevertat*, & non : *ſi moretur Antonius, Pignaeus antevertat*, ce qui a quelque intérêt; voy. en effet *ibid.*, t. V, p. XLVI); mais on ignore quel fut, en définitive, l'auteur de la verſion publiée. La permiſſion d'imprimer fut ſollicitée en commun, le 6 janvier 1540, par le conſeiller Etienne de Chapeaurouge, Pierre Ameaux & Michel Du Bois (Reg. du Conſeil, vol. 34, fo 3 vo).

On ſait que le volume de 1540 a été réimprimé, page pour page, en 1860, par les ſoins de M. Revilliod (Genève, impr. Fick).

Bibl. de Berne. — Bibl. de Genève, Bc 1989. — Bibl. Tronchin à Beſſinge. — Bibl. calvinienne de MM. Reuſs & Cunitz, à Sraſbourg.

XXXI. — DIVI AVRELII AV | GVSTINI HIPPONEN | SIS EPISCOPI, LI- | ber de Spiritu & Litera | ad Marcellinum. | GENEVAE | Apud Michaelem Syluium. | M. D. XL.

Pet. in-8 de 128 p. ch. & 4 ff. fin. non ch., 25 lign. à la page. Car. rom.

Contenu : 2. Bl. — 3-4. « Divi Avrelii Avgvſtini Hipponenſis Epiſcopi, in librum de Spiritu & Litera, ex ſecundo Libro Retractationum Argumentum. » —

5-128. Texte (35 chap.). — Ff. fin. 1 a.-3 b. « Elenchvs capitum Libri de Spiritu & Litera. » — 4 a. « Excvdebat Michael Sylvivs Genevae ann. M. D. XL. XIIII. calen. april. » — 4 b. Bl.

Bibl. de M. J. Adert.

XXXII. — IACOBI | SADOLETI RO- | MA- | ni Cardinalis Epiſtola ad Se- | natum Populumque | Geneuenſem : | Qua in obedientiam Romani Pon | tificis eos reducere conatur : | ad exemplar ipſum Sa- | doleti recognita. | Ioannis Caluini Reſponſio. | GENEVAE | Apud Michaelem Syluium. | M. D. XL.

Pet. in-8 de 134 p. ch., 25 lign. à la p. Car. rom.

Contenu : 2. Bl. — 3-44. « Iacobvs Sadoletus Epiſcopus Carpentoracti, S. R. E. Tituli Sancti Calixti Preſbyter Cardinalis, Suis deſideratis fratribus Magiſtratui, Concilio, & Ciuibus Gebennenſibus. » — 45-133. « Ioannes Calvinvs Iacobo Sadoleto Cardinali, Salutem. » — 134 (non ch.). « Genevae excvdebat Michael Sylvivs. 1540. »

Sur le texte de l'épitre de Sadolet, inféré dans cette édition, & fur l'original manuſcrit conſervé aux Archives de Genève, voy. *Calvini op.*, éd. cit., t. V, p. XLVI, t. X, n° 163, & Herminjard, t. V, n° 773.

Bibl. calvinienne de MM. Reuss & Cunitz à Straſbourg, exempl. provenant de la bibliothèque du prof. S. Chappuis.

XXXIII. — *Epiſtre Chreſtien- | ne, aux Freres Mineurs, | de lordre de S. | Francoys. | En laquelle eſt briefuement & fi- | deleme(n)t expoſee la regle deſ- | dictz freres, par quel- | cun iadis de leur | eſtat: | maintenant de | Ieſuchriſt. |* (Feuille de lierre.) | *Nouuellement imprimee* | 1540.

Pet. in-8 de 250 p. ch. & 2 ff. fin. non ch., 26 lign. à la p. Car. goth. de J. Michel.

Contenu : 2. « Limprimeur aux beneuoles Lecteurs, ſalut par Ieſuchriſt. » — 3-250. Texte, précédé de cet en-tête : « A tous les venerables Religieux de S. Francoys, obſeruantins, Reformez, de la grand manche, & autres. S. » — Titre courant : « Declaration de la regle S. Francoys. » — 250 (ch. par erreur 210). Après un verſet des Pſ. [LXXXIII, 16] en latin, vient un dizain (*Ie fuz tourne par voz fins tours a Tours*) qui donne en acroſtiche : IEHAN MENARD. Il eſt ſuivi d'une explication en 3 lignes ſur « Adam. » — « Fin de Lepiſtre chreſtienne aux Freres de lordre S. Francoys. » — Ff. fin. 1 a-2 a. « Chant Royal. » Pièce de 60 vers de dix ſyllabes (*Lors que Phebus ſelon ſa mode antique*). — 2 a. Huitain (*Raiſon pourquoy on doibt laiſſer*), entre deux verſets, Matth. XV, [13] & Philipp. IV, [13]. — 2 b. Dizain (*Les ſcandaleux ſont de Chriſt condamnez*). — Au-deſſous : « Finis. »

Volume dont la ſeconde édition a été miſe par le Catalogue de 1551 (D'Argentré, t. II, p. 174 ; — cf. Haag, t. VI, p. 241, nº II) ſous le nom de François Lambert, parce qu'on la prenait à tort pour une traduction des *Evangelici in minoritarum re-*

gulam commentarij (1523); elle figure fans attribution dans l'Index de 1543 (D'Argentré, t. II, p. 136, nº 63). Jean Menard, fon véritable auteur, eft mentionné dans l'*Epiſtre de Malingre* (1542) :

> *Et maiſtre Iehan Menard, enfant de Tours,*
> *Qui pour Ieſus a ſouffert mains deſtours.*

Peut-être doit-on l'identifier avec le francifcain, nommé *Jean*, qui, en 1537, fit à Thonon une abjuration publique (voy. Herminjard, t. IV, p. 232).

La feconde édition de ce livre, datée du 4 août 1542 (Bibl. de M. Ad. Gaiffe), porte un titre un peu différent (*Declaration de la reigle et eſtat des Cordeliers: compoſee par vng iadiz de leur ordre, & maintenant de Ieſus Chriſt. En laquelle, il rend raiſon, de ſon yſſue dauec eulx, nouuellement par luy reueue....*); elle s'annonce comme étant « en plufieurs lieux augmentee depuis la premiere impreſſion. » C'eſt un vol. petit in-8 goth. de 266 p. ch. & 3 ff. fin. non ch., qui contient la pièce à acroſtiche, le « Chant Royal de Lautheur, » le dizain final (répété p. 9), intitulé ici « Lautheur aux Lecteurs, » &c. Un prologue, « admonneſtant les Lifeurs de plufieurs chofes neceſſaires... » y a été ajouté & fe termine par la date : « Efcript le 15. Iuing. 1542. » Bien que cette édition ne porte, comme la précédente, aucun nom de lieu, ni d'imprimeur, nous n'héfitons pas à l'attribuer à Jean Michel.

Dans l'*Apologie pour Hérodote*, Henri Eſtienne a cité à trois reprifes (éd. Le Duchat, 1735, t. II, 2ᵉ partie, p. 185, 217, 347) la *Déclaration de la règle & eſtat des cordeliers*, & Jean Menard, fon auteur.

Bibl. de Genève, Bc 847. — Bibl. de Laufanne, exempl. inc. du premier & du dernier feuillet.

XXXIV. — EXPOSI | TION CHRE- | STIENNE | *Dés dix commandemens,* | *Dés articles de la Foy,* | *De l'oraifon de noftre* | *Seigneur,* | *Reiglée & moderée felon la capacité et* | *entendement dés enfans, auec l'explica-* | *tion dés Sacremens, efcrite en forme de* | *Dialogue Latin, & de Latin en fran-* | *çoys: nouuelleme(n)t & fidelement reueuë.* | Ecclefiafte 12. | Aye memoyre de ton Createur és | iours de ta ieuneffe. | M . D . XL.

Pet. in-8 de 40 ff. non ch.

Contenu: 1 b. Deux textes bibliques, Matth. XIX, [14] & Prov. I, [10, 15, 16]. — 2. « Preface fvs les dix commandemens. » — 3 a-11 a. *Expofition* du Décalogue. — 11 b-19 b. « Senfvyvent maintenant Lés articles de l'ancienne trescertaine, catholique et Chreftienne Foy. » — 20 a-28 b. « Preface fvs l'oraifon de noftre Seigneur. » La *préface* n'occupe guère plus d'une page; elle eft fuivie, fans autre intitulé, de l'*expofition* de l'oraifon dominicale. — 29 a-32 a. « Senfvit briefve addition, de la declaration dés Sacreme(n)s, en cefte maniere. » Chapitre confacré aux facrements en général & au baptême. — 32 b-40 a. « Senfvit de la Cene dv Seignevr. » — 40 a. « Fin du Dialogue. » Deux verfets: Prov. XXVII, [11] & XVIII, (13). — 40 b. Marque typogr. de J. Gerard, avec une variante non décrite: l'épée, tenue par une main, eft furmontée d'une flamme. Au-deffous: « Iofué vit vn, ayant en fa main le glaiue defgainé. Iofué 5. »

Voy. D'Argentré, t. II, p. 175.

Ce catéchifme, rédigé par demandes & réponfes (« le

Maiſtre interrogue, & le diſciple reſpond »), eſt une traduction de celui de Megander; l'édition de 1536 (Bâle, L. Schouber) eſt intitulée: *Eyn kurtze aber Chriſtenliche vſſlegung, für die jugend, der Gebotten Gottes, des waaren Chriſtenlichen Gloubens, vnnd Vatter vnſers: mit eyner kurtzen erlüterung der Sacramenten, wie die zu Bärnn in Statt vn(d) Land gehalten. Durch Caſpar Groſſman, in fraagſwyſs geſtellt.* Pet. in-8 de 32 ff., le dernier bl. (Bibl. de la ville de Zurich.) — L'épître miſe en tête de cette édition originale (1 b-3 a) & adreſſée par Megander, le 31 mai 1536, à ſes collègues, les miniſtres de la ville & du territoire de Berne, n'a pas été reproduite dans la verſion françaiſe. Nous ne connaiſſons pas l'édition latine. (Cf. Herminjard, t. IV, p. 343, n. 16; p. 412, n. 12.)

Le 20 novembre 1539, J. Gerard obtint « congé de imprimer l'Inſtruction des enfans, en françoys, ſus laz ſaincte Eſcriptures fondées. » (Reg. du Conſeil, vol. 33, fol. 351.) Malgré la différence de titre, cette permiſſion ſemble s'appliquer au livret que nous venons de décrire.

Bibl. de M. J. Adert: copie manuſcrite avec facſimile du titre (Catal. CVIII d'Alb. Cohn, libr. à Berlin, 1875, n° 1011; 9 m.), exécutée ſur un exempl. original, conſervé à Berlin, lequel doit provenir de la bibl. du docteur Henry, le biographe de Calvin.

XXXIV bis. — Expoſition ſur l'Evangile ſelon ſaint Matthieu.

5 mars 1540. « Jo. Michiel, imprimeur. Lequelt az prier luy volloyer donné licence de imprimer laz *Déclaration de l'Evangiele S. Mathieuz*, lequelt ſerviraz grandement az l'honneur & gloyre de Dieu. Arreſté que cella ſoyt viſité par les S^{rs} prédicans & d'ycieulx en

avoyer relation. » (Reg. du Conseil, vol. 34, fo 121 vo.)

12 mars. « Jo. Michiel, imprimeur. Ayan aoys laz relation des S^rs prédicans, az esté donné licence au dictz Jo. Michiel de imprimer l'*Exposicion de S. Mathieuz.* » (Id., fo 135 vo.)

Voy. D'Argentré, t. II, p. 134, n° 6; p. 176. — C'est peut-être l'ouvrage de Bucer : id., p. 173.

A la fin de la même année 1540, le 10 & le 22 décembre (Reg. du Conseil, vol. 34, fos 553 vo & 572 vo), Jean Gerard obtint la permission d'imprimer *Les sept psalmes du pécheur converty à Dieu* (D'Argentré, t. II, p. 177), — l'*Exposition de l'orayson de nostre Seigneur,* « composé par Farel, ministre évangélique, » (cf. *id.,* p. 134, n° 7; p. 177, & l'*Index* de Toulouse dans le *Bull. du prot. franç.,* t. I, p. 445, n° 57) — & *L'authorité de l'Eglise & de laz parolle de Dieu* ; mais ces trois publications furent sans doute datées de 1541. La dernière (D'Argentré, t. II, p. 135, n° 47; p. 174) doit être une traduction du traité de Melanchthon, *De ecclesiæ auctoritate & de veterum scriptis libellus,* publié à Wittemberg en 1539 & réimprimé l'année suivante sous cet autre titre : *De ecclesia & de auctoritate verbi Dei (Corp. Ref.,* t. XXIII, p. 587-590).

XXXV. — *Exposition sur les deux | Epistres de Sainct Pierre, et sur | celle de Sainct Iude : en laquelle | tout ce qui touche la doctri- | ne Chrestienne est | parfaictement | compris. |* (Feuille de lierre.) *Auec vn Sermon du vray vsage de la loy, au- | quel la plus grande partie du premier cha- | pitre de la*

premiere Epiſtre a Ti- | mothee eſt fidelement | expoſee. | (Trois petites fleurs de lys, poſées 2 & 1.) | *Le tout tra-duict de Latin en Francoys, | et nouuellement Imprime. |* 1540.

In-8 de 430 p. ch. & 9 ff. fin. non ch., 29 lign. à la page. Car. goth. de J. Michel.

Contenu: 2. Bl. — 3-6. « Preface ſur lExpoſition de la premiere Epiſtre de S. Pierre. » (*Premier que paruenir a lexpoſition de ceſte preſente Epiſtre, il conuient aduertir le lecteur.....*). — 7-285. Texte. — 285-287. « Preface ſur lExpoſition de la ſeconde Epiſtre de S. Pierre. » — 287-364. Texte. — 365-384. « Expoſition ſur lEpiſtre de S. Iude Apoſtre. » — 384-430. Sermon annoncé au titre. Il débute ainſi : « Il ny a (ce croy ie) nul dentre vous, freres tres chers, qui ignore.... » — Ff. fin. 1 a. Vingt-quatre vers en trois ſtrophes & un « Enuoy » de quatre vers (*Du viel Adam ſi nous portons la face*). — 1 b. Marque du cœur couronné, avec les deux paſſages, comme dans le nº XVI ci-deſſus. — 2 a-8 b. « Table & Repertoyre des ſentences & motz plus notables de ce preſent liure, ſelon lordre alphabetique. » — 8 b. « Fin de la Table de ce preſent liure. 1540. » — 9 a. Bl. — 9 b. Même marque, ſans les paſſages.

Le Catalogue de 1551 mentionne à deux repriſes cet ouvrage (D'Argentré, t. II, p. 175, 176): la ſeconde fois, c'eſt une édition de Genève, 1545, qui eſt indiquée.

Bibl. de M. Ad. Gaiffe, exempl. en mar. bl. (*Bedford*).

XXXVI. — LA BIBLE | EN LA-QVEL- | LE SONT CONTE- | NVS TOVS LES LI- | VRES CANONI- | *ques, de la ſaincte eſcriture,*

tant | du vieil que du noueau Te- | ſtament: & pareille- | ment lés Apo- | cryphes. | Le tout translaté en langue françoiſe, auec diligen- | te collation : non ſeullement aux anciens & fideles | exemplaires, mais auſſi à l'original & ſignamment | des canoniques. | (Ici la marque typographique décrite plus haut, p. clxxix.) | M. D. XL. | Eſcoutez cieux, & toy terre preſte | l'aureille : car l'Eternel parle. | Iſaie 1.

In-4 de 6 ff. prél. non ch., 350 ff. ch. pour l'Anc. Teſt., 84 ff. ch. pour les Livres apocryphes & 107 ff. ch. pour le N. T. — A deux col. de 60 lign. — Pet. car. rom. de J. Gerard.

Contenu : Ff. prél. 1 b. : « L'ordre des livres canoniqves de l'eſcriture ſainête, tant du vieil que du noueau Teſtament. » — 2. « Au Leêteur fidele. » Préface (à long. lign.), commençant par les mots : « Le Sainêt Apoſtre Pierre admonneſte de veiller, & eſtre ſobre, à cauſe de noſtre ennemy le diable.... » & ſe terminant ainſi : « Va donc à Dieu, bien aymé frere & te fais familiere ceſte eſcriture te donnant garde d'eſtre tant ſeullement leêteur, mais prie le Seigneur qu'elle ſoyt vrayement imprimée en ton cœur, & tu ne mourras point ; mais tu viuras morant. » — 3 a-4 b. « Table bien brefve, des teſmoignages du vieil Teſtament, alleguez & eſcritz au noueau. » — 5. « Avtre petite Table dés teſmoignages du noueau Teſtament qui ſont cueilliz de l'ancien : non point de mot à mot, mais en ſentence. » — Ces deux tables comprennent l'une 247, l'autre 119 paſſages. — 6 a. « L'imprimeur au Leêteur. »

Cet avertiſſement donne l'explication de pluſieurs uſages nouveaux en typographie, tels que les crochets [ ] qui, « à la difference de parenteſe, » indiquent les mots ajoutés au texte « pour explication d'iceluy, » — l'apoſ-trophe, « qui en françoys ce peult appeller abolition, ou auerſion, » parce qu'elle « denote que au deſſoubz on a laiſſé quelque voielle pour euiter trop rude & mal ſonante pronunciation, » — le ç, « nommé ç à queuê, » — le tiret ou trait d'union, « appellé dés Ebrieux Macaph, en François liaylon, » — le tréma, qui eſt figuré par une petite boucle & « ſe nomme dyereſis, » &c. En terminant, l'imprimeur demande qu'on « prenne en gré » ſon labeur, « lequel certes, ajoute-t-il, tant pour le bref temps que pluſieurs autres cauſes, a eſté plus anxieux que ne voulons dire pour maintenant….. » — 6 b. Bl. — Au dernier f. (107 b) du N. T., on lit : « Fin du nouueau Teſtament, tranſlaté De Grec en François. La fin de la loy c'eſt Chriſt. Rom. 10. »

La Bible de 1540, qui ouvre la longue ſérie des Bibles genevoiſes, a une certaine notoriété par le ſurnom qu'elle a reçu de *Bible à l'épée* ou *Bible de l'épée*. Mais, en fait, elle eſt très-peu connue & n'a jamais été décrite avec exactitude ; elle offre même un exemple curieux de la perſiſtance avec laquelle les mépriſes les plus manifeſtes peuvent ſe répéter en bibliographie d'un auteur à l'autre. Ebert (*Allgem. bibliogr. Lexikon*, t. I, col. 174), Gaullieur (*Etudes*, p. 127), Brunet (*Manuel*, t. I, col. 890), Graeffe (*Tréſor*, t. I, p. 374-375), &c., diſent que le volume eſt imprimé en caractères gothiques, tandis qu'il ſuffit de l'ouvrir pour y retrouver ces petites lettres rondes de Jean Gerard, dont nous avons déjà parlé à pluſieurs repriſes. C'eſt également par erreur que Gaullieur & ceux qui ſont venus après lui avancent que « la même année Jean Gerard a réimprimé cette Bible, in-folio, en lettres rondes. » En réalité Gerard, qui ne poffédait pas de types gothiques, n'a donné qu'une feule Bible en 1540. Ce qui a pu amener la confufion, c'eft qu'il y a eu peut-être une autre Bible en français, datée de 1540 & imprimée en caractères gothiques, car les Regiftres du Confeil atteftent que Jean Michel obtint la permiffion d'en publier une, & nous nous demandons fi ce ne ferait pas celle que le P. Le Long (1709, t. II, p. 401) indique brièvement en ces termes : « 1540. Biblia Gallica, Olivetani, in-8, abfque loco. » Le favant oratorien diftingue cette édition de celle de l'épée (*Genève*, 1540, *in*-4) & il en avait vu un exemplaire chez M. Nolin, avocat à Paris (*Catal.* de cette bibliothèque, 1710, p. 59, n° 1405). Voici du refte, *in extenfo*, les paffages des Regiftres auxquels nous venons de faire allufion :

6 juin 1539. « Le fire Johan Michiel, imprimeur. L'on az donné licence au dictz imprimeur de povoyr imprimer laz Bible. » (Vol. 35, f° 157 v°.)

19 feptembre. « Jo. Girard, imprimeur. Lequelt az demandé licence de povoyer imprimer laz Bible en petit volume. Arrefté de parler àz Jo. Michiel, imprimeur, autquelt doyjaz az efté donné licence de icelle imprimer en petit volume, voyer fi le veult fere, aut non. » (Id., f° 292 v°.)

10 octobre. « Jo. Girard, imprimeur. Lequelt az prier luy volloyer donner licence de imprimer laz Bible en petit volume, ce que luy az efté oultroyé moyennant quel icelle foyt bien collationé par les frs prédicans & que, laz première que feraz imprimer, qui laz doyge apporter céans. Et combien que l'on aye donné licence àz mayftre Jo. Michiel, imprimeur, de icelle en petit volume imprimer & qui n'aft pas encore fon cas preft, ne luy az pas efté ofté la dicte puyffance, mes qui laz

puyſſe imprimer, quant ſon cas ſeraz preſt. » (Id., folo 310 vo.)

C'eſt à Calvin que la réviſion de 1540 a été le plus ſouvent attribuée, bien que ſon nom n'y ſoit pas prononcé & que le réformateur n'eût pas encore été rappelé à Genève. (Cf. P. Henry, *Das Leben J. Calvins*, t. I, p. 355; t. III, App., p. 198.) On vient de voir qu'aux termes de la déciſion du Conſeil, l'édition projetée par Gerard devait être *bien collationnée par les prédicans*.

En ce qui concerne le N. T., les différences que préſente ce texte, comparé avec celui de 1538, ſont minimes. Elles ſont plus nombreuſes & plus importantes pour l'A. T. qui n'avait pas été revu, du moins en totalité, depuis 1535; à l'égard des Pſaumes & des Livres de Salomon, on peut obſerver qu'en général la Bible de 1540 n'a pas adopté les corrections introduites par Olivetan dans ſa réviſion de 1537-1538. Nous renonçons d'ailleurs à entrer ici dans une énumération de variantes qui nous mènerait trop loin.

Au dire de tous les bibliographes, la Bible à l'épée contient un « indice des matières, ordonné par N. *(ſic)* Malingre, Prêcheur du S. Evangile. » Faut-il entendre par là une reproduction de la Table rédigée par Matthieu Malingre (Gramelin) pour la Bible de 1535? Nous l'ignorons, car cette pièce ne ſe trouve pas dans l'exemplaire de l'Arſenal, le ſeul que nous ayons vu, & peut-être n'a-t-elle jamais dû y exiſter. En tout cas, on ne s'explique guère comment De Bure, qui a donné (*Bibliogr. inſtructive*, t. I, 1763, no 53) ce renſeignement ſous la forme tranſcrite ci-deſſus, ne s'eſt pas aperçu que l'*indice des matières* manquait dans ce même exemplaire décrit par lui & appartenant alors au comte de Lauraguais.

Bibl. de l'Arſenal (213. T.), à Paris, exempl. en mar. r. provenant des ventes Lauraguais (1770, n° 11 du Catal.; 54 livr.) & La Vallière (1783, n° 83 du Catal.; 100 livr.). Dans cet exemplaire, les ff. prél. 2-6 ont été placés à la fin. A l'intérieur du volume eſt un *ex-libris* ſur papier, portant un écuſſon ſommé d'une couronne ducale (d'azur, au pal d'argent chargé de trois tours de gueules, accompagnées de quatre pattes de lion affrontées d'or), avec les lettres B. C. D. L. aux quatre angles [Brancas, comte de Lauraguais].—Il n'eſt pas certain que l'exempl. Gaignat (1769, n° 72 du Catal., 62 liv. 19 ſ.), auſſi en mar. r., ſoit le même. — Vente du prince de Soubiſe (1789, n° 144 du Catal.; 60 l. ſelon Brunet). — Vente Etienne Quatremère, 2ᵉ partie (1859), n° 2603, v. br. à comp., 256 fr.

ADDITIONS

P. cxlij, n. 1. La *Fr. prot.* de MM. Haag (t. V, p. 354) a conſacré quelques lignes à Thomas Malingre, ſous le pſeudonyme défiguré de *Gravelin*.

P. clxxxiij, n. 2. Vers 1520, Jaques Vivian avait ſa boutique de vente « aupres ſainct Pierre » & ſon imprimerie « en la rue de la iuifrie. » (*Pluſieurs belles chanſons compoſees nouuellement*, &c., ſ. d.)

P. clxxxvj. A la ſuite du voyage qu'il fit à Lyon en 1544, Jean Michel s'établit dans cette ville, car il exiſte une Bible françaiſe publiée à Lyon en 1556 « par les héritiers de feu Jean Michel, » in-4, « d'une très-belle exécution typographique » (*Defcr. bibliogr. des livres choifis compofant la libr. J. Techener*, t. II, 1858, n° 6699). En 1557, un N. T. latin-français, in-8 (Le Long, *Bibl. facra*, 1709, t. II, p. 91), fut imprimé à Lyon par Jean Gros & *Pierre Michel*, & de 1574 à 1586 on trouve un *Etienne Michel* libraire à Lyon (Silveftre, *Marques typ.*, n° 977).

P. ccxij, l. 16. Une édition de 1561, *f. l.*, eft indiquée dans le catalogue de la vente H. de Laffize, 1867, n° 89.

P. ccxiij. Graeffe, *Suppl.*, p. 234, cite de la *Déclaration de la Meffe* (n° IX) une réimpreffion datée du 26 juillet 1542 & qu'il croit de Lyon. Ce doit être le réfultat d'une confufion avec l'édition genevoife du *Petit traiƐté de la fainƐte euchariftie* (n° XIII) indiquée p. ccxix, l. 16-19.

P. ccxviij. En 1835, P. Henry (*Das Leben J. Calvins*, t. I, p. 357, note) difait avoir « fous les yeux » un exemplaire du N. T. de 1534, in-fol. goth. (n° XI), qui ne doit pas être celui de la Biblioth. de Neuchâtel.

P. ccxlv, note. Comp., à ce fujet, les notes de Le Duchat dans fon édition de l'*Apologie pour Hérodote*, 1725, t. I, p. 234, 403.

P. ccxlviij, cclxvj, note. La Bibliothèque de l'Arfenal poffède deux exemplaires du N. T. goth. de 1538: l'un (599 T. D.), qui porte à l'intérieur l'*ex-libris* de Nicolas-Jofeph Foucault († 1721), eft incomplet de la Table; l'autre (599 bis T. D.), qui eft celui du catal. La Vallière-Nyon, renferme la Table, le f. 23 offrant le huitain & la marque du cœur couronné. Tous deux appartiennent à une catégorie d'exemplaires que l'imprimeur, Jean Michel, avait spécialement destinés à la France, car sur le titre l'écusson genevois est remplacé par une petite fleur de lys.

P. cclij. Le dossier de l'information commencée contre Jean Gerard n'existe plus aux Archives de Genève, ou, du moins, n'a pas encore été retrouvé; mais J.-A. Galiffe en avait pris un extrait, que M. le professeur J.-B.-G. Galiffe nous communique au dernier moment & qui mérite d'être reproduit intégralement:

« 1539, 1ᵉʳ May. Jean Girard dépose qu'il y a six semaines que Mᶜ Ant. Froment le vint trouver en cette ville & lui apporta une Epître, écrite de sa main, pour l'imprimer à 1500 exemplaires (à trente sols la rame de papier). Il en a emporté 400 à Thonon. [1]

Mᶜ Antoine Sonier lui a fait imprimer les *Ordonnances du Collège* [ci-dessus, § 8, nº XVI], mais il n'en vend point du tout; elles ne valent rien & lui font perdre huit écus.

Les livres qu'il a imprimés depuis trois ans qu'il est à Genève sont:

Le Nouveau Testament [*id.*, nᵒˢ IX & XXIX].

Les 4 missives [lis. probablement: *Le Catéchisme*, & comp. le nº XXXIV qui serait alors une deuxième édition] *de Berne pour les enfants.*

Les Saulmes de David [nº XII].

[1] Le conseiller Pierre Muthiod fut chargé (2 mai) « d'aller trouvé monsr. le balliffz de Thonon, affin le informé du lyvre que mayftre Froment, prédicant de Thonon, az fayct imprimer. » (Reg. du Conseil, vol. 33, fol. 103 vº.) On lui paya, le 6 mai, ses frais de voyage. (Id., fol. 109 vº.)

Les livres de Salomon [nº XIV].
Un petit traité d'un seul médiateur & avocat [nº XIX].
Chansons.
Saulmes de Clément Marot.
Les instructions des enfants [nº XIII].
Exposition sur l'Apocalypse [nº XXVII. Cet ouvrage & le *Miroir*, nº XXVIII, étant antérieurs au 1er mai 1539, auraient dû être placés dans notre liste avant le nº XX].
L'ordre du Collège [nº XVI].
Epître d'une femme à la reine de Navarre [nº XX].
Une épître du roi d'Angleterre. [Peut-être l'*Epître envoyée par feu Henry, roy d'Angleterre, à Henry son fils, huytiesme de ce nom, à présent regnant ou dict royaulme*, écrite vers 1512 par Jean Bouchet & dont il y a plusieurs éditions, entre autres une de Lyon, 1544. — Voy. Brunet, t. II, col. 1064 ; — A. de Montaiglon, *Recueil de poésies françoises des XVe & XVIe siècles*, t. III, p. 26-71.]
Le miroir de la reine d'Angleterre [lis.: *de la reine de Navarre*; nº XXVIII, p. cclxiij, & ci-après, p. cclxxxvj].

D. Pourquoi a-t-il mis à la 1re épître [nº XX] qu'elle était faite à Annecy [lis.: *Anvers*]?

R. Afin que les livres aient plus de cours.

D. S'il est Luthérien?

R. Non, mais Chrétien: Luther est des membres de l'Eglise de Dieu, mais je ne tiens rien de Luther.

D. Qu'imprimez-vous à présent?

R. Un traité de Luther qui nous a été envoyé par le prédicant de Pont d'Ain.

D. Les imprimeurs ont-ils la coutume d'imprimer tout ce qu'on leur apporte?

R. Oui. »

Nous ignorons fi les *Chanfons* font une réimpreffion du livret de W. Kœln [§ 8, nº I], ou un recueil tout différent. L'indication des *Pfaumes de Clément Marot* offre un réel intérêt, car jufqu'ici on n'en connaiffait aucune édition antérieure à 1541 (Voy. Fél. Bovet, *Hift. du pfautier*, p. 7, 247 ; — Herminjard, t. IV, p. 163, n. 15, &c.), bien que Lenglet-Dufrefnoy (*Œuvres de Marot*, 1731, t. I, p. 95, t. III, p. 450) eût placé en 1539 la publication de cette verfion. — Notons à ce propos que le Pf. VI, « tranflaté en Françoys felon l'Hebrieu, par Clement Marot, Valet de Chambre du Roy, » figure dans l'édition (p. 62-64) du *Miroir* de la reine Marguerite, donnée à Lyon (1538) par Le Prince ; mais le texte de ce premier effai, comparé avec celui qui a paffé dans les recueils poftérieurs, offre de nombreufes différences.

P. cclxiij, nº XXVIII. Voici la defcription de cette édition, dont notre confrère & ami, M. Aug. Molinier, nous a fignalé, à la Bibl. de l'Arfenal (6447, B. L.), un exemplaire en v. f., tr. dor., provenant de la collection La Vallière (catal. de Nyon, nº 14220) :

LE MIROIR | DE TRESCHRESTIENNE PRINCESSE | Marguerite de France, Roy- | ne de Nauarre, Ducheffe | D'alencon & de Ber- | ry : auquel elle | voit & fon | neant, & fon tout. | IMPRIME A GENEVE | *par Iehan Girard.* | M . Vᶜ . XXXIX.

Pet. in-8 de 44 ff. non ch., 25 lignes à la p. Car. ital.

Contenu : 1 b. « L'Imprimeur aux Lecteurs » —

2. « Margverite de France, Soeur unique du Roy par la grace de Dieu Royne de Nauarre, au Lecteur. » — Préface de 32 vers. — 3 a-31 b. « Le miroir de l'ame pechereffe. » 1430 vers de dix fyllabes. — 32 a-35 a. « Difcord eftant en l'homme par la contrarieté de l'Efperit & de la Chair, & paix par vie fpirituelle. Qui eft anotation fur la fin du feptiefme chapitre, & commencement du huict, de l'Epiftre fainct Paul aux Romains. » Vingt-deux ftrophes de fept vers. — 35 a-41 b. « Oraifon a noftre Seigneur Iefvs Chrift. » 315 vers. — 42 a-44 a. « Linftrvction et foy dv Chreftien. » Ce font l'Oraifon dominicale, le Symbole, le Décalogue & une « Benediction devant menger, » mis en vers. De ces quatre pièces, les deux premières & la dernière fe trouvent, fous le nom de Clément Marot, dans l'édition (p. 88-91) du *Miroir* de 1538 (Lyon, Le Prince). La troifième, que l'on pourrait croire du même poète, diffère entièrement de celle qui a été recueillie dans fes Œuvres. — 44 b. Bl.

Sur cet ouvrage & fes diverfes éditions, voy. Brunet, t. III, col. 1412-1414, & Le Roux de Lincy, *Effai fur la vie & les ouvrages de Marguerite d'Angoulême* (1853).

CONTENU

DE LA

NOTICE BIBLIOGRAPHIQUE

	Pages
§ 1. Le Catéchifme & la Confeffion de foi.	cj
§ 2. Pierre de Vingle.	cxviij
§ 3. Wigand Kœln.	clxiij
§ 4. Jean Gerard.	clxxiv
§ 5. Jean Michel.	clxxxij
§ 6. Michel Du Bois.	clxxxix
§ 7. Impreffions de P. de Vingle (1533-1535).	cc
§ 8. Impreffions genevoifes (1533-1540).	ccxxvij
Additions.	cclxxxij

Instruction &

confession de Foy
dont on use en l'Eglise de Genève.

.1. Pier. 2.

Comme enfans naguaires néz, désirez le laict raysonnable & qui est sans fraude:

.3.

Soyez appareillez à respondre à chascun, qui vous demande rayson de l'espérance qui est en vous.

.4.

Si quelcun parle, que ce soit les parolles de Dieu.

tion & confes-
sion de foy
DONT ON USE EN L'EGLISE DE GENEVE.

Que tous hommes sont néz pour cognoistre Dieu.

COMME aynsi soit qu'on ne trouve nul des hommes, comment qu'il soyt barbare & plainement sauvaige, qui ne soit touché de quelque opinion de religion, il appert que nous sommes tous crééz à ceste fin que nous cognoissions la majesté de nostre Créateur; l'ayant cogneue, que l'ayons sur tout en estime & que l'honnorions de toute crainte, amour & révérence.

Mais, laissant là les infidèles, lesquelz ne cherchent autre chose que d'effacer de leur mémoire celle opinion de Dieu, laquelle est plantée en leurs cueurs, il nous fault penser, nous qui faisons profession de piété, que ceste vie caduque, & qui bientost finera, ne doibt estre autre chose qu'une méditation d'immortalité. Or, on ne peult trouver nulle part vie éternelle & immortelle, sinon en Dieu. Il fault doncques que la principale cure & solicitude de nostre vie soit de chercher Dieu & aspirer à luy de toute affection de cueur & ne reposer ailleurs qu'en luy seul.

Quelle différence il y a entre *vraye & faulse religion.*

PUISQUE cela est approuvé par un consentement commun que, si nostre vie est sans religion, nous vivons très misérablement & mesmes que nous ne sommes en rien plus excellens que les bestes brutes, il n'y a nul qui vueille estre réputé du tout aliéné de piété & de recognoissance de Dieu. Mais il y a beaucoup de différence en la manière qu'on a de déclarer sa religion; car la plus grande partie des hommes n'eſt point touchée vrayement de la crainte de Dieu. Mais par ce que, vueillent ou non, ilz ſont liéz par ceſte cogitation qui tousjours leur revient à l'entendement, c'eſt qu'il y a quelque divinité par la puiſſance de laquelle ilz conſiſtent ou tresbuſchent, eſtans eſtonnéz de penſer à une ſi grande puiſſance, affin qu'ilz ne la provocquent contre eulx meſmes par trop grand meſpris, ilz l'ont tellement quellement en quelque vénération. Toutesfois cependant, vivant déſordonnéement & rejectant toute honeſteté, ilz démonſtrent une grande ſécurité à contempner le jugement de Dieu. En oultre, parce qu'ilz n'eſtiment pas Dieu par ſon infinie majeſté, mays par la folle & eſtourdie vanité de leur eſperit, en ce ilz ſe deſtournent du vray Dieu. Pourtant, de quelque grande cure qu'ilz s'esforcent après de ſervir à Dieu, ilz ne proffitent rien, puiſqu'ilz adorent, non pas le Dieu éternel, mais les ſonges & reſveries de leur cueur au lieu de Dieu. Or, la vraye piété ne giſt pas en la crainte, laquelle bien voluntiers fuyroit le jugement de Dieu, mais pourtant qu'elle ne le peult fayre en a horreur; mais elle confifte pluftoft en un pur & vray zèle qui ayme Dieu tout ainfi comme Père, & le révère tout ainfi comme Seigneur, embraffe fa juftice, aye horreur de l'offenfer plus que de mourir. Et tous ceulx qui ont ce zèle, ilz n'entreprenent point de forger ung tel Dieu qu'ilz vuellent felon leur témérité, mais ilz cherchent la congnoiffance du vray Dieu de luy mefmes, & ne le conçoivent point aultre que tel qu'i[l] fe manifefte & déclare à eulx.

Que c'eft qu'il nous fault *cognoiftre de Dieu.*

OR, puifque la majefté de Dieu furmonte en foy la capacité de l'humain entendement, & mefmes ne peult pas eftre comprinfe d'icelluy, il nous fault adorer fa haulteffe pluftoft que de l'enquérir, affin que ne foyons du tout accabléz d'une fi grande clarté. Par quoy il nous fault chercher & confidérer Dieu en fes œuvres, lefquelles, pour cefte rayfon, font appelléez en l'Efcripture fpectacles des chofes invifibles, *Ro.* 1, *Heb.* 11; car elles nous repréfentent ce que autrement nous ne pouvons voir du Seigneur. Or cela eft non pas chofe laquelle tienne en fufpend noz entendemens par frivoles & vaines fpéculations, mais eft chofe qu'il nous eft meftier de fçavoir & laquelle engendre, nourrice, & confirme en nous une vraye & folide piété, c'eft-à-dire la foy conjoincte avec crainte. Nous contemplons doncques en cefte univerfité des chofes l'immortalité de noftre Dieu, de laquelle eft procédé le commencement & origine de toutes chofes; fa puiffance, laquelle ait faict une fi grande machine & maintenant la fouftiene; fa fapience, laquelle ait compofé & gouverné une fi grande & confufe variété par ordre tant diftinct; fa bonté, laquelle ait efté caufe à foy mefme que toutes ces chofes ayent efté créées & maintenant confiftent; fa juftice, laquelle fe manifefte merveilleufement en la protection des bons & en la vengeance des mauvais; fa miféricorde, laquelle pour nous appeller à amendement endure noz iniquitéz par une si grande bénignité. Certes nous devions par cecy abondamment, autant qu'il nous estoit besoing, estre enseignéz quel est Dieu, si à une si grande lumière nostre rudesse n'estoit aveuglée. Toutesfois mesmes nous ne péchons pas en cecy par seul aveuglement, mais nostre perversité est telle qu'il n'y a rien qu'elle ne prene mauvaisement & perversement en estimant les œuvres de Dieu, & renverse entièrement toute la sapience céleste, laquelle autrement clairement y reluist. Il fault doncq venir à la parolle où Dieu nous est très-bien descript par ses œuvres, pourtant que icelles œuvres y sont estimées, non pas selon la perversité de nostre jugement, mais par la reigle de l'éternelle vérité. Nous apprenons doncq de là que nostre Dieu, seul & éternel, est la source & fontaine de toute vie, justice, sapience, vertu, bonté & clémence; duquel comme sans nulle exception tout bien provient, aussi toute louange à bon droict en doibt retourner à luy. Et combien que toutes ces choses apparoiffent clairement en chafcune partie du ciel & de la terre, toutesfois lors finalement nous comprenons au vray ce à quoy principallement elles tendent, [ce] qu'elles vallent & à quelle fin il les nous fault entendre, quand nous defcendons en nous-mefmes & confidérons par quelle manière le Seigneur déclare en nous fa vie, fapience & vertu, & exerce envers nous fa juftice, clémence & bonté.

De l'homme.

L'HOMME fut premièrement formé à l'image & femblance de Dieu, affin qu'en fes ornemens, defquelz il avoit efté noblement veftu de Dieu, il euft en admiration l'aucteur d'iceulx, & par telle [re]cognoiffance qu'il eftoyt convenable, il l'honnoraft. Mais, parce que s'eftant confié d'une fi grande excellence de fa nature, ayant oublié dont elle eftoit venue & fubfiftoit, il s'eft esforcé de s'eflever hors du Seigneur, il a efté néceffaire qu'il feuft defpouillé de tous les dons de Dieu, defquelz follement il s'enorgueillissoyt, affin que, estant desnué & despourveu de toute gloire, il cogneust Dieu, lequel, estant enrichy de ses largesses, il avoit osé contempner. Par quoy nous tous qui avons nostre origine de la semence de Adam, ceste semblance de Dieu estant en nous esfacée, nous nayssons chair de chair. Car, combien que soyons composéz d'une âme & d'un corps, toutesfois nous ne sentons rien que la chair; tellement que, en quelconque partie de l'homme que nous tournions les yeulx, il n'est possible de rien voir qui ne soit impur, profane & abominable à Dieu. Car la prudence de l'homme, aveuglée & enveloppée d'infini[e]s erreurs, tousjours contrarie à la sapience de Dieu; la volunté maulvaise & pleyne d'affections corrumpues ne hait rien plus que la justice d'icelluy; les forces impuissantes à toutes bonnes œuvres tendent furieusement à iniquité.

Du libéral arbitre.

L'ESCRIPTURE souvant testifie l'homme estre serf de péché; par laquelle chose est signifié son esperit estre tellement aliéné de la justice de Dieu qu'il ne conçoit, convoicte, ne entreprent rien qui ne soit meschant, pervers, inique & souillé ; car le cueur abbre[u]vé totalement du venin de péché ne peult rien mettre hors, sinon les fruictz de péché. Toutesfois si ne fault-il pas po[u]rtant penser que l'homme péche comme contraint par nécessité violente ; car il péche d'un consentement de volunté très-prompte & encline. Mais parce que, pour la corruption de son affection, il a très-fort en hayne toute la justice de Dieu, & d'autre part est fervent en toute espèce de mal, il est dict n'avoir pas puissance libre de eslire le bien & le mal, ce qu'on appelle le libéral arbitre.

Du péché & de la mort.

LE péché en l'Escripture est appellé tant la perversité de la nature humaine, laquelle est la fonteine de tous vices, comme les meschantes cupiditéz qui en naissent & les iniques forfaictz lesquelz sortent de ces cupiditéz: comme font homicides, larcins, adultères & les aultres de telle manière. Nous doncq, pécheurs dès le ventre de la mère, naiffons tous fubjectz à l'ire & vengeance de Dieu. Eftans devenuz grandz, nous amaffons fur nous tousjours plus grief jugement de Dieu. Finablement, par toute noftre vie nous tendons tousjours plus avant à la mort. Car s'il n'y a point de doubte que toute iniquité ne foit exécrable à la juftice de Dieu, que povons-nous attendre de la face de Dieu, nous miférables qui fommes oppriméz d'une fi grande charge de péchéz & fouillés d'ordure infinie, finon très-certaine confufion, telle que fon indignation le porte? Cefte cogitation, combien qu'elle abbate l'homme de terreur & l'accable de défefpoir, toutesfois elle nous eft néceffaire affin que, defveftuz de noftre propre juftice, déjectéz de la confiance de noftre propre vertu, repouléz de toute expectation de vie, apprenions par l'intelligence de noftre pouvreté, mifère & ignominie, de nous profterner devant le Seigneur, & par la recognoiffance de noftre iniquité, impuiffance

& perdition, luy donner toute gloire de saincteté, vertu & salut.

Comment nous sommes restituéz à salut & vie.

PAR ceste cognoissance de nous, laquelle nous monstre nostre néant, si à bon esciant elle est entrée en noz cueurs, nous est faict facile accèz à avoir la vraye cognoissance de Dieu. Et plustost desjà luy-mesmes nous a ouvert comme une première porte en son royaume, quand il a destruict ces deux très-mauvaises pestes, à sçavoir est la sécurité contre sa vengeance & la faulse confiance de nous. Car lors nous commenceons à eslever les yeulx au ciel, lesquelz auparavant estoient fischéz & arrestéz en terre, & nous, qui reposions en nous-mesmes, souspirons au Seigneur. Et aussi, d'autre part, ce Père de miséricorde, combien que nostre iniquité méritoit bien autre chose, toutesfois selon sa bénignité inénarrable, il se monstre voluntairement à nous ainsi affligéz & estonnéz, & par telz moyens qu'il cognoift eftre expédient à noftre imbécillité, nous rappelle d'erreur à droicte voye, de mort à vie, de ruine à falut, du règne du diable à fon règne. Puys doncq que le Seigneur eftablift premièrement ce degré à tous ceulx qu'il luy plaift de remettre en l'héritage de la vie célefte, c'eft que eftans navréz par la confcience & chargé[z] du poix de leurs péchéz, [ilz] foient poinctz & picqués à avoir crainte de luy, il nous propofe au commencement fa Loy, laquelle nous exerce en cefte cognoiffance.

De la Loy du Seigneur.

EN la Loy de Dieu nous eft donnée une très-parfaicte reigle de toute juftice, laquelle par bonne rayfon on peult appeller l'éternelle volunté du Seigneur; car là il a pleinement & clairement comprins en deux tables tout ce qu'il requiert de nous. En la première il nous a prefcript

en peu de commandemens [ce] qui eſt le
ſervice de ſa majeſté lequel luy eſt aggréable.
En l'autre, qui ſont les offices de charité
leſquelz ſont deu[b]x au prochain. Oyons
la doncques, & après nous verrons quelle
doctrine il nous en fault prendre & pareillement quel fruict nous en debvons recueillir.

EXODE .20.

*Je ſuys le Seigneur ton Dieu, qui t'ay tyré
hors de la terre d'Egypte & de la mayſon de
ſervitude. Tu n'auras point de dyeux eſtrangiers devant ma face.*

LA première partie de ce commandement
eſt comme une préface ſur toute la Loy :
car quand il ſe prononce eſtre le Seigneur
noſtre Dieu, il ſe déclaire eſtre celuy qui
a droict de commander & au commandement duquel obéiſſance eſt deue, ainſi
comme il dict par ſon prophète : « Si je
ſuis Père, où eſt l'amour ? Si je ſuis Seigneur,
où eſt la crainte ? » Pareillement il mect en
mémoyre ſon bénéfice par lequel noſtre

ingratitude foit convaincue, fi nous n'obéiffons à fa voix. Car par telle bénignité qu'il a une fois retyré le peuple judaïque de la fervitude de Egipte, auffi pareillement il délivre tous fes ferviteurs de la perpétuelle Egypte des fidèles, c'eft-à-dyre de la puiffance de péché.

Ce qu'il deffend d'avoir des dieux eftrangiers fignifie que de tout ce qui eft propre à Dieu nous n'en attribu[i]ons rien à autre que à luy. Et il adjoufte: « devant fa face », affin qu'il déclaire qu'il veult eftre recogneu pour Dieu, non feulement par confeffion extérieure, mais en pure vérité du dedans du cueur. Or, ces chofes font propres à Dieu feul & lefquelles ne peuvent eftre transférées à aultre fans les ravir à Dieu, c'eft à fçavoir que nous adorions luy feul, que nous nous appuyons en luy de toute noftre confiance & efpérance, que nous recognoiffions venir de luy quelconque chofe qui foit bonne & fainéte, & que nous luy rendions la louange de toute bonté & fainéteté.

Tu ne te feras image, ne semblance aucune des choses qui sont au ciel làs sus, ou en la terre çà bas, ou ès eaulx qui sont soubz la terre. Tu ne leur feras inclination & ne les honoreras.

COMME par le précédant commandement il se est prononcé estre ung seul Dieu, ainsi maintenant il dénonce quel il est & comment il doibt estre servy & honoré. Il deffend doncques que nous ne luy contrefaisions nulle semblance; de laquelle chose il rend rayson au Deutéronome, 4ᵉ chapitre, & en Esaye 40 : c'est à sçavoir que l'esperit n'a rien semblable avec le corps. Et davantaige il deffend que nous ne honorions aucune image pour religion. Apprenons doncq de ce commandement que le service & honneur de Dieu est spirituel; car comme il est esperit, ainsi requiert-il estre servi & honoré en esperit & vérité, *Jehan* 4. Il adjouste après une horrible menace, par laquelle il déclare combien griefvement il est offensé par la transgression de ce commandement.

b

Car je suis le Seigneur ton Dieu, puissant, jaloux, visitant l'iniquité des pères sur les enfans en la tierce & quarte génération en ceulx qui me hayssent, & faysant miséricorde en mille générations à ceulx qui m'ayment & gardent mes commandemens.

CECY est autant comme s'il disoit qu'il est seul auquel nous nous debvons arrester, & qu'il ne peult souffrir compaignon, mesmes qu'il vengera sa majesté & gloire, si aulcuns la transfèrent aux images ou à autre chose; & non pas cela une fois seulement, mais aux pères, enfans & nepveuz, c'est-à-dire en tous temps, comme aussi perpétuellement il manifeste sa miséricorde & bénignité à ceulx qui ont amour à luy & gardent sa Loy. En quoy il nous déclare la grandeur de sa miséricorde, laquelle il estend en mille générations, où seulement il a assigné quatre générations à sa vengeance.

Tu ne prendras point le nom du Seigneur ton Dieu en vain, car le Seigneur ne tiendra point pour innocent celluy qui aura prins le nom du Seigneur son Dieu en vain.

Icy il deffend que nous ne abusions de son sainct & sacré nom en juremens pour confirmer ou choses vaines ou mensonges, car les juremens doyvent servir, non pas à nostre plaisir & volupté, mais à juste nécessité, quand la gloire du Seigneur est à maintenir, ou qu'il fault affermer quelque chose qui tend à édification. Et du tout il défend que nous ne pollu[i]ons en aucune chose son sainct & sacré nom, mais que pluftoft nous le prenions révéremment avec toute dignité, selon que sa saincteté requiert, soit que nous jurions, ou en quelque propoz que nous tenions de luy. Et puisque le principal usage de usurper ce nom gist en invocation d'icelluy, entendons qu'elle nous est icy commandée. Finalement il dénonce icy punition, affin que ceulx ne se pensent povoir eschapper sa vengeance lesquelz auront prophané la saincteté de son nom par parjures & autres blasphèmes.

Aye souvenance du jour du repos pour le sainctifier. Six jours tu travailleras & feras toute ton œuvre ; le septiesme, c'est le repoz du Seigneur ton Dieu. Tu ne feras aucune tienne œuvre, ne toy, ne ton filz, ne ta fille, ne ton serviteur, ne ta chambrière, ne ton bestial, ne l'estrangier qui est dedans tes portes. Car en six jours Dieu fit le ciel & la terre & la mer & toutes les choses qui sont en iceulx, & le septiesme jour il se reposa : pourtant il a bénist le jour du repoz & l'a sainctifié.

Nous voyons qu'il y a eu trois causes d'ordonner ce commandement. Car premièrement le Seigneur a voulu, soubz le repos du septiesme jour, figurer au peuple d'Israël le repoz spirituel par lequel les fidèles doyvent cesser de leurs propres œuvres, affin de laisser œuvrer le Seigneur en eulx-mesmes. Secondement il a voulu qu'il y eust un certain jour ordonné, auquel ilz s'assemblassent pour ouyr sa Loy & faire ses cérémonies. Tiercement il a voulu estre permis un jour de repoz aux serviteurs & à ceulx qui vivent soubz la puyssance de autruy, affin qu'ilz euſſent quelque relachement de leur labeur, combien que cecy ſoit pluſtoſt une dépendence que rayſon principale.

Quant à la première cauſe, il n'y a point de doubte qu'elle n'ait ceſſé en Chriſt; car il eſt la vérité par la préſence de laquelle toutes figures ſe eſvanouiſſent; il eſt le corps par l'advénement duquel toutes umbres ſont délaiſſées. Pourtant S. Paul, *Coloſſ.* 2, afferme le ſabbath avoir eſté umbre de la choſe future; la vérité duquel il déclare ailleurs, quand aux Rom. 6, il nous enſeigne que nous ſommes enſevelis avec Chriſt, affin que par ſa mort nous mourions à la corruption de noſtre chair. Et cela ſe faict non pas en ung jour, mais par tout le cours de noſtre vie, juſques à ce que, du tout mors en nous-meſmes, nous ſoyons remplis de la vie de Dieu. Doncq l'obſervation ſuperſtitieuſe des jours doibt eſtre loing des chreſtiens.

Mais — parce que les deux dernières cauſes ne doibvent pas eſtre anombrées aux umbres anciennes, mais appartiennent esgallement à tous eages, — le sabbath estant abrogué, toutesfois encores entre nous cecy a lieu que nous convenions en certains jours pour ouyr la parolle de Dieu, pour la fraction du pain de la Cène & pour les orayfons publiques; davantaige affin que aux ferviteurs & ouvriers foit donné relachement de leur labeur. Car, felon qu'eft noftre infirmité, cela ne fe peult obtenir que telles affemblées fe facent tous les jours. Pour laquelle chofe le jour obfervé par les Juifz a efté ofté (ce qui eftoit expédient pour abolir la fuperftition), & un aultre jour a efté deftiné à ceft ufage, ce qui eftoit néceffaire pour retenir & conferver ordre & paix en l'Eglife.

Comme doncques aux Juifz eftoit donnée la vérité foubz figure, ainfi elle nous eft démonftrée fans umbre. C'eft, premièrement, qu'en toute noftre vie nous méditions ung perpétuel fabbath de noz œuvres, affin que le Seigneur œuvre en nous par fon efperit. Secondement, affin que nous gardions l'ordre légittime de l'Eglife pour ouyr la parolle de Dieu, pour l'adminiftration des facremens & pour les orayfons publiques. Tiercement, affin que nous ne opprimions inhumainement de labeur ceulx qui nous font fubjectz.

Honore ton père & ta mère, affin que tes jours foient prolongéz fur la terre, laquelle le Seigneur ton Dieu te donnera.

PAR cecy nous eft commandée la piété envers noz pères & mères & ceulx qui font conftituéz fur nous en mefme degré, comme les princes & magiftratz ; c'eft à fçavoir que nous leur facions toute révérence, obéiffance & recognoiffance, & tous les fervices qu'il nous eft poffible ; car cefte eft la volunté du Seigneur, que nous rend[i]ons le femblable à ceulx qui nous ont mis en cefte vie. Et ne peult challoir s'ilz font dignes ou indignes que ceft honneur leur foit porté, car quelz qu'ilz foient ilz nous font donnéz pour père & mère par le Seigneur, lequel a voulu qu'on les honore. Mais il fault auffi noter cecy incidemment, c'eft qu'il ne nous eft pas commandé de leur obéir, sinon en Dieu. Pourtant il ne fault pas, pour leur complaire, transgresser la Loy du Seigneur, car s'ilz nous commandent rien contre Dieu, en ce nous ne les devons pas réputer pour père & mère, mais comme estrangiers, lesquelz nous veullent retirer de l'obéissance de nostre vray Père. Et cestuy-cy est le premier commandement avec promesse (comme dict S. Paul aux Ephés. 6) par laquelle, quand le Seigneur promect bénédiction de la présente vie aux enfans qui auront servy & honoré leurs pères & mères par telle observation qu'il est convenable, pareillement il déclare que très-certaine malédiction est preste à ceulx qui leur sont rebelles & désobéissans.

Tu ne tueras point.

ICY nous est interdicte toute violance & injure, & généralement toute offense par laquelle le corps du prochain puisse estre blessé. Car si nous avons souvenance que l'homme est faict à l'ymage de Dieu, nous le debvons avoir pour sainct & sacré, en telle manière qu'il ne puisse estre violé, qu'en luy aussi l'image de Dieu ne soit violée.

Tu ne paillarderas point.

Icy le Seigneur nous deffend toute espèce de luxure & impudicité. Car le Seigneur a conjoinct l'homme à la femme par la seule loy de mariage, & comme ceste société est conjoincte par son auctorité, aussi il l'a sanctifiée de sa bénédiction ; dont il appert que toute aultre conjonction que de mariage est mauldicte devant luy. Par quoy, ceulx qui n'ont le don de continence (lequel certes est singulier & ne gist pas en la puissance d'un chascun), qu'ilz subviennent à l'intempérance de leur chair par le remède honeste de mariage, car le mariage est entre tous honorable, mais Dieu condempnera les scortateurs & adultères, *Hébr.* 13.

Tu ne desroberas point.

Icy généralement est deffendu & prohibé que nous ne surprenions les biens l'un de l'aultre. Car le Seigneur veult que toutes rapines soient bien loing de son peuple, par lesquelles les imbécilles sont grevéz & oppresséz, & toutes tromperies par lesquelles l'innocence des simples est déceue. Par quoy si nous voulons conserver noz mains pures & innocentes de larcin, il ne nous fault pas moings abstenir de toutes finesses & cautelles que de ravissemens violans.

Tu ne diras point faulx tesmoignage contre ton prochain.

Icy le Seigneur condamne toutes mauldissons & injures, par lesquelles la renommée de nostre frère est blasmée, tous mensonges par lesquelz en quelque sorte que ce soit le prochain est blessé. Car si bonne renommée est plus précieuse que quelconque trésor, nous ne sommes pas à moindre dommaige despouilléz de l'intégrité de nostre renommée que de noz biens. Et souvant on ne proffite pas moins à ravir les biens du frère par faulx tesmoignages que par la rapacité des mains. Par quoy, comme par le précédant commandement, les mains font liées, ainfi eft la langue par ceftuy-cy.

Tu ne co[n]voicteras point la mayfon de ton prochain & ne défireras point fa femme, ne fon ferviteur, ne fa chamberière, ne fon beuf, ne fon afne, ne nulles des chofes qui font à luy.

PAR cecy le Seigneur mect comme une bride à toutes noz cupiditéz, lefquelles oultrepaffent les limites de charité. Car tout ce que les aultres commandemens deffendent de commectre par œuvre contre la reigle de dilection, ceftuy-cy deffend de le concevoir au cueur. Pourtant en ce commandement font condamnées hayne, envye, malveillance, tout ainfi comme auparavant homicide. L'affection lubrique & intérieure fouilleure du cueur font autant deffendues comme fcortations. Où par avant la rapacité & fineffe eftoit prohibée, icy l'eft avarice; où devant le mal dire a efté interdict, icy la malignité mefmes eft comprimée.

Nous voyons combien la ſentence de ce commandement eſt générale & combien elle s'eſtend au long & au large. Car le Seigneur requiert une affection merveilleuſe & ſouverainement bruſlante de l'amour des frères, laquelle certes il ne veult meſmes par aucune cupidité eſtre eſmeue contre le bien & proffit du prochain. Ceſte doncq eſt la ſomme de ce commandement: que nous devons eſtre tellement affectionnéz que nous ne ſoyons chatouilléz d'aucune cupidité contraire à la loy de dilection, & que nous ſoyons preſtz de rendre très-voluntiers à un chaſcun ce qui eſt ſien. Or il nous fault eſtimer envers un chaſcun que cela eſt ſien que nous ſommes tenuz de luy rendre du devoir de noſtre office.

La ſomme de la Loy.

OR noſtre Seigneur Jéſus Chriſt nous a aſſez déclairé à quoy tendent tous les commandemens de la Loy, quand il a enſeigné toute la Loy eſtre comprinſe en deux chappitres. Le premier eſt que nous aymions, de tout nostre cueur, de toute nostre âme & de toute nostre puissance, le Seigneur nostre Dieu. Le second est que nous aymions nostre prochain autant comme nous-mesmes. Laquelle interprétation il a prinse de la Loy mesme, car la première partie est au Deutéronome 6, & on voit l'autre au Lévitique 19.

Que c'est qu'il nous vient de la Loy seule.

VOILA l'exemplaire d'une juste & saincte vie, & mesme une très-parfaicte image de justice ; tellement que, si quelch'un exprime en sa vie la Loy de Dieu, il ne luy deffauldra rien devant le Seigneur de ce qui est requis à perfection. Pour laquelle chose testifier, non seulement il promect à ceulx qui auront accomply sa Loy ces grandes bénédictions de la vie présente, lesquelles sont récitées au Lévitique 26 & au Deutéronome 27, mais aussi la rémunération de la vie éternelle, *Lévitique* 18. D'autre part, il prononce vengeance de mort éternelle contre tous ceulx qui n'auront accomply par œuvres tout ce qui est en icelle commandé. Moyse aussi ayant publié la Loy, *Deutéronome* 30, prent à tesmoing le ciel & la terre qu'il avoit proposé au peuple le bien & le mal, la vie & la mort.

Mais combien qu'elle monstre la voye de vie, toutesfois il nous fault voir que c'est qu'elle nous peult proffiter par celle démonstration. Certes, si nostre volunté estoit toute formée & rangée à l'obéissance de la volunté divine, la seule cognoissance de la Loy plainement suffiroit à salut. Mais, puisque nostre nature charnelle & corrumpue bataille du tout contre la Loy spirituelle de Dieu & n'est en rien amendée par la doctrine d'icelle, il reste que la Loy mesmes, laquelle estoit donnée à salut si elle eust trouvé de bons & capables auditeurs, tourne en occasion de péché & mort. Car, puisque tous sommes convaincuz estre transgresseurs d'icelle, de tant que plus clairement elle nous manifeste la justice de Dieu, de tant plus elle nous descouvre d'autre part nostre iniquité. Derechief, de tant qu'elle nous tient surprins de plus grande transgression, pareillement elle nous rend coupables de plus grief jugement de Dieu; & la promesse de vie éternelle ostée, la seule malédiction nous reste, laquelle nous eschoit à tous par la Loy.

Que la Loy est un degré pour *venir à Christ.*

OR ce que l'iniquité & transgression de nous tous est convaincue par le tesmoignage de la Loy n'est pas pourtant faict affin que nous tombions en désespoir, & ayans le courage perdu, tresbuschions en ruine. Certes l'apostre, *Rom.* 3, tesmoigne que nous sommes tous damnéz par le jugement de la Loy, affin que toute bouche soit close & que tout le monde soit trouvé coupable devant Dieu. Toutesfois luy-mesme enseigne aultre part, *Rom.* 11, que Dieu a encloz tous soubz incrédulité, non pas pour les perdre ou pour les laiſſer périr, mais affin qu'il face miſéricorde à tous.

Le Seigneur doncques, après nous avoir par la Loy admoneſtéz de noſtre imbécillité & impurité, il nous conſole par la confiance de ſa vertu & miſéricorde, & ce en Chriſt ſon filz, par lequel il ſe démonſtre à nous bienvueillant & propice. Car il n'apparoiſt en la Loy ſinon rémunérateur de parfaicte juſtice, de laquelle nous ſommes tous du tout deſpourveuz, & d'aultre coſté juge entier & ſévère des péchéz. Mais en Chriſt ſa face reluiſt pleine de grace & bénignité, voyre envers les miſérables & indignes pécheurs ; car il a donné ceſt exemple admirable de ſa dilection infinie, qu'il a expoſé pour nous ſon propre filz & en luy nous a ouvert tous les tréſors de ſa clémence & bonté.

Que nous appréhendons *Chriſt par foy.*

COMME le Père miſéricordieux nous offre ſon Filz par la parolle de l'Evangille, ainſi nous l'embraſſons par foy & le recognoiſſons comme à nous donné. Vray eſt que la parolle de l'Evangille appelle tous en la participation de Chriſt, mais pluſieurs, aveugléz & endurcis par incrédulité, meſpriſent ceſte grace tant ſingulière. Les ſeulz fidèles doncques jouyſſent de Chriſt, leſquelz le reçoivent eſtant à eulx envoyé, ne le rejectent leur eſtant donné, & le ſuyvent eſtans appelléz de luy.

De l'élection & prédeſtination.

En une telle différence eſt à conſidérer néceſſairement le grand ſecret du conſeil de Dieu ; car la ſemence de la parolle de Dieu prent racine & fructifie en ceux-là ſeulement leſquelz le Seigneur par ſon élection éternelle a prédeſtiné pour ſes enfans & héretiers du royaulme céleſte. A tous les autres, qui par meſme conſeil de Dieu devant la conſtitution du monde ſont réprouvéz, la claire & évidente prédication de vérité ne peult eſtre aultre choſe, ſinon odeur de mort en mort. Or, pourquoy le

Seigneur use de sa miséricorde envers les uns & exerce la rigueur de son jugement envers les aultres, il nous en fault laisser la rayson estre cogneue de luy seul, laquelle il nous a voulu à tous estre célée, & non sans très-bonne cause. Car ne la rudesse de nostre esperit ne pourroit pas porter une si grande clarté, ne nostre petitesse ne pourroit pas comprendre une si grande sapience. Et, de faict, tous ceulx qui tacheront de s'eslever jusques-là & ne vouldront réprimer la témérité de leur esperit, ilz expérimenteront estre véritable ce que Salomon dict, *Prover.* 25, que celluy qui vouldra enquérir la majesté sera opprimé par la gloire. Seulement ayons cela résolu en nous, que celle dispensation du Seigneur, combien qu'elle nous soit cachée, ce néantmoins elle est saincte & juste; car s'il vouloit perdre tout le genre humain, il a droict de le faire, & en ceux qu'il retire de perdition, on ne peult rien contempler que sa souveraine bonté. Doncques recognoissons les éleuz estre vaisseaux de sa miséricorde (ainsi que vrayement ilz sont), & les réprouvéz estre vaisseaux de son ire, laquelle toutesfois n'est que juste.

Prenons des uns & des autres argument & matière d'exalter sa gloire. Et d'autre part aussi (ce qui est accoustumé de advenir à plusieurs), ne cherchons pas, pour confirmer la certitude de nostre salut, de pénétrer jusques dedans le ciel, & de enquérir que c'est que Dieu a, dèz son éternité, conclud de faire de nous (laquelle cogitation ne peult que nous agiter par une misérable angoisse & perturbation); mais soions contens du tesmoignage par lequel il nous a souffisamment & amplement confirmé celle certitude. Car, comme en Christ sont éleuz tous ceulx lesquelz ont esté préordonnéz à vie devant que les fondemens du monde ayent esté constituéz, aussi il est celluy auquel le gaige de nostre élection nous est présenté, si nous le recevons & embrassons par foy. Car qu'est-ce que nous cherchons en élection, sinon que nous soyons participans de la vie éternelle? Et nous avons icelle en Christ, lequel estoit la vie dès le commancement, & nous est proposé à vie à celle fin que tous ceulx qui croyent en luy ne périssent point, mais jouyssent de la vie éternelle. Si doncq, en possédant Christ par foy, pareillement nous possédons en luy la vie, nous n'avons que faire de oultre rien enquérir du conseil éternel de Dieu; car Christ n'est pas seulement un miroir par lequel la volunté de Dieu nous soit représentée, mais un gaige par lequel elle nous est comme seellée & confirmée.

Que c'est que la vraye foy.

IL ne fault pas estimer que la foy chrestienne soit une nue & seule cognoissance de Dieu, ou intelligence de l'Escripture, laquelle voltige au cerveau sans toucher le cueur; telle qu'a acoustumé d'estre l'opinion des choses lesquelles nous sont confirmées par quelque probable raison. Mais c'est une ferme & solide confiance de cueur, par laquelle nous arrestons seurement en la miséricorde de Dieu qui nous eſt promiſe par l'Evangile. Car ainſy la diffinition de la foy doibt eſtre prinſe de la ſubſtance de la promeſſe, laquelle foy tellement s'appuye ſur ce fondement, que, iceluy oſté, incontinant elle ruineroit ou plus toſt s'eſvanoiroit. Pourtant quand le Seigneur, par la promeſſe évangélique, nous préſente ſa miſéricorde, ſi, certainement & ſans nulle héſitation, nous nous confions en luy qui faict la promeſſe, nous ſommes dictz appréhender ſa parolle par foy. Et ceſte diffinition n'eſt point diverſe de celle de l'apoſtre, *Héb.* 11, en laquelle il enſeigne la foy eſtre la ſubſiſtence des choſes à eſpérer & la démonſtrance des choſes non apparentes ; car il entend une certaine & ſeure poſſeſſion des choſes qui ſont promiſes de Dieu & une évidence des choſes non apparentes, c'eſt à ſçavoir de la vie éternelle, de laquelle nous concevons eſpoir par la confiance de la divine bonté qui nous eſt offerte par l'Evangile. Or, comme ainſi ſoit que toutes les promeſſes de Dieu ſoient en Chriſt confirmées &, par manière de dire, tenues & accomplies, il appert sans doubte que Christ est le perpétuel object de la foy, auquel elle contemple toutes les richesses de la miséricorde divine.

Que la foy est don de Dieu.

SI nous considérons droictement en nous-mesmes combien nostre pensée est aveugle aux secretz célestes de Dieu, & combien nostre cueur a grande deffiance en toutes choses, nous ne doubterons point que la foy ne surmonte beaucoup toute la vertu de nostre nature, & qu'elle ne soit un singulier & précieux don de Dieu. Car, comme S. Paul, 1. *Corinth.* 2, argue: si personne ne peult estre tesmoing de la volunté humaine, sinon l'esperit de l'homme qui est en luy, comment l'homme seroit-il certain de la volunté divine? Et si la vérité de Dieu en nous vacille, mesmes en ces choses lesquelles nous voyons à l'oueil, comme seroit-elle ferme & stable où le Seigneur promect les choses que l'oueil ne voit & l'entendement de l'homme ne comprent point?

Doncques il n'y a point de difficulté que la foy ne foit une clarté du Sainct Esperit, par laquelle noz entendemens foient efclairéz & noz cueurs confirméz en une certaine perfuafion, laquelle foit affeurée la vérité de Dieu eftre tant certaine qu'il ne puiffe ne accomplir point ce que par fa saincte parolle il a promis qu'il feroit. Pour cefte caufe, 2. *Corinth.* 1 & *Ephéf.* 1, le S. Efperit eft appellé comme une arre, laquelle confirme en noz cueurs la certitude de la vérité divine, & un feau par lequel noz cueurs font feelléz en l'actente du jour du Seigneur. Car il eft celluy qui teftifie à noftre efperit que Dieu eft noftre Père & que pareillement nous fommes fes enfans, *Rom.* 8.

Que nous fommes juftifiéz en Chrift par foy.

Puisqu'il eft manifefte que Chrift eft le perpétuel object de la foy, nous ne povons autrement cognoiftre que c'eft que nous recevons par la foy, finon que nous regardions en luy. Or il nous a pourtant esté donné du Père affin que nous obtenions en luy vie éternelle, comme il dict, *Jeh.* 17, ce estre la vie éternelle que cognoistre un Dieu le Père, & celluy qu'il a envoyé Jésus Christ. Et derechief, *Jehan* 11 : Qui croira en moy jamais ne mourra, & s'il est mort, il vivra. Toutesfois, affin que cecy se face, il fault que nous, qui sommes contaminéz de taches de péché, soions nectoiéz en luy, car rien de souillé n'entrera au royaume de Dieu. Il nous faict doncques ainsi participans de foy, affin que nous, qui sommes en nous pécheurs, soyons par sa justice réputéz justes devant le throsne de Dieu. Et, en ceste manière, estans despouilléz de nostre propre justice nous sommes vestuz de la justice de Christ, & estans injustes par noz œuvres nous sommes justifiéz par la foy de Christ.

Car nous sommes dictz estre justifiéz par foy, non pas que nous recevions dedans nous quelque justice, mais parce que la justice de Christ nous est attribuée, tout ainsi que si elle estoit nostre, nostre propre iniquité ne nous estant point imputée.

Tellement qu'on peult en un mot vrayement appeller ceste justice la rémission des péchéz; ce que l'apostre déclaire évidemment, quand souventesfois il compare la justice des œuvres avec la justice de la foy & enseigne l'une estre destruicte par l'autre, *Rom.* 10, *Philip.* 3. Or nous verrons au Symbole par quelle manière Christ nous a mérité ceste justice & en quoy elle gist, auquel symbole toutes les choses sur lesquelles nostre foy est fondée & appuyée sont récitées par ordre.

Que par la foy nous sommes *sainctifiéz pour obéir à la Loy.*

COMME Christ par sa justice intercède pour nous envers le Père, affin que, luy estant comme nostre pleige, nous soions réputéz pour justes, ainsi, par la participation de son esperit, il nous sanctifie à toute pureté & innocence. Car l'esperit du Seigneur s'est reposé sur luy sans mesure, l'esperit (dis-je) de sapience, d'intelligence, de conseil, de force, de science & crainte du Seigneur, affin que nous tous puyſions de ſa plénitude & recevions grâce pour la grâce qui luy a eſté donnée. Ceulx doncques ſe déçoyvent qui ſe glorifient de la foy de Chriſt eſtans du tout deſtituéz de la ſanctification de ſon eſperit; car l'Eſcripture enſeigne Chriſt nous eſtre faict non ſeulement juſtice, mais auſſi ſanctification. Pourtant ſa juſtice ne peult eſtre receue de nous par foy, que nous n'embraſſions pareillement celle ſainctification; car le Seigneur, par une meſme alliance, laquelle il a faict avecques nous en Chriſt, promect qu'il ſera propice à noz iniquitéz & qu'il eſcripra ſa Loy en noz cueurs, *Jérémie* 3 1, *Héb.* 8 & 10.

Ce n'eſt doncq pas une œuvre de noſtre puiſſance que l'obſervation de la Loy, mais c'eſt œuvre de vertu ſpirituelle, par laquelle ſe faict que noz cueurs ſont nectoyéz de leur corruption & ſont amoliz pour obéir à juſtice. Or maintenant l'uſage de la Loy eſt bien aultre aux chreſtiens qu'il puiſſe eſtre ſans foy; car où le Seigneur a engravé en noz cueurs l'amour de ſa juſtice, la doctrine extérieure de la Loy (laquelle seulement auparavant nous accusoit d'imbécillité & de transgression), est maintenant une lampe pour guider noz piedz, affin que ne desvoions du droict chemin; nostre sagesse par laquelle nous soions formez, instituez & encouragez à toute intégrité; nostre discipline laquelle ne nous seuffre estre dissoluz par licence mauvaise.

De pénitence & régénération.

IL est desjà facile à entendre de cecy pourquoy la pénitence est tousjours conjoincte avec la foy de Christ, & pourquoy le Seigneur afferme, *Jeh.* 3, que nul ne peult entrer au royaume des cieulx, sinon celluy qui aura esté régénéré. Car pénitence signifie conversion par laquelle, la perversité de ce monde délaissée, nous retournons en la voye du Seigneur. Or, comme Christ n'est point ministre de péché, aussi après nous avoir purgé des macules de péché, il ne nous vest pas pourtant de la participation de sa justice, affin que par après nous profanions une si grande grâce par nouvelles taches, mais affin que, estans adoptéz pour enfans de Dieu, nous consacrions nostre vie pour l'advenir à la gloire de nostre Père.

L'effect de ceste pénitence dépend de nostre régénération, laquelle consiste en deux parties, sçavoir est en la mortification de nostre chair, c'est-à-dire de la corruption qui est engendrée avec nous, & en la vivification spirituelle par laquelle la nature de l'homme est restaurée en intégrité. Il nous fault doncques toute nostre vie méditer que, estans mors à péché & à nous-mesmes, nous vivions à Christ & sa justice. Et veu que ceste régénération n'est jamais accomplie tant que nous sommes en la prison de ce corps mortel, il fault que le soing de pénitence nous soit perpétuel jusques à la mort.

Comment la justice des bonnes *œuvres & de la foy conviennent ensemble.*

IL n'y a nulle doubte que les bonnes œuvres, lesquelles procèdent d'une telle pureté de conscience, ne soient agréables à Dieu, car puisqu'il recognoist en nous sa justice, il ne peult qu'il ne l'approuve & prise. Toutesfois il se fault bien souigneusement garder que nous ne soions tellement transportéz par la vaine confiance d'icelles bonnes œuvres, que nous oublions que sommes justifiéz par la seule foy de Christ; car il n'y a nulle justice des œuvres devant Dieu, sinon celle qui corresponde à sa justice. Par quoy il ne suffit que celluy qui cherche estre justifié par œuvres produise certaines bonnes œuvres, mais il luy est nécessaire qu'il apporte une parfaicte obéissance de la Loy, de laquelle certes ceulx sont encores très-loing lesquelz par dessus tous les aultres ont le mieulx proffité en la Loy du Seigneur.

Davantaige, encores que la justice de Dieu se voulust contenter qu'il luy feust satisfaict par une seule bonne œuvre, le Seigneur toutesfois ne trouveroit pas mesme une seule bon[ne] œuvre en ses sainctz, à laquelle, pour mérite qui y feust, il donnast louange de justice. Car, combien que cecy puisse sembler estre merveilleux, toutesfois si est-il très-véritable, c'est qu'il ne sort nulle œuvre de nous laquelle soit consommée d'entière perfection & qui ne soit infecte de quelque tache. Par quoy, veu que nous sommes tous pécheurs & garnis de plusieurs restes de péchez, il fault que nous soions justifiéz hors de nous ; c'est-à-dire que nous avons tousjours affaire de Christ, par la perfection duquel nostre imperfection soit couverte, par la pureté duquel nostre immundicité soit lavée, par l'obéissance duquel nostre iniquité soit effacée, finalement pour la justice duquel justice nous soit imputée gratuitement, sans nulle considération de noz œuvres qui ne sont pas nullement de telle valleur qu'elles puissent subsister au jugement de Dieu. Mais quand noz macules, lesquelles autrement pouvoient contaminer devant Dieu noz œuvres, sont ainsi couvertes, le Seigneur ne regarde rien en icelles, sinon une entière pureté & saincteté. Pourtant il les honore de grands tiltres & louanges, car il les appelle & les répute justice & leur promect une très-ample rémunération. Finalement il nous fault ainſi en ſomme arreſter que la ſociété de Chriſt vault tant que, pour rayſon d'icelle, nous ne ſommes pas ſeulement receuz pour juſtes gratuitement, mais noz œuvres meſmes ſont réputées juſtices & ſont récompenſées de loyer éternel.

Le Simbole de la Foy.

DESSUS a eſté dict que c'eſt que nous obtenons en Chriſt par foy. Maintenant oyons que c'eſt que noſtre foy doibt regarder & conſidérer en Chriſt pour ſe confirmer. Or cela eſt expliqué au Symbole (ainſi qu'on l'appelle); c'eſt à ſçavoir comment Chriſt nous a eſté faict du Père ſapience, rédemption, vie, juſtice, ſainctification. Et il ne peult pas guaires challoir par quel autheur ou autheurs ait eſté compoſé ce ſommaire de la foy, lequel ne contient du tout rien de doctrine humaine, ains eſt recueilly de très-certains teſ-

moignages de l'Escripture. Mais affin que ce que nous nous confessons croyre au Père, Filz & Sainct Esperit ne trouble personne, il en fault premièrement un peu parler. Quand nous nommons le Père, Filz & S. Esperit, nous ne nous imaginons point trois Dieux, mais l'Escripture & l'expérience mesme de piété nous monstre en la très-simple essence de Dieu, le Père, son Filz & son Esperit. Tellement que nostre intelligence ne peult concevoir le Père, que pareillement elle ne comprene le Filz auquel sa vive image reluist, & l'Esperit auquel apparoist sa puissance & vertu. Doncques arrestons-nous fichéz de toute la pensée de nostre cueur en un seul Dieu: toutesfois cependant contemplons le Père avec le Filz & son Esperit.

Je croy en Dieu, le Père tout-puissant, créateur du ciel & de la terre.

PAR ces parolles nous ne sommes pas simplement enseignéz de croyre que Dieu est, mais plustost de cognoistre quel est nostre Dieu, & de nous confier d'estre au nombre de ceulx ausquelz il promect qu'il sera Dieu & lesquelz il reçoit pour son peuple. Toute puissance luy est attribuée, par quoy il est signifié qu'il administre toutes choses par sa providence, les gouverne par sa volunté & les conduict par sa vertu & puissance. Quand il est nommé créateur du ciel & de la terre, il fault avec cela entendre que perpétuellement il entretient, souftient & vivifie tout ce qu'il a une fois créé.

Et en Jésus Christ, son seul Filz, nostre Seigneur.

CE que nous avons par avant enseigné, que Christ est le propre object de nostre foy, apparoist facilement de ce que toutes les parties de nostre salut sont icy représentées en luy. Nous l'appellons Jésus, duquel tiltre il a esté honoré par révélation céleste, car il a esté envoyé pour sauver son peuple de leurs péchéz. Pour laquelle raison l'Escripture afferme, *Act.* 4, qu'il n'a point esté

leur faille obtenir salut. Le tiltre de Christ signifie qu'il a esté pleinement arrousé de toutes les grâces du S. Esperit, lesquelles en l'Escripture sont désignées par le nom d'huille, pourtant que sans icelles nous défaillons comme secz & stériles.

Or il a, par ceste unction, esté constitué Roy de par le Père, pour se assubjectir toute puissance au ciel & en la terre, affin que nous feussions en luy roys, ayans domination sur le diable, péché, mort & enfer. Secondement, il a esté constitué Sacrificateur, pour nous appaiser & réconcilier le Père par son sacrifice, affin que nous feussions en luy sacrificateurs, offrans au Père prières, actions de grâces, nous-mesmes & toutes choses nostres, l'ayans pour nostre intercesseur & médiateur. Oultre cela, il est dict Filz de Dieu, non pas comme les fidèles par adoption & grâce seulement, mais vray & naturel, & pourtant seul & unique, affin qu'il soit discerné des aultres. Et il est nostre Seigneur, non pas seulement selon sa divinité, laquelle de toute éternité il a eu une avec le Père.

a esté manifesté. Car, comme dict S. Paul, 1. *Corinth.* 8 : Il y a un seul Dieu duquel sont toutes choses, & un seul Seigneur Jésus Christ par lequel sont toutes choses.

Qui a esté conceu du sainct Esperit, né de la vierge Marie.

Nous avons icy comment le Filz de Dieu nous a esté faict Jésus, c'est-à-dyre Sauveur, & Christ, c'est-à-dire oinct pour Roy qui nous conservast, & pour Sacrificateur qui nous réconciliast avec le Père. Car il a vestu nostre chair, affin que estant faict Filz d'homme il nous fist avec soy filz de Dieu, & que ayant receu sur soy nostre pouvreté il nous transférast ses richesses, ayant prins nostre imbécillité il nous confirmast de sa vertu, ayant receu nostre mortalité qu'il nous donnast son immortalité, estant descendu en terre qu'il nous eslevast au ciel.

Il est né de la vierge Marie, affin qu'il feust recogneu le vray Filz de Abraham & de David, qui avoit esté promis en la loy &

aux prophètes, & vray homme, en toutes choses semblable à nous excepté seulement péché, qui ayant esté tenté de toutes noz infirmitéz aprint d'en avoir compassion. Luy-mesmes toutesfois a esté conceu au ventre de la vierge par la vertu du S. Esperit merveilleuse & inénarrable à nous, affin qu'il ne nasquist entaché d'aucune corruption charnelle, mais sainctifié de souveraine pureté.

A souffert soubz Ponce Pilate, a esté crucifié, mort & ensevely, est descendu aux enfers.

PAR ces parolles nous sommes enseignéz comment il a parfaict nostre rédemption pour laquelle il estoit né homme mortel, car, parce que Dieu estoit provoqué à ire par la désobéissance de l'homme, il l'a effacée par son obéissance, se rendant obéissant au Père jusques à la mort. Et il s'est offert par sa mort au Père en sacrifice, affin que la justice d'icelluy feust pacifiée une fois pour tous temps, affin que tous les fidèles feussent sainctifiéz éternellement, affin que éternelle satisfaction feust accomplie. Il a espandu son sacré sang pour le pris de nostre rédemption, affin que la fureur de Dieu enflambée contre nous feust esteincte & que nostre iniquité feust purgée.

Mais il n'y a rien en celle rédemption qui soit sans mystère. Il a souffert soubz Ponce Pilate, lors juge du païs de Judée, par la sentence duquel il a esté condampné comme criminel & malfaicteur, affin que par ceste condemnation nous feussions délivréz & absoulx au consistoire du grand Juge. Il a esté crucifié, affin de soustenir en la croix, qui estoit mauldicte en la Loy de Dieu, nostre malédiction, laquelle noz péchéz méritoient. Il est mort, affin de vaincre par sa mort la mort, laquelle nous estoit contraire, & de l'engloutir, laquelle autrement nous eust tous engloutiz & dévoréz. Il a esté ensevely, affin que estans participans de luy par l'efficace de sa mort, nous soions ensevelis à péché, estans délivréz de la puissance du diable & de la mort. Ce qu'il est dict estre descendu aux enfers signifie qu'il a esté affligé de Dieu, & qu'il a soustenu & sentu la rig[u]eur horrible de son jugement pour s'opposer à son ire & satisfaire à sa justice pour nous; ainsi souffrant & portant les peines qui estoient deues à nostre iniquité, non pas à luy qui oncques n'eut péché ne macule.

Non pas que le Père ait jamais esté courroucé à luy, car comment se feust-il indigné contre son Filz bien aymé, auquel il a prins son bon plaisir ? Ou comment luy, eust-il par son intercession appaisé le Père, lequel il eust eu courroucé ? Mais il est dict avoir soustenu la pesanteur de l'ire de Dieu en ce sens, c'est à sçavoir pour autant que, estant frappé & affligé de la main de Dieu, il a sentu tous signes de courroux & vengeance de Dieu jusques à estre contraint de crier en angoisse : « Mon Dieu, mon Dieu, pourquoy m'as-tu délaissé ? »

Au tiers jour est resuscité des mors, est monté ès cieulx, est assis à la dextre de Dieu le Père tout puissant : de là viendra juger les vifz & les mors.

DE sa résurrection nous povons prendre certaine confiance de obtenir victoire de la domination de la mort ; car comme il n'a peu estre détenu par les doleurs d'icelle, mais est venu au dessus de toute sa puissance, ainsi il a tellement brisé toutes ses pointes qu'elles ne nous puissent desjà plus poindre mortellement. Sa résurrection doncques est premièrement la très-certaine vérité, substance & fondement de nostre résurrection à venir ; secondement aussi de la vivification présente par laquelle nous sommes suscitéz en nouveauté de vie. Par son ascension au ciel, il nous a ouvert l'entrée au royaume des cieulx, qui nous estoit à tous close en Adam ; car il est entré au ciel en nostre chair, comme en nostre nom, tellement que desjà en luy nous possédons le ciel par espérance & mesmes sommes assiz aux lieux célestes. Et il n'est pas là sans nostre grand bien, mais pluftost, selon l'office de sacrificateur éternel estant entré au sanctuaire de Dieu non point faict de main d'homme, il se représente perpétuel advocat & médiateur pour nous.

Ce qu'il est dict maintenant estre assiz à la dextre du Père, premièrement signifie qu'il est constitué & déclairé roy, maistre & seigneur sur toutes choses, affin que par sa vertu il nous conserve & maintiene tellement que son règne & sa gloire est nostre force, vertu & gloire contre les enfers. Secondement il signifie qu'il a receu toutes les grâces du S. Esperit pour les dispenser, desquelles il enrichist ses fidèles. Pourtant combien que eslevé au ciel il ait osté la présence de son corps de devant noz yeulx, toutesfois il ne cesse point d'assister par ayde & puissance à ses fidèles & de leur monstrer une vertu manifeste de sa présence; ce que aussi il a promis disant : « Voycy je suis avec vous jusques à la consommation du monde. » Finalement s'ensuyt qu'il descendra de là en forme visible telle qu'on le y a veu monter, c'est à sçavoir au dernier jour, auquel il apparoistra à tous en la majesté incompréhensible de son règne pour juger les vifz & les mors (c'est-à-dire ceulx lesquelz ce jour-là surprendra vivans & ceulx lesquelz auparavant seront mors), rendant à tous selon leurs œuvres, comme un chascun par ses œuvres se sera approuvé estre fidèle ou infidèle. Et de cecy revient à nous une singulière consolation, que nous entendons le jugement eſtre commis à celluy duquel l'advénement ne nous peult eſtre ſinon à ſalut.

Je croy au ſainēt Eſperit.

QUAND nous ſommes enſeignéz de croire au S. Eſperit, pareillement auſſi il nous eſt commandé d'attendre de luy ce qui luy eſt attribué en l'Eſcripture. Car Chriſt œuvre par la vertu de ſon Eſperit tout ce qui eſt de bon quelque part que ce ſoit; par elle il faict, ſouſtient, entretient & vivifie toutes choſes; par elle il nous juſtifie, ſainctifie, purge, appelle & tire à ſoy, affin que nous obtenions ſalut. Pourtant le S. Eſperit, quand en ceſte manière il habite en nous, eſt celluy qui nous eſclaire de ſa lumière affin que nous apprenions & pleinement cognoiſſions combien grandes richeſſes de la divine bonté nous poſſédons en Chriſt, [celluy] qui enflamme noz cueurs du feu de ardente charité de Dieu & du prochain, & tous les jours de plus en plus mortifie & conſomme les vices de noſtre concupiſcence, tellement que, s'il y a en nous quelques bonnes œuvres, ce sont les fruictz & les vertus de sa grâce; & sans luy il n'y a en nous que ténèbres d'entendement & perversité de cueur.

Je croy la saincte Eglise universelle, la communion des sainctz.

Nous avons desjà veu la fontaine dont sort l'Eglise, laquelle nous est icy proposée à croire à ceste fin que nous ayons confiance que tous les éleuz, par le lyen de la foy, sont conjoinctz en une Eglise & société & en un peuple de Dieu, duquel Christ nostre Seigneur est le conducteur & prince, & chief comme d'un corps, ainsi que en luy ilz ont esté éleuz devant la constitution du monde, affin qu'ilz feussent tous assembléz au royaulme de Dieu. Ceste société est catholique, c'est-à-dire universelle, car il n'y en a point deux ou trois; mais tous les éleuz de Dieu sont tellement unis & conjoinctz en Christ, que, comme ilz dépendent d'un chief, ainsi ilz croissent comme en un corps, estans adhérans entre eulx l'un à l'autre d'une telle composition comme les membres d'un mesme corps, estans vrayement faictz un, en tant qu'en une mesme foy, espérance & charité ilz vivent d'un mesme esperit de Dieu, appelléz à un mesme héritage de vie éternelle. Elle est aussi saincte, car tous ceulx qui sont éleuz par l'éternelle providence de Dieu, à ce qu'ilz feussent adoptéz comme membres de l'Eglise, sont tous sainctifiéz du Seigneur par régénération spirituelle.

La dernière particule explique encores plus clairement quelle est ceste Eglise, c'est à sçavoir que tant vault la communion des fidèles, que, de quelconque don de Dieu que un d'eulx ait receu, tous en sont faictz aucunement participans ; combien que par la dispensation de Dieu ce don soit péculièrement donné à un & non pas aux aultres. Tout ainsi comme les membres d'un mesme corps par quelque communité participent tous entre eulx de toutes choses qu'ilz ont, & toutesfois ilz ont chascun à par[t] soy péculières propriétéz & divers offices. Car (comme dict a esté) tous les éleuz sont assembléz & forméz en un corps. Or nous croyons la saincte Eglise & sa communion par telle condition que, asseuréz par ferme foy en Christ, nous ayons confiance que nous sommes membres d'icelle.

Je croy la rémission des péchéz.

SUR lequel fondement consiste & est appuyé nostre salut, veu que la rémission des péchéz est la voie pour approcher de Dieu & le moyen qui nous retient & conserve en son royaulme. Car en la rémission des péchéz toute la justice des fidèles est contenue, laquelle ilz obtienent, non point par aucun leur mérite, mais par la seule miséricorde du Seigneur, quand, estans oppresséz, affligéz & confuz de la conscience de leurs péchéz, ilz sont abbatuz par sentiment du jugement de Dieu, se desplaisent en eulx-mesmes &, comme soubz un pesant faiz, gémissent & travaillent, & par ceste haine & confusion de péché ilz mortifient leur chair & tout ce qui est de eulx-mesmes. Mais, affin que Christ nous acquist rémission des péchéz gratuite, il l'a luy-mesmes rachaptée & poyée du pris de son propre sang, auquel nous devons chercher toute la purgation & satisfaction d'iceulx. Nous sommes doncques enseignéz de croire que, par la divine libéralité, le mérite de Christ intercédant, rémission des péchéz & grâce nous est faicte à nous qui sommes appelléz & inféréz au corps de l'Eglise, & que nulle rémission des péchéz n'est donnée d'ailleurs ne par autre moyen, ne à autres; attendu que, hors ceste Eglise & communion des sainctz, il n'y a point de salut.

Je croy la résurrection de la chair, la vie éternelle. Amen.

ICY premièrement nous sommes enseignéz de l'actente de la résurrection advenir, c'est à sçavoir qu'il adviendra que le Seigneur révoquera de pouldre & corruption à nouvelle vie la chair de ceulx lesquelz auront esté consuméz par mort devant le jour du grand jugement, par une mesme puissance qu'il a resuscité son Filz des mors. Car ceulx qui lors seront trouvéz vivans passeront à nouvelle vie pluftoft par foubdaine immutation que par forme naturelle de mort. Or, parce que la réfurrection eft commune aux bons pareillement & aux mauvais, mais en condition diverfe, la dernière particule eft adjouftée, laquelle difcerne entre noftre eftat & le leur: c'eft à fçavoir que telle fera noftre réfurrection, que lors eftans refufcitéz de corruption en incorruption, de mortalité en immortalité, & eftans glorifiéz en corps & en âme, le Seigneur nous recevra en béatitude qui fans fin durera, hors de toute qualité de mutation & de corruption. Ce qui fera la vraye & entière perfection en vie, lumière & juftice, quand nous ferons inféparablement adhérans au Seigneur, qui, comme une fonteine qui ne peult tarir, en contient en foy toute plénitude. Et celle béatitude fera le royaume de Dieu remply de toute clarté, joye, vertu & félicité, chofes qui font bien maintenant hors de la cognoiffance des hommes & lefquelles nous ne voyons point, finon comme par un miroir & en obfcurité, jufques à ce que ce jour-là fera venu auquel le Seigneur nous donnera à voir fa gloire face à face.

Au contraire, les réprouvéz & meschans, lesquelz par vraye & vive foy n'auront cherché & honoré Dieu, d'autant qu'ilz n'auront point part en Dieu ne en son royaume, il[z] seront déjectéz en mort immortelle & corruption incorruptible avec les diables; affin que, hors de toute joye, vertu & tous aultres biens du royaume céleste, estans condamnéz à perpétuelles ténèbres & tourmens éternelz, ilz soyent rongéz d'un vers qui jamais ne mourra, & brusléz d'un feu qui jamais n'esteindra.

Que c'est que Espérance.

SI la Foy (comme nous avons ouy) est une certaine persuasion de la vérité de Dieu, qu'elle ne nous peult mentir, ne nous tromper, ne estre vaine ou faulsée, ceulx qui ont conceu ceste certitude, certes pareillement ilz attendent qu'il adviendra que Dieu accomplira ses promesses, lesquelles à leur opinion ne peuvent estre que véritables. Tellement que, en somme, Espérance n'est sinon l'actente des choses lesquelles la foy a creu estre promises de Dieu véritablement. Ainsi la Foy croit Dieu estre véritable : Espérance attend que en temps opportun il démonstre sa vérité. La Foy croit Dieu nous estre Père : Espérance attend qu'il se porte tousjours pour tel envers nous. La Foy croit la vie éternelle nous estre donnée : Espérance attend que quelque fois elle sera révélée. La Foy est le fondement sur lequel Espérance s'appuye : Espérance nourrist & entretient la Foy. Car comme personne ne peult rien attendre & espérer de Dieu, sinon celluy qui premièrement aura creu à ses promesses, ainsi, d'autre part, il fault que l'imbécillité de nostre Foy (affin que comme lasse elle ne deffaille point) soit soustenue & conservée par espérer & attendre patiemment.

De orayson.

L'HOMME droictement instruict en vraye foy premièrement apperçoit évide[m]-

ment combien il eft indigent & defnué de tous biens & combien toute ayde de falut luy deffault. Pourtant s'il cherche quelque fecours pour fubvenir à fa povreté, il fault qu'il forte hors de foy pour le chercher ailleurs. D'aultre part il contemple le Seigneur qui, libéralement & de fa bonne volunté, fe offre en Jéfus Chrift & en luy ouvre tous les thréfors céleftes, affin que toute la foy de l'homme fe arrefte à regarder ce Filz bien aymé, toute fon actente dépende d'icelluy, & en luy toute fon efpérance fe repofe & foit fichée. Refte doncques que l'homme cherche en Dieu & par prières luy demande ce qu'il a cogneu eftre en luy. Autrement de cognoiftre que Dieu eft le Seigneur & diftributeur de tous biens, lequel nous convie à demander de luy ce qu'il nous fault, & ne le prier, ne invoquer, tellement ne proffite de rien que cela feroit comme fi quelch'un cognoiffant un thréfor eftre enfouy en terre le laiffoit là par nonchaillance, ne mettant peine à le déterrer.

Que c'est qu'il fault regarder *en orayson.*

COMME ainsi soit que orayson ait quelque similitude d'une communication entre Dieu & nous, par laquelle nous exposons devant luy noz désirs, joyes, souspirs & en somme toutes les cogitations de nostre cueur, il fault diligemment regarder, toutes fois & quantes que nous invoquons le Seigneur, que nous descendions au profond de nostre cueur & de là nous le requérions, non point du gosier ou de la langue. Car, combien que la langue proffite aucunes fois en orayson, ou pour retenir l'esprit plus ententif en la cogitation de Dieu, ou bien affin que ceste partie de nostre corps, qui est spécialement destinée à exalter la gloire de Dieu, soit occupée semblablement avec le cueur à méditer la bonté de Dieu, toutesfois le Seigneur a déclaré par son prophète, *Iesa.* 29, *Math.* 15, quel proffit elle apporte sans la volunté, quand il a prononcé une punition trèsgriefve fur tous ceulx qui l'honorent des lebvres, ayant le cueur efloigné de luy. Oultre, fi la vraye orayfon ne doibt eftre autre chofe finon une pure affection de noftre cueur quand nous avons à approcher de Dieu par icelle, il fault que nous nous defmettions de toute penfée de noftre gloire, de toute fantafie de noftre dignité & de toute fiance de nous-mefmes, ainfi que le prophète, *Daniel* 9, & *Baruch* 2, nous admonefte de faire prières, non pas en noz juftices, mais par les grandes miféricordes du Seigneur, affin qu'il nous exaulce pour l'amour de foy-mefmes, pourtant que fon nom eft invoqué fur nous. Et ne nous doibt cefte cognoiffance de noftre mifère nous repoulfer de l'accèz de Dieu, veu que orayfon n'eft pas inftituée pour nous eflever arrogamment devant Dieu, ne pour exalter noftre dignité, mais pour confeffer & gémir noz calamitéz, comme les enfans envers les pères familièrement expofent leurs compleinctes. Mefmes pluftoft un tel fentiment nous doibt eftre comme un efperon pour nous inciter & picquer davantage à prier.

Or il y a deux choſes qui nous doyvent merveilleuſement eſmouvoir à oraiſon: premièrement le mandement de Dieu par lequel il nous commande de prier. Puis la promeſſe par laquelle il nous aſſeure que nous impétrerons tout ce que nous luy demanderons. Car ceulx qui l'invoquent & requièrent reçoivent une ſingulière conſolation, d'autant qu'ilz cognoiſſent que en ce faiſant ilz font une choſe à luy agréable. Derechief ſe aſſeurans de ſa vérité, ilz ſe confient certainement d'eſtre exaulcéz. Demandez (dict-il, *Math.* 7) & il vous ſera donné; hurtez & il vous ſera ouvert; cherchez & vous trouverez; & au Pſeaulme 50: « Invocque-moy au jour de ta néceſſité, & je te délivreray, & tu me glorifieras. » Où meſme il a comprins les deux eſpèces d'orayſon, c'eſt à ſçavoir invocation ou requeſte, & action de grâces. Par la première nous deſcouvrons devant Dieu les déſirs de noz cueurs. Par l'autre nous recognoiſſons ſes bienſfaictz envers nous. Et nous avons à uſer de l'une & de l'autre aſſiduellement, car nous ſommes preſſéz de telle pouvreté & indigence que cela doibt eſtre aſſez de matière aux plus parfaictz de souſpirer & gémir aſſiduellement, & en toute humilité invoquer le Seigneur. D'autre part les largeſſes que noſtre Seigneur eſpand ſur nous par ſa bonté ſont ſi amples &, quelque part que nous regardions, les miracles de ſes œuvres apparoiſſent ſi grans, que jamais matière de louanges & action de grâces ne nous peult faillir.

L'expoſition de l'orayſon *dominicale.*

AVANTAGE ce Père de clémence, oultre ce qu'il nous admoneſte & exhorte que le cherchions en toute néceſſité, toutesfois voyant encores que nous ne cognoiſſons point aſſez ce qu'avons à demander & ce qui nous eſt beſoing, il nous a voulu ſecourir en ceſte ignorance & a ſuppléé du ſien ce qui deffailloit à noſtre

petite capacité. De laquelle bénignité nous recevons une singulière consolation, d'autant qu'il nous est manifeste que nous ne luy demandons rien desraysonnable, estrange ou sans propoz, & mesmes qui ne luy soit aggréable, puisque nous prions quasi par sa bouche. Ceste forme & reigle de prier est comprinse en six demandes, desquelles les trois premières sont spécialement assignées à la gloire de Dieu, à laquelle seule il nous convient avoir esgard en icelles, sans quelque regard de nostre propre proffit. Les trois autres sont députées à la solicitude de nous-mesmes & à requérir les choses qui appartiennent à nostre bien. Tellement toutesfois que la gloire de Dieu, laquelle nous demandons aux trois premières requestes, tire après soy nostre bien, de la considération duquel nous destournons en icelles nostre esperit ; & d'autre part, qu'il n'est point licite de demander, par les autres trois, les choses qui nous sont expédientes, sinon pour la gloire de Dieu.

Noſtre Père qui es èʒ cieulx.

PREMIEREMENT ſe préſente ceſte reigle que toute orayſon ſe doibt offrir à Dieu au nom de Chriſt, comme nulle ne luy peult eſtre aggréable en aultre nom. Car puiſque nous appellons Dieu noſtre Père, il eſt certain que nous prétendons le nom de Chriſt. Certes, comme ainſi ſoit qu'il n'y ait homme au monde digne de ſoy repréſenter à Dieu & comparoiſtre devant ſa face, ce bon Père céleſte pour nous délivrer de ceſte confuſion, laquelle à bon droict nous devoit troubler, nous a donné ſon Filz Jéſus pour eſtre médiateur & advocat envers luy, par la conduicte duquel nous puiſſions approcher de luy hardiment, ayans bonne confiance de ceſt interceſſeur que rien de ce que nous demanderons en ſon nom ne nous ſera deſnié, comme rien ne luy peult eſtre deſnié du Père. Et meſmes que le throſne de Dieu n'eſt pas ſeulement throſne de majeſté, mais auſſy de grâce, auquel en ſon nom nous ayons la hardieſſe de comparoiſtre franchement, pour obtenir miséricorde & trouver grâce quand en avons besoing. Et de faict, comme nous avons loy ordonnée d'invoquer Dieu & promesse que tous ceulx qui l'invoqueront seront exaulcez, il y a aussi commandement spécial de l'invoquer au nom de Christ & promesse donnée d'impétrer ce que demanderons en son nom, *Jeh.* 14 & 16.

Il est icy adjousté que Dieu nostre Père est ès cieulx. En quoy sa majesté merveilleuse (laquelle nostre esperit selon sa rudesse ne peult autrement comprendre) est signifiée en tant qu'il n'y a chose devant noz yeulx plus excellente & pleine de toute majesté que le ciel. Et pourtant ceste particule vault autant à dire comme s'il eust esté appellé hault, puissant & incompréhensible. Or, quand nous oyons cela, il nous fault eslever en hault noz pensées toutes fois & quantes qu'il est mention de Dieu, affin de ne imaginer rien de luy charnel, ne terrien & ne le mesurer à nostre appréhension, ne renger à noz affections sa volunté.

La première demande.

Ton nom ſoit ſainctifié.

LE nom de Dieu eſt la renommée de laquelle il eſt célébré entre les hommes pour ſes vertus, comme ſont ſa ſapience, bonté, puiſſance, juſtice, vérité, miſéricorde. Nous requérons doncques que icelle majeſté ſoit ſainctifiée en telles vertus, non pas qu'elle puiſſe accroiſtre ou diminuer en ſoy-meſmes, mais affin qu'elle ſoit eſtimée ſaincte de tous, c'eſt-à-dire qu'elle ſoit vrayement recongneue & magnifiée, & que, quelconque choſe que Dieu face, que toutes ſes œuvres apparoiſſent glorieuſes comme elles ſont; tellement que, ſoit qu'il puniſſe il ſoit tenu pour juſte, ſoit qu'il pardonne pour miſéricordieux, ſoit qu'il accompliſſe ſes promeſſes pour véritable. En ſomme qu'il n'y ait du tout nulle choſe en laquelle ſa gloire comme engravée ne reluiſe. &, par ainſi, que ſes louanges réſonent en tous eſperitz & en toutes langues.

La seconde.

Ton règne advienne.

LE règne de Dieu est de conduire & gouverner les siens par son Sainct Esperit, affin de manifester en toutes leurs œuvres les richesses de sa bonté & miséricorde; au contraire, de abismer & confondre les réprouvéz qui ne se veullent rendre subjectz à sa domination & prosterner leur maudicte arrogance, affin que clairement il apparoisse qu'il n'y a nulle puissance qui puisse résister à la sienne. Nous prions doncques que le règne de Dieu advienne, c'est-à-dire que le Seigneur de jour en jour multiplie le nombre de ses fidèles, lesquelz célèbrent sa gloire en toutes œuvres, & que continuellement il espande plus largement l'affluence de ses grâces sur eulx, par lesquelles il vive & règne en eulx de plus en plus, jusques à ce que, les ayant parfaictement conjoinctz à soy, il les remplisse du tout. Pareillement que de jour en jour, par nouveaulx accroiſſemens, il eſclarciſſe ſa lumière & ſa vérité, dont Sathan & les menſonges & ténèbres de ſon règne ſoient diſſipéz & aboliz. Quand nous prions en ceſte manière : « que le royaume de Dieu advienne, » pareillement nous déſirons qu'il ſoit finalement parfaict & accomply, c'eſt à ſçavoir en la révélation de ſon jugement, auquel jour il ſera luy ſeul exalté & ſera toutes choſes en tous, après avoir recueilly & receu les ſiens en gloire & avoir deſmoly & abbatu du tout le règne de Sathan.

La tierce demande.

Ta volunté ſoit faicte comme au ciel auſſi en la terre.

PAR laquelle nous demandons que, tout ainſi qu'il faict au ciel, auſſi qu'en terre il gouverne & conduiſe tout ſelon ſa bonne volunté, conduiſant toutes choſes à telle iſſue que bon luy ſemblera, uſant à ſon bon plaiſir de toutes ſes créatures & ſe aſſubjectiſſant toutes voluntéz. En quoy requérant nous renonceons à tous noz propres désirs, résignans & promectans au Seigneur tout ce qu'il y a d'affections en nous & le priant qu'il ne conduise les choses à nostre souhait, mais comme il cognoist estre expédient. Et mesmes ne requérons pas seulement qu'il face noz désirs qui contrarient à sa volunté vains & de nul effect, mais pluftoft qu'il crée en nous nouveaulx esperitz & nouveaulx cueurs, esteignant & adnéantissant les nostres, tellement que nul mouvement de cupidité ne s'eslève en nous, sinon un pur consentement à sa volunté. En somme, que nous ne vueillons rien de nous-mesmes, mais que son Esperit vueille en nous, par l'inspiration duquel nous apprenions d'aymer toutes choses à luy agréables & de haïr & détester tout ce qui luy desplaift.

La iiii demande.

Donne-nous aujourd'huy nostre pain quotidian.

PAR laquelle généralement nous demandons toutes choses qui font besoing à l'indigence de noſtre corps ſoubz les élémens de ce monde, non ſeulement quant à la norriture & veſture, mais tout ce que Dieu cognoiſt nous eſtre expédiant, affin que puiſſions manger noſtre pain en paix. Par laquelle (pour dire en brief) nous nous recommandons à la providence du Seigneur & nous mectons en ſa ſolicitude, affin qu'il nous nourriſſe, entretiene & conſerve. Car ce bon Père n'a pas en deſdaing de recevoir meſmes noſtre corps en ſa garde & ſolicitude, affin de exercer noſtre fiance en luy par ces choſes légières & petites, en ce que nous actendions de luy toutes noz néceſſitéz, voire juſques à la dernière miete de pain & une goutte d'eaue. Or ce que nous demandons noſtre pain « quotidian & pour le jour d'huy, » cela ſignifie qu'il ne nous en fault ſouhaiſter, ſinon ce qu'il nous en fault pour noſtre néceſſité & comme au jour la vie; ayant ceſte confiance que, quand noſtre Père nous aura aujourd'huy nourriz, qu'il ne nous deffauldra non plus demain. Meſmes, quelque abondance que nous ayons préſentement, il convient de touſjours demander noſtre pain quotidian, recognoiſ-ſant que toute ſubſtance n'eſt rien ſinon d'autant que le Seigneur, par l'infuſion de ſa bénédiction ſur icelle, la faict proſpérer & venir à proffit; & que celle qui eſt entre noz mains n'eſt pas noſtre, ſinon d'autant qu'il nous en diſpenſe l'uſage en chaſcune heure & nous en diſtribue portion. En ce que nous l'appellons « noſtre » la bonté de Dieu apparoiſt encores plus fort, laquelle faict eſtre noſtre ce qui ne nous eſtoit deu par aucun droict. Finalement, en ce que nous requérons qu'il nous ſoit donné, il eſt ſignifié que c'eſt un don de Dieu ſimple & gratuit de quelque part qu'il nous advienne, encores qu'il ſemble bien avoir eſté acquis par noſtre induſtrie.

La cinquieſme demande.

Remectz-nous noz debtez, comme nous remec-tons à noz debteurs.

PAR laquelle nous demandons que grâce & rémiſſion de noz péchéz nous ſoit faicte, laquelle est nécessaire à tous hommes sans quelque exception. Et appellons noz offensez « debtez » pour autant que nous en devons la peine à Dieu comme payement; & n'en pourrions aucunement satisfaire si nous n'estions absoulz par ceste rémission, laquelle est un pardon gratuit de sa miséricorde. Nous requérons que icelle nous soit faicte comme nous la faisons à noz debteurs, c'est-à-dire comme nous pardonnons à ceulx par lesquelz nous avons esté blessez comment que ce soit, ou iniquement oultragéz par faict, ou injuriéz par parolles. Laquelle condition n'est pas adjoustée comme si, par la rémission que nous faisons aux aultres, nous méritions la rémission de Dieu envers nous, mais c'est un signe qui nous est proposé de Dieu, — pour nous confermer que, aussi certainement le Seigneur nous reçoit à mercy, comme nous sommes certains en noz consciences que faisons mercy aux autres, si nostre cueur est bien purgé de toute hayne, envye & vengeance; — au contraire, pour esfacer du nombre de ses enfans tous ceulx qui, estans enclins à vengeance & difficiles à pardonner, retiennent les inimitiéz enracinées en leurs cueurs, à ce qu'ilz n'entreprenent point de l'invoquer pour leur Père & demander que l'indignation, laquelle ilz nourriffent à l'encontre des hommes, ne tumbe point fur eulx.

La fixiefme demande.

Ne nous induitz point en tentation, mais délivre-nous du malin. Amen.

PAR laquelle nous ne requérons point de ne fentir aucunes tentations, defquelles pluftoft nous avons grand befoing d'eftre refveilléz, ftimuléz & agitéz, de paour que, par trop grand repoz, ne devenions trop moulz & pareffeux, comme auffi le Seigneur journellement tente fes éleuz, les inftruifant par ignominie, paouvreté, tribulation & aultres efpèces de croix. Mais cefte eft noftre requefte, que le Seigneur avec les tentations pareillement donne iffue à ce que ne foyons d'icelles vaincuz & accabléz; ains que eftans fermes & robuftes par sa vertu constamment nous puissions consister à l'encontre de toutes puissances, desquelles nous sommes combatuz. Davantaige, que estans receuz en sa sauvegarde & protection, estans sainctifiéz de ses grâces spirituelles, estans gouvernéz par sa conduite, demeurions invincibles par dessus le diable, la mort & toutes les munitions d'enfer, ce qui est estre délivré du malin. Or il est à noter comment le Seigneur veult que noz oraisons soyent compassées à la reigle de charité, veu qu'il ne nous enseigne point de demander un chascun pour soy ce qui luy est bon, sans avoir esgard à noz prochains, mais nous instruit d'avoir solicitude du bien de nostre frère, comme du nostre.

De la persévérance en orayson.

FINALEMENT il nous fault bien observer cecy, c'est que nous ne vueillons lier Dieu à certaines circonstances, comme mesmes en ceste oraison nous sommes enseignéz de ne luy mectre aucune loy, ne imposer quelque condition. Car premier que luy

f

faire aucune prière pour nous, avant toutes choses nous disons : Que sa volunté soit faicte ; où desjà nous soufmectons nostre volunté à la siene, affin que, comme par une bride estant arrestée & retenue, elle ne présume de le vouloir renger & assubjectir soubz soy. Si, ayans les cueurs formez en ceste obéissance, nous permectons que soyons gouvernéz au bon plaisir de la providence divine, facilement nous apprendrons de persévérer en oraison & d'actendre en pacience le Seigneur, en différant noz désirs à l'heure de sa volunté ; estans asseuréz que, encores qu'il ne nous apparoisse point, toutesfois il nous est tousjours présent, & que en son temps il déclarera qu'il n'aura aucunement eu les aureilles sourdes à noz prières, comment qu'elles semblassent aux hommes estre de luy mesprisées. Et si en la fin mesmes, après longue actente, nostre sens ne peult comprendre que ce sera que nous aurons proffité par prier & n'en sente point aucun fruict, ce néantmoins nostre foy nous certifiera ce que nostre sens ne pourra appercevoir, c'est que nous aurons obtenu tout ce qui nous estoit expédiant, & ainsi fera que nous possédions en pauvreté abondance, en affliction consolation. Car, encores que toutes choses nous deffaillent, toutesfois jamais Dieu ne nous délairra, d'autant qu'il ne peult point frustrer l'actente & pacience des siens. Et il nous sera seul assez pour toutes choses, d'autant qu'en foy il contient tous biens, lesquelz au temps advenir il nous révélera plainement.

Des sacremens.

LES sacremens sont instituéz à ceste fin qu'ilz feussent exercices de nostre foy, tant devant Dieu que devant les hommes. Et certes devant Dieu ilz exercent nostre foy quand ilz la confirment en la vérité de Dieu. Car le Seigneur nous a proposé avoir les haulx & célestes secretz soubz choses charnelles, ainsi qu'il cognoissoit estre expédiant à l'ignorance de nostre chair. Non pas que telles qualitéz soient en la nature des choses lesquelles nous sont proposées au sacrement; mais parce que, par la parolle du Seigneur, elles sont marquées en ceste signification. Car tousjours la promesse précède, laquelle est comprinse en la parolle; le signe est adjousté, lequel confirme & seelle icelle promesse & la nous rend comme plus testifiée, ainsi que le Seigneur voit qu'il convient à la capacité de nostre rudesse. Car nostre foy est tant petite & débile que, si elle n'est appuyée de tous costéz & soustenue par tous moiens, soubdain elle est esbranlée en toutes pars, agitée & vacilante. Or elle est aussi par les sacremens exercée envers les hommes, quand elle sort en confession publique & est incitée à rendre louanges au Seigneur.

Que c'est que sacrement.

SACREMENT doncques est un signe extérieur par lequel le Seigneur nous représente & testifie sa bonne volunté envers nous, pour soustenir l'imbécillité de nostre foy, ou (pour dire plus briefvement & plus clairement) c'est un tesmoignage de la grâce de Dieu déclaré par signe extérieur. L'Eglise chrestienne use tant seulement de deux sacremens, c'est à sçavoir du baptesme & de la cène.

Du baptesme.

Le baptesme nous a esté donné de Dieu, premièrement à ce qu'il servist à nostre foy envers luy, secondement à nostre confession envers les hommes. La foy regarde la promesse par laquelle le Père miséricordieux nous offre la communication de son Christ, affin que estans vestuz de luy nous soions participans de tous ses biens. Toutesfois le baptesme péculièrement représente deux choses: la première est la purgation, laquelle nous obtenons au sang de Christ; l'autre est la mortification de nostre chair, laquelle nous avons eu par sa mort. Car le Seigneur a commandé les siens estre baptiséz en la rémission des péchéz, *Matth.* 28, *Act.* 2. Et S. Paul, *Ephé.* 5, enseigne l'Eglise estre, par Christ son espoux, sanctifiée &

nectoiée par le lavement d'eaue en la parolle de vie. Derechief, *Rom.* 6, il expose comment nous sommes baptiséz en la mort de Christ, c'est que nous sommes ensevelis en sa mort affin que nous cheminions en nouveauté de vie. Par lesquelles choses n'est pas signifié par l'eaue soit cause, ne mesmes instrument, de purgation & régénération, mais seulement que la cognoissance de telz dons est receue en ce sacrement, actendu que nous sommes dictz recevoir, obtenir, impétrer ce que nous croions nous estre donné du Seigneur, soit que lors premièrement nous le cognoissions, ou soit que, l'ayant auparavant cogneu, nous en soions plus certainement persuadéz.

Il sert pareillement à nostre confession envers les hommes; car il est une marque par laquelle publiquement nous faisons profession que nous voullons estre anombrés au peuple de Dieu, affin que nous servions & honorions d'une mesme religion un Dieu avec tous les fidèles. Comme ainsi soit doncques que, principalement par le baptesme, l'alliance du Seigneur soit confermée avec nous, à bon droict nous baptifons noz enfans, eftans participans de l'alliance éternelle, par laquelle le Seigneur promect qu'il fera Dieu, non pas feulement de nous, mais de noftre femence, *Genèfe* 17.

De la cène du Seigneur.

LA promeffe qui eft adjouftée au myftère de la cène déclare évidemment à quelle fin il a efté inftitué & à quoy il tend, c'eft-à-dire qu'il nous confirme que le corps du Seigneur a une fois tellement efté donné pour nous, qu'il eft maintenant noftre & le fera auffy perpétuellement; que fon fang a une fois tellement efté efpandu pour nous, qu'il fera tousjours noftre. Les fignes font le pain & le vin, foubz lefquelz le Seigneur nous préfente la vraye communication de fon corps & de fon fang, mais fpirituelle; laquelle, contente du lien de fon efperit, ne requiert point une préfence enclofe ou de la chair foubz le pain ou du fang foubz le vin. Car, combien que Chrift, eflevé au ciel, a laiffé l'habitation de la terre en laquelle nous sommes encores pellerins, toutesfois nulle distance ne peult dissouldre sa vertu qu'il ne repaisse de soy-mesmes les siens. De laquelle chose il nous baille en la cène un enseignement tant certain & manifeste, que sans nulle doubte il fault estre asseuré que Christ, avec toutes ses richesses, nous y est présenté non pas moins que s'il estoit mis en la présence de noz yeulx & estoit touché de noz mains ; & mesmes, d'une si grande vertu & efficace, qu'il n'apporte pas seulement là à noz esperitz une confiance asseurée de la vie éternelle, mais aussi nous rend certains de l'immortalité de nostre chair. Car elle est desjà vivifiée par sa chair immortelle & communique en quelque manière à son immortalité.

Pourtant soubz pain & vin sont représentéz le corps & sang, affin que nous apprenions que, non seulement ilz sont nostres, mais qu'ilz nous sont en vie & nourriture. Ainsi, quand nous voyons le pain sanctifié au corps de Christ, souldain il fault concevoir ceste similitude, que comme le pain nourrist, soustient & conserve la vie de noſtre corps, ainſi le corps de Chriſt eſt la viande & protection de noſtre vie ſpirituelle; quand le vin nous eſt préſenté en ſigne du ſang, nous avons pareillement à réputer que telz fruictz qu'il apporte au corps nous les recevons ſpirituellement du ſang de Chriſt.

Or ce myſtère, comme il eſt un enſeignement de la divine largeſſe ſi grande envers nous, ainſi pareillement il nous doibt admoneſter que nous ne ſoions ingratz à une bénignité ſi ouverte, mais que pluſtoſt nous l'exaltions par telles louanges qu'il eſt convenable & la célébrions par actions de grâces. Davantage, que nous nous embraſſions mutuellement par telle unité que les membres d'un meſme corpz liéz entre eulxmeſmes ſont conjoinctz enſemble. Car nul aiguillon ne povoit eſtre donné plus aſpre, ne plus picquant à eſmouvoir & inciter entre nous une mutuelle charité, que quand Chriſt ſe donnant à nous ne nous convie pas ſeulement par ſon exemple à ce que nous nous donnions & expoſions mutuellement l'un à l'autre, mais d'aultant qu'il ſe

f i

faict commun à tous, il nous faict auſſy tous un en foy-meſmes.

Des paſteurs de l'Egliſe & *de leur puiſſance.*

PUISQUE le Seigneur a voulu que tant ſa parolle que ſes ſacremens ſoyent diſpenſéz par le miniſtère des hommes, il eſt néceſſaire qu'il y ait des paſteurs ordonnéz aux Egliſes, leſquelz enſeignent le peuple & en publiq & en privé de pure doctrine & adminiſtrent les ſacremens &, par bon exemple, inſtruiſſent tous à ſaincteté & pureté de vie. Ceulx qui meſpriſent ceſte diſcipline & ceſt ordre ſont injurieux, non ſeulement aux hommes mais à Dieu, & meſmes, comme hérétiques, ſe retirent de la ſociété de l'Egliſe, laquelle nullement ne peult conſiſter ſans tel miniſtère. Car ce que le Seigneur a une fois teſtifié, *Matth*. 10, n'eſt pas de petite importance, c'eſt que, quand les paſteurs qu'il envoye ſont receuz, luy-mesmes est receu, & pareillement qu'il est rejecté quand ilz sont rejectéz. Et affin que leur ministère ne feust contentible, ilz sont garnis d'un mandement notable de lyer & deslyer, ayant promesse adjoustée que quelconques choses qu'ilz auront lyé ou deslyé en terre sont liées ou desliées au ciel, *Math.* 16. Et Christ mesme, en un aultre lieu, *Jeh.* 20, expose que lier, c'est retenir les péchéz, & deslier, c'est les remectre. Or l'apostre déclare quelle est la manière de deslier, quand, *Rom.* 1, il enseigne l'Evangile estre la vertu de Dieu à salut à chascun croyant; & aussi de lier, quand il dict, 2 *Corinth.* 10, les apostres avoir vengeance preste contre toute désobéissance. Car la somme de l'Evangile est que nous sommes serfz de péché & de mort, & que nous en sommes desliéz & délivréz par la rédemption qui est en Christ Jésus, & que ceulx qui ne le reçoivent pour rédempteur sont referréz, comme par nouveaulx liens, de plus griefve damnation.

Mais ayons souvenance que celle puissance, laquelle en l'Escripture est actribuée aux pasteurs, est toute contenue & limitée au ministère de la parolle, car Christ n'a pas donné proprement ceste puissance aux hommes, mais à sa parolle, de laquelle il a faict les hommes ministres. Pourtant qu'ilz osent hardiment toutes choses par la parolle de Dieu, de laquelle ilz sont constituéz dispensateurs; qu'ilz contraignent toute la vertu, gloire & haultesse du monde donner lieu & obéir à la majesté d'icelle parolle; qu'ilz commandent par icelle à tous despuis le plus grand jusques au plus petit; qu'ilz édifient la mayson de Christ; qu'ilz démolissent le règne de Sathan; qu'ilz paissent les brebis, tuent les loups, instruysent & exhortent les dociles; arguent, reprenent, tensent & convainquent les rebelles, mais tout en la parolle de Dieu. De laquelle s'ilz se destournent à leurs songes & inventions de leurs testes, desjà ilz ne sont plus à recevoir pour pasteurs, mais veu qu'ilz sont plustost loups pernitieux, ilz sont à déchasser, car Christ ne nous a point commandé d'en ouyr d'autres que ceulx qui nous enseignent ce qu'ilz ont prins de sa parolle.

Des traditions humaines.

COMME ainsi soit que nous ayons une sentence générale de Sainct Paul, c'est à sçavoir que toutes choses soient faictes aux Eglises décentement & par ordre, il ne fault pas nombrer entre les traditions humaines les observations civiles par lesquelles, comme par quelques liens, en l'assemblée des chrestians l'ordre & honesteté consiste ou la paix & concorde soit retenue. Mais pluſtoſt il les fault refférer à celle reigle de l'apoſtre, pourveu qu'on ne les penſe eſtre néceſſayres à ſalut, ne qu'elles lient par religion les conſciences, ne qu'elles soient rapportées au ſervice de Dieu, ne qu'on mecte aucune piété en icelles. Mais il fault grandement & virilement réſiſter à celles, leſquelles, comme eſtant néceſſaires à ſervir & honorer Dieu, ſont faictes ſoubz le nom de loix ſpirituelles pour lier les conſciences, car elles ne deſtruiſſent pas ſeulement la liberté, laquelle Chriſt nous a acquis, mais elles obſcurciſſent auſſi la vraye religion &

violent la majesté de Dieu, qui veult seul régner par sa parolle en noz consciences. Cecy doncques soit ferme & aresté, que toutes choses sont nostres, mais que nous sommes à Christ, 1 *Corinth.* 3, & que Dieu est servi en vain là où sont enseignées les doctrines qui sont commandemens des hommes, *Matth.* 15.

De excommunication.

EXCOMMUNICATION est par laquelle les manifestes paillars, adultères, larrons, homicides, avaricieulx, ravisseurs, iniques, noyseux, gormans, yvrognes, séditieux & prodigues, s'ilz ne se amendent après avoir esté admonestéz, sont selon le commandement de Dieu rejectéz de la compagnie des fidèles, non pas que l'Eglise les déjecte en perpétuelle ruine & désespoir, mais elle condamne leur vie & leurs meurs, & s'ilz ne s'admendent, elle les faict desjà certains de leur damnation. Or ceste discipline est nécessaire entre les fidèles, pourtant que, veu que l'Eglise est le corps de Christ, elle ne doibt pas estre pollue & contaminée par telz membres punais & pourriz, lesquelz tournent à déshonneur au chef; davantage, affin que les sainctz ne soient (comme il est accoustumé d'advenir) corrumpuz & gastéz par la conversation des meschans. Aussi il est proffitable à eulx-mesmes que leur malice soit ainsi chastiée; car où autrement par tollérance ilz seroient faictz plus obstinéz, par cecy estans confuz de honte, ilz apprenent de s'admender. Laquelle chose si on obtient, l'Eglise les reçoit bénignement en sa communion & en la participation de celle unité de laquelle ilz avoient esté exclux. Or affin que personne ne mesprise obstinément le jugement de l'Eglise, ou estime peu qu'il ait esté condamné par sentence des fidèles, le Seigneur testifie que tel jugement des fidèles n'est autre chose que la prononciation de sa sentence, & que cela qu'ilz auront faict en terre est ratifié aux cieulx, *Math.* 18. Car ilz ont parolle de Dieu, par laquelle ilz peuvent condamner les pervers, & ont parolle par laquelle ilz peuvent recevoir en grâce ceulx qui se admendent.

Du magiſtrat.

LE Seigneur n'a pas ſeulement teſtifié que l'eſtat des magiſtratz eſtoit approuvé de luy & luy eſtoit aggréable, mais auſſi il nous l'a davantaige grandement recommandé, ayant honoré la dignité d'icelluy de tiltres fort honorables. Car il afferme, *Proverb.* 8, que c'eſt une œuvre de ſa ſapience que les roys régnent, que les conſeilliers ordonnent choſes juſtes & que les magnifiques de la terre ſont juges. Et ailleurs, *Pſalm.* 82, il les nomme dieux, parce qu'ilz font ſon œuvre. Auſſi en autre lieu, *Deutéro.* 1 & 2, *Paral.* 19, ilz ſont dictz èxercer jugement pour Dieu, non pour l'homme. Et ſainct Paul, *Rom.* 12, nomme entre les dons de Dieu, les ſupérioritéz. Mais, *Rom.* 13, où il en entreprent plus grande diſpute, il enſeigne très-clairement que leur puiſſance eſt ordonnance de Dieu & que eulx ilz ſont miniſtres de Dieu, pour louange à ceulx qui font bien, & pour faire la vengeance de l'ire de Dieu ſur les maulvais. Par quoy il appartient aux princes &

magistratz de penser à qui ilz servent en leur office & de ne faire rien indigne des ministres & lieutenans de Dieu. Or quasi toute leur solicitude doibt estre en cecy, c'est qu'ilz conservent en vraye pureté la forme publique de religion, qu'ilz instituent la vie du peuple par très-bonnes loix & qu'ilz procurent le bien & tranquilité de leurs subjectz, tant en publiq qu'en privé. Mais cecy ne se peult obtenir sinon par justice & par jugement, lesquelles deux choses leur sont principalement recommandées par le prophète, *Jérémie* 22. C'est justice que de prendre en sauvegarde les innocens & les maintenir, conserver & délivrer. C'est jugement que de résister à l'audace des meschans, comprimer la violence & punir les forfaictz.

D'autre costé le debvoir mutuel des subjectz est de non seulement honorer & révérer leurs supérieurs, mais de recommander au Seigneur par prières leur salut & prospérité, & de voluntiers se sousmectre à leur domination, obéir à leurs édictz & constitutions & de ne refuser les charges qui par eulx sont

g

imposées : soient tailles, péages ou tributz & autres rentes, ou soient offices & commissions civiles, & tout ce qui est de telle manière. Et ne fault pas que nous nous rendions seulement obéissans aux supérieurs, lesquelz bien à droict & selon que leur devoir est administrent leur supériorité, mais aussi il convient de endurer ceulx-là, lesquelz abusent tyranniquement de leur puissance, jusques à ce que, par ordre légitime, nous ayons esté délivréz de dessoubz leur joug. Car, comme un bon prince est un tesmoignage de la bénéficence divine pour conserver le salut des hommes, ainsi un mauvais & meschant est un fléau de Dieu pour chastier les péchéz du peuple. Toutesfois cecy soit généralement tenu pour certain que, tant aux uns que aux autres, la puissance est donnée de Dieu, & que nous ne leur povons résister que nous ne résistions à l'ordonnance de Dieu.

Mais en l'obéissance des supérieurs il fault tousjours excepter une chose : c'est qu'elle ne nous retire de l'obéissance de celluy aux édictz duquel il convient que les commandemens de tous roys cèdent. Le Seigneur doncques est le roy des roys, lequel, quand il a ouvert sa très-sacrée bouche, est à ouyr seul pour tous & pareillement par dessus tous. En après nous sommes subjectz aux hommes, lesquelz sont constituéz sur nous, mais non point autrement qu'en luy. S'ilz commandent quelque chose contre luy, on n'en doibt rien faire ne tenir compte, ains plustost celle sentence aye lieu : Qu'il fault plus obéir à Dieu que aux hommes, *Act.* 4.

* * *

Isaie .5.
Mon peuple a esté captif, pourtant qu'il n'a pas eu science.

Psal. .119.
En quoy amendera l'adolescent sa voye ? En y prenant garde selon ta parolle.

Confession

de la Foy laquelle tous bourgeois & habitans de Genève & subjectz du pays doyvent jurer de garder & tenir, extraicte de l'Instruction dont on use en l'Eglise de la dicte ville.

.1. Pier. 2.

Comme enfans naguaires néz, désirez le laict raysonnable & qui est sans fraude.

.3.

Soyez appareillés à respondre à chascun, qui vous demande rayson de l'espérance qui est en vous.

.4.

Si quelcun parle, que ce soit les parolles de Dieu.

Confession de la Foy

laquelle tous bourgeois & habitans de Genève & subjectz du pays doibvent jurer de garder & tenir, extraicte de l'Instruction dont on use en l'Eglise de la dicte ville.

.1. La Parolle de Dieu.

PREMIEREMENT, nous protestons que, pour la reigle de nostre foy & religion, nous voullons suyvre la seule Escripture, sans y mesler aucune chose qui ayt esté controuvée du sens des hommes sans la Parolle de Dieu; & ne prétendons, pour nostre gouvernement spirituel, recevoir autre doctrine que celle qui nous est enseignée par icelle Parolle, sans y adjouster ne diminuer, ainsy que nostre Seigneur le commande.

.2. Ung feul Dieu.

Suyvant doncques l'inftitution qui eft contenue aux fainctes Efcriptures, nous recongnoiffons qu'il y a ung feul Dieu, lequel nous debvons adorer, & auquel nous debvons fervir, auquel nous debvons mectre toute noftre fiance & efpérance : ayant celle affeurance qu'en luy feul eft contenue toute fapience, puiffance, juftice, bonté & miféricorde ; &, comme il eft Efprit, qu'il le fault fervir en efperit & en vérité. Et pourtant réputons une abomination de mectre noftre fiance ny efpérance en créature aucune ; de adorer aultre que luy, foit anges ou aultres créatures quelconques ; & de recongnoiftre aultre Seigneur de noz âmez que luy feul, foient fainctz ou fainctez, ou hommes vivans fur la terre ; pareillement de conftituer le fervice qu'il luy doibt eftre rendu en cérémonies extérieures & obfervations charnelles, comme s'il fe délectoit en telles chofes ; de faire ymage pour repréfenter fa divinité, ne auffy autre ymage pour adorer.

.3. Loy de Dieu, feulle
pour toutes.

Pourtant qu'il est le seul Seigneur & maistre, qui a la domination sur noz consciences, & aussy que sa voullunté est la seulle reigle de toute justice, nous confessons que toute nostre vie doibt estre reiglée aux commandemens de sa saincte loy, en laquelle est contenue toute perfection de justice, & que ne debvons avoir aultre reigle de bien vivre & justement, ne inventer aultres bonnes œuvres, pour complaire à luy, que celles qui y sont contenues, ainsy qu'il s'ensuyt :

Exode .20.

Je suis le Seigneur ton Dieu, qui t'ay tyré hors de la terre d'Egipte, de la mayson de servitude. Tu n'auras point d'aultres dieux devant moy. Tu ne te feras aucune ymage, ne semblance, des choses qui sont au ciel làs sus, ne en la terre çà bas, ne ès eaues dessoubz la terre. Tu ne leur feras inclination

& ne leur ferviras, car je fuis le Seigneur ton Dieu, fort, jaloux, vifitant l'iniquité des pères fur les enfans en la troifiefme & quatriefme génération de ceulx qui me hayffent, & faifant miféricorde en milles générations à ceulx qui m'ayment & gardent mes commandemens. Tu ne prendras point le nom du Seigneur ton Dieu en vain, car Dieu ne tiendra point pour innocent celuy qui prendra fon nom en vain. Aye fouvenance du jour du repoz pour le fanctifier : fix jours tu travailleras & feras toute ton œuvre ; le feptiefme, c'eft le repoz du Seigneur ton Dieu. Tu ne feras aucune œuvre, ne toy, ne ton filz, ne ta fille, ne ton ferviteur, ne ta chambrière, ne ton beftial, ne l'eftrangier qui eft dedens tes portes : car en fix jours Dieu a faict le ciel & la terre, la mer & tout ce qui eft en iceulx, & s'eft repofé au feptiefme jour ; pourtant il a béneift le jour du repoz & l'a fanctifié. Honore ton père & ta mère, affin que tes jours foient prolongéz fur la terre, laquelle le Seigneur ton Dieu te donnera. Tu ne tueras point. Tu ne paillarderas point. Tu ne defroberas point. Tu ne diras point faulx tefmoignage contre ton prochain. Tu ne convoiteras point la maifon de ton prochain & ne défireras point fa femme, ne fon ferviteur, ne fa chambrière, ne fon beuf, ne fon afne, ne aultre chofe qui foit à luy.

.4. L'homme en fa nature.

Nous recongnoiffons l'homme en fa nature eftre du tout aveugle en ténèbres d'entendement, & plain de corruption & perverfité de cueur, tellement que de foy-mefmes il n'a aucune puiffance de povoir comprendre la vraye congnoiffance de Dieu, comme il appartient, ne de s'adonner à bien faire. Mais au contraire, s'il eft délaiffé de Dieu en fa propre nature, il ne peult fynon demourer en ignorance & eftre abandonné à toute iniquité. Par quoy il a befoing d'eftre illuminé de Dieu pour venir à la droicte congnoiffance de fon falut, & auffi d'eftre en fon affection redreffé & réformé à l'obéyffance de la juftice de Dieu.

.5. L'homme en foy damné.

Puisque l'homme est naturellement (ainsi comme dit a esté) despourveu & desnué en foy de toute lumière de Dieu & de toute justice, nous recongnoissons qu'en soy-mesmes il ne peult attendre que l'ire & la malédiction de Dieu, & pourtant qu'il doibt chercher autre part qu'en soy le moyen de son salut.

.6. Salut en Jésus.

Nous confessons doncques que Jésuchrist est celuy qui nous a esté donné du Père, affin qu'en luy nous recouvrions tout ce qui nous deffault en nous-mesmes. Or tout ce que Jésuchrist a faict & souffert pour nostre rédemption, nous le tenons véritable sans aucune doubte, ainsy qu'il est contenu au Symbole, qui est récité en l'Eglise, c'est assavoir :

Je croy en Dieu, le Père tout puissant, créateur du ciel & de la terre, & en Jésuchrift, fon feul Filz, noftre Seigneur, qui a efté conceu du Sainct Efprit, nay de la vierge Marie, a fouffert foubz Ponce Pilate, a efté crucifié, mort & enfepvely, eft defcendu aux enfers, le tiers jour eft refufcité des mortz, eft monté ès cieulx, eft affis à la dextre de Dieu, le Père tout puiffant, & de là viendra juger les vifz & les mors. Je croy au Sainct Efprit, la faincte Eglife univerfelle, la communion des fainctz, la rémiffion des péchéz, la ré-furrection de la chair, la vie éternelle. Amen.

.7. Juftice en Jéfus.

POURTANT nous recongnoiffons les chofes qui s'enfuyvent nous eftre don-nées de Dieu en Jéfuchrift : Premièrement, que eftans de noftre nature ennemys de Dieu, fubjectz à fon ire & jugement, nous fommes réconciliéz avec luy & remis en fa grâce par l'interceffion de Jéfuchrift, d'aul-tant que en fa juftice & innocence nous avons rémiffion de noz iniquitéz & que, par l'effufion de fon fang, nous fommes purgéz & nectoiéz de toutes noz macules.

.8. Régénération en Jésus.

SECONDEMENT, que par son Esprit nous sommes régénéréz en nouvelle nature spirituelle, — c'est-à-dire que les concupiscences maulvaises de nostre chair par sa grâce sont mortifiées, affin de ne plus régner en nous, & au contraire nostre voulunté est rendue conforme à celle de Dieu pour suyvre sa voye & chercher ce qui luy est agréable, — & pourtant que par luy nous sommes délivréz de la servitude de péché, soubz la puissance duquel nous sommes de nous-mesmes tenuz captifz, & que par icelle délivrance nous sommes faictz capablez & ydoines à faire bonnes œuvres & non aultrement.

.9. Rémission des péchéz tousjours nécessaire aux fidèles.

FINABLEMENT, que ceste régénération est tellement faicte en nous que, jusques à ce que nous sommes despoulliéz de ce corps mortel, il y demeure tousjours en nous beaucoup d'imperfections & d'infirmitéz, tellement que nous sommes tousjours pouvres & misérables pécheurs devant la face de Dieu. Et combien que nous debvions de jour en jour croistre & proffiter en la justice de Dieu, toutesfois il n'y a jamais plénitude ne perfection cependant que nous converfons icy. Par quoy nous avons tousjours besoing de la miséricorde de Dieu pour obtenir rémission de noz faultes & offenses. Et ainsy nous debvons tousjours chercher nostre justice en Jésuchrist, & non point en nous, & en luy nous repofer & affurer, ne rien attribuant à noz œuvres.

.10. Tout nostre bien en la grâce de Dieu.

ET affin que toute gloire & louenge soit rendue à Dieu (comme elle est deue), & que nous puissions avoir vraye paix & repoz en noz consciences, nous entendons & confessons que nous recevons tous les bénéfices de Dieu cy-dessus récitéz par sa feulle clémence & miféricorde, fans aulcune confidération de noftre dignité, ou mérite de noz œuvres, aufquelles n'eft deue aucune rétribution que de confufion éternelle. Néantmoins que noftre Seigneur, par fa bonté nous ayant receu en la communion de fon filz Jéfus, a les œuvres que nous faifons en foy plaifantes & agréables; non point qu'elles le méritent, mais pourtant que, ne nous imputant point l'imperfection qui y eft, il ne recongnoift en icelles, fynon ce qui procède de fon efprit.

.11. Foy.

Nous confeffons que l'entrée que nous avons à fi grans thréfors & fi grandes richeffes de la bonté de Dieu, qui eft efpandue fur nous, c'eft par la foy, quant en certaine confiance & certitude de cueur nous croyons aux promeffes de l'Evangille & recevons Jéfuchrift, tel qu'il nous eft préfenté du Père & qu'il nous eft defcript par la Parolle de Dieu.

12. Invocation de Dieu seul & *intercession de Christ.*

COMME nous avons déclairé ne avoir la confiance & espérance de nostre salut & tout bien en aultre que en Dieu par Jésuchrist, aussy nous confessons que nous le debvons invocquer en toutes noz nécessitéz au nom de Jésuchrist, qui est nostre médiateur & advocat, par lequel avons accèz à luy. Pareillement debvons recongnoistre que tous biens viennent de luy seul, & luy en rendre action de grâces. Au contraire, nous rejectons l'intercession des sainctz, comme une superstition inventée des hommes contre l'Escripture, veu mesmes que elle ne procède que de deffiance que l'intercession de Jésuchrist ne soit suffisante.

.13. Orayson intelligible.

DAVANTAIGE, puisque oraison n'est synon hypocrisie & faintise, si elle ne procède de l'affection intérieure du cueur,

h

nous entendons que toutes oraiſons ſe doibvent faire en certaine intelligence. Et pour ceſte cauſe nous apprenons l'oraiſon de noſtre Seigneur, pour bien entendre ce que luy debvons demander :

Nostre Père qui es ès cieulx: Ton nom ſoit ſanctifié. Ton royaulme advienne. Ta voulunté ſoit faicte ainſy en la terre comme au ciel. Donne-nous aujourd'huy noſtre pain quotidien ; & nous pardonne noz offenſes, ainſy que nous pardonnons à ceulx qui nous offenſent ; & ne nous induictz point en tentation, mais délivre-nous du maling. Amen.

.14. Sacremens.

Nous entendons que les ſacremens, que noſtre Seigneur a ordonnéz en ſon Egliſe, nous doibvent eſtre comme exercices de foy, tant pour la fortifier & conſermer aux promeſſes de Dieu, que pour la teſmoigner envers les hommes. Et ſeulement en y a deux en l'Egliſe chreſtienne, qui ſoient conftituéz de l'auctorité de Dieu : le baptefme & la cène de noftre Seigneur; pourtant ce qui eft tenu au royaulme du pape de fept facremens, nous le condempnons comme fable & menfonge.

.15. Baptefme.

LE baptefme eft ung figne extérieur, par lequel noftre Seigneur teftifie qu'il nous veult recepvoir pour fes enfans, comme membres de fon Filz Jéfus. Et pourtant en iceluy nous eft repréfentée la purgation de noz péchéz que nous avons au fang de Jéfuchrift, la mortification de noftre chair, que nous avons par fa mort, pour vivre en luy par fon efprit. Or puifque noz enfans appartiennent à une telle alliance de noftre Seigneur, nous fommes certains que à bon droict le figne extérieur leur eft communiqué.

.16. La Saincte Cène.

LA cène de noftre Seigneur eft ung figne par lequel, foubz le pain & le vin, il nous représente la vraye communication spirituelle que nous avons en son corps & son sang. Et recongnoissons que, selon son ordonnance, elle doibt estre distribuée en la compaignie des fidèles, affin que tous ceulx qui veullent avoir Jésus pour leur vie en soyent participans. Or, d'aultant que la messe du pape a esté une ordonnance mauldicte & diabolique pour renverser le mistère de ceste saincte cène, nous déclairons qu'elle nous est en exécration, comme une idolâtrie condamnée de Dieu; tant en ce qu'elle est estimée ung sacrifice pour la rédemption des âmes, que pource que le pain est en icelle tenu & adoré comme Dieu; oultre les aultres blasphèmes & superstitions exécrables, qui y sont contenues, & l'abuz de la Parolle de Dieu, qui y est prinse en vain, sans aucun fruict, ne édification.

.17. Traditions humaines.

LES ordonnances qui sont nécessaires à la police extérieure de l'Eglise, & appartiennent seullement à entretenir paix, honnesteté & bon ordre en l'assemblée des chrestiens, nous ne les tenons point pour traditions humaines, d'aultant qu'elles sont comprinses soubz ce commandement général de sainct Paul, où il veult que tout se face entre nous décentement & par bon ordre; mais toutes loix & constitutions faictes pour lier les consciences, pour obliger les fidèles à choses qui ne sont commandées de Dieu, pour establir aultre service de Dieu que celuy qu'il demande, & tendantes à rompre la liberté chrestienne, nous les condemnons comme perverses doctrines de Sathan, veu que nostre Seigneur déclare qu'il est honoré en vain par doctrines qui sont du commandement des hommes. Et en telle estime avons-nous les pellerinages, moyneries, différences de viandes, deffences de mariages, confesses, & autres semblables.

.18. Eglise.

COMBIEN qu'il n'y ayt q[u]'une seule Eglise de Jésuchrist, toutesfois nous recongnoissons que la nécessité requiert les compaignies des fidèles estre distribuées en divers lieux ; desquelles assemblées une chacune est appellée Eglise. Mais, d'aultant que toutes compaignies ne s'assemblent au nom de nostre Seigneur, mais plustost pour le blasphémer & polluer par leurs sacriléges, nous entendons que la droicte marque pour bien discerner l'Eglise de Jésuchrist est quant son sainct Evangille y est purement & fidèlement presché, annoncé, escouté & gardé ; quant ses sacremens sont droictement administréz, encores qu'il y ayt quelques imperfections & faultes, comme tousjours il y en aura entre les hommes. Au contraire là où l'Evangille n'est déclairé, ouy & receu, là nous ne recongnoissons point forme d'Eglise. Et pourtant les Eglises gouvernées par les ordonnances du pape sont plustost synagogues du diable que Eglises chrestiennes.

.19. Excommunication.

Toutesfois pource qu'il y a tousjours des contempteurs de Dieu & de sa sacrée Parolle, lesquelz ne tiennent compte de admonition, ne exhortation, ne répréhension, ains ont meftier d'ung plus grant chaftiement, nous tenons la difcipline d'excommunication eftre une chofe faincte & falutaire entre les fidèles, comme véritablement elle a efté inftituée de noftre Seigneur pour bonne raifon. C'eft affin que les mefchans, par leur converfation damnable, ne corrumpent les bons & ne déshonorent noftre Seigneur, & auffy que ayans honte ilz fe retournent à pénitence. Et pourtant nous entendons qu'il eft expédient, felon l'ordonnance de Dieu, que tous manifeftes idolâtres, blafphémateurs, meurtriers, larrons, paillars, faulx tefmoings, féditieux, noifeulx, détraicteurs, bateurs, yvrongnes, diffipateurs de biens, après avoir efté deuement admoneftéz, s'ilz ne viennent à amendement foient féparéz de la communion des fidèles, jufques à ce qu'on y aura congneu repentance.

.20. Miniftres de la Parolle.

Nous ne réputons point aultres pafteurs de l'Eglife que les fidèles miniftres de la Parolle de Dieu, & repaiffans les brebis de Jéfuchrift par icelle en inftructions, admonitions, confolations, exhortations, répréhenfions, d'aultre part réfiftans à toutes faulfes doctrines & tromperies du diable, fans mefler parmy la pure doctrine des Efcriptures leurs fonges, ne folles imaginations. Et ne leur attribuons aultre puiffance, ne auctorité, fynon de conduire, régir & gouverner le peuple de Dieu à eulx commis, par icelle Parolle, en laquelle ilz ont puiffance de commander, deffendre, promectre & menaffer, & fans laquelle ilz ne peuvent & ne doibvent rien attenter. Or comme nous recevons les vrays miniftres de la Parolle de Dieu com[m]e meffagiers & ambaffadeurs de Dieu, lefquelz il fault efcouter comme luy-mefmes, & réputons leur miniftère eftre une commiffion de Dieu néceffaire en l'Eglife, auffy, d'aultre part, nous tenons que tous féducteurs, faulx prophètes qui, délaiffant la pureté de l'Evangile, déclinent à leurs propres inventions, ne doibvent nullement eftre fouffers, ne fouftenuz, quelque tiltre de pafteur qu'ilz prétendent, mais pluftoſt, comme loups raviſſans, doibvent eſtre chaſſéz & déboutéz du peuple de Dieu.

.21. Magiſtratz.

Nous avons la suprééminence & domination, tant des roys & princes, que aultres magistratz & supérieurs, pour une chose sainéte & bonne ordonnance de Dieu. Et comme eulx, en faisant leur office, ilz servent à Dieu & suyvent une vocation chreſtienne, soit en deffendant les affligéz & innocens, soit en corrigeant & puniſſant la malice des pervers, auſſy de noſtre part que nous leur debvons porter honneur & révérence, rendre obéyſſance & ſubjection, exécuter leurs commandemens, porter les charges à nous par eulx impoſées, en tant qu'il nous eſt poſſible ſans offenſer Dieu. En ſomme, qu'il nous les fault réputer comme vicaires & lieutenans de Dieu, auſquelz on ne puiſſe nullement réſiſter, ſynon en réſiſtant à Dieu meſmes, & leur office, comme une ſainéte commiſſion de Dieu, laquelle il leur a donné, affin de nous gouverner &

régir. Par quoy nous entendons que tous chrestiens sont tenuz de prier Dieu pour la prospérité des supérieurs & seigneurs des païs où ilz vivent, obéyr aux statuz & ordonnances qui ne contreviennent aux commandemens de Dieu, procurer le bien, la tranquilité & utilité publicque, se efforceant de entretenir l'honneur des supérieurs & tranquilité du peuple, sans rien machiner, ne procurer qui soit pour esmouvoir troubles, ne dissentions. Et, au contraire, nous déclairons que tous ceulx qui se portent infidèlement envers leurs supérieurs, & ne ont droicte affection au bien publicque du pays où ilz conversent, en cela ilz démonstrent leur infidélité envers Dieu.

※　※　※

APPENDICE

*

Préambule
de la verſion latine (1538)
du
Catéchiſme
& de la
Confeſſion de foi

Traduit pour la première fois en français.

A tous ceux qui pratiquent fidèlement l'Evangile de Christ, les Ministres de l'Eglise de Genève souhaitent la grâce, la paix & l'accroissement de la vraie piété par le Seigneur!

BIEN loin qu'on doive s'attendre à trouver ici un grand éloge de notre Catéchisme, nous confessons volontiers que quelques personnes pourront penser qu'il eût mieux valu le garder pour l'usage particulier de notre église, sans lui donner une plus grande publicité. Comme il est, en effet, l'expression d'une piété simple, plutôt que l'œuvre d'un ingénieux & profond savoir, il y a peu d'espoir qu'on en puisse recueillir quelque grand profit de doctrine, surtout parmi des lecteurs familiers avec le latin. Aussi ne l'aurions-nous certainement point publié dans cette langue, si nous n'avions pas eu un autre motif que celui de faire montre de notre talent devant les étrangers. C'est ce motif que nous désirons vous faire connaître, afin que perfonne ne fe méprenne fur l'intention que nous avons eue dans cette publication.

S'il eft pour nous tous de la première importance (comme nous en fommes perfuadés), que les églifes foient liées les unes aux autres par une affection réciproque, on n'y peut mieux parvenir qu'en employant tous les moyens poffibles de manifefter & d'attefter leur union dans le Seigneur ; car c'eft le lien qui peut refferrer le plus étroitement les âmes entre elles. Or fi jamais cette union a été utile, elle eft furtout indifpenfable de notre temps, où nous voyons la calomnie fe déchaîner avec tant de violence, que nulle innocence n'eft à l'abri des imputations les plus fauffes, nulle probité à l'abri du foupçon.

Nous nous taifons fur ce qui concerne autrui. Mais, en ce qui nous touche, nous avons déjà appris par plus d'une expérience, quelle eft la puiffance des méchantes langues, non-feulement pour décevoir des efprits d'ailleurs excellents, mais pour bouleverfer prefque de fond en comble les églifes mêmes, toutes les fois qu'on peut répandre de mauvais bruits sur un sujet encore mal connu. De même qu'on ne saurait facilement éteindre un incendie qui s'est déjà propagé au loin, de même nous arrivons toujours trop tard pour parer à de tels maux, lorsqu'ils ont une fois éclaté. Car on ne se figure pas avec quelle rapidité se répand le poison de la calomnie : jamais on ne peut le combattre avant qu'il n'ait infecté de nombreux esprits. D'ailleurs le remède en est très-difficile; car il est bien plus malaisé de faire sortir de l'esprit d'un homme les opinions fausses qu'il a reçues, que de les y faire entrer. Nous sommes tous portés à accueillir les premiers soupçons avec autant d'empressement que nous avons de répugnance à nous en défaire.

Ayant donc appris, pour en avoir été plus d'une fois l'objet, combien il faut redouter les imputations fausses, nous préférons leur enlever pour l'avenir tout prétexte, plutôt que d'attendre le moment de nous prendre corps à corps avec elles. Nous avons pensé que le plus court chemin pour arriver à ce résultat serait de donner un témoignage public & authentique de notre doctrine, en publiant, pour servir de déclaration universelle, ce Catéchisme, qui avait déjà paru naguère en langue française, mais qu'il nous a semblé bon de faire aussi connaître aux autres églises, afin qu'en possession de ce gage elles soient encore plus certaines de notre union avec elles. Ce n'est pas que nous n'ayons déjà reçu, & que nous ne recevions chaque jour, de leurs chefs ecclésiastiques, dont nous apprécions hautement la piété & le savoir, assez de preuves non douteuses de leur bienveillance & de leur sincère affection; en sorte qu'ils se montrent aussi assurés de la pureté de nos croyances religieuses, que si elles étaient consignées dans un nombre infini de documents.

Mais ils ne sont pas les seuls dont nous ayons à tenir compte, & nous n'avons pas à craindre de dépasser les bornes dans une affaire où l'on ne saurait aller trop loin. Nous avons cette confiance que la doctrine par nous prêchée au troupeau dont le Seigneur nous a donné la charge est si exactement conforme à la vérité sacrée, qu'il n'est pas une âme pieuse qui n'y reconnaisse l'expression de sa propre foi; car nous nous sommes efforcés de ne pas mettre nos opinions personnelles à la place de l'exposition simple & fidèle de la pure parole de Dieu.

Tous ceux qui voudront être justes pourront, en particulier, aisément constater combien a été injurieux à notre égard cet homme,* qui a cherché à nous diffamer auprès des gens de bien par d'odieuses & vagues insinuations; comme si notre doctrine sur la distinction des personnes dans un seul Dieu s'écartait sur quelque point de l'enseignement orthodoxe de l'église. Il est vrai que lui-même, puni comme il le méritait, non-seulement à cause de son impiété,

---

* Il s'agit ici de Pierre Caroli, ancien docteur de Sorbonne, nommé pasteur à Lausanne en octobre 1536. Il avait accusé d'arianisme les ministres de Genève, &, à la suite de conférences tenues entre eux & lui, devant des membres du clergé & du gouvernement de Berne, le Conseil de cette ville l'avait destitué & banni du territoire bernois. Immédiatement après cette condamnation prononcée au commencement du mois de juin 1537, Caroli était rentré dans le giron de l'église romaine.

mais pour la dépravation de ses mœurs, a échappé au jugement des hommes pour tomber sous la vengeance divine, dont chacun voit déjà les signes se manifester en lui. D'ailleurs le Seigneur s'est montré en temps opportun le protecteur de notre innocence, en fermant la route à ses impudents mensonges, pour les empêcher de se répandre plus au loin, ou de tromper plus longtemps les cœurs pieux. Quant à nous, grâce à Dieu, nous ne sommes pas si peu versés dans l'étude & la connaissance des Ecritures, pour ne pas voir clair en pleine lumière; car si, pour d'autres, cette question de la Trinité est enveloppée de ténèbres, nous reconnaissons pour notre part, dans ce Catéchisme, que la trinité des personnes est manifestée avec une entière évidence dans l'essence unique de Dieu.

Ce n'est pas sans motifs que nous avons pris soin de joindre au *Catéchisme* la *Confession de foi*, solennellement jurée par tout le peuple de Genève. Nous avons voulu, si de fâcheux bruits s'étaient répandus quelque part sur ce sujet (& nous avons lieu de craindre qu'il n'en foit ainfi), qu'on ne nous foupçonnât pas, comme il arrive lorfqu'une chofe eft mal connue, d'avoir innové en follicitant nos magiftrats d'exiger cette preftation de ferment. Nous penfons, au contraire, que notre conduite a été tellement irréprochable en cette affaire, qu'elle ne demande aucune excufe, du moins auprès des hommes prudents & intelligents. Il eft bien vrai, qu'elle n'a pu néanmoins échapper au blâme de quelques perfonnes ; car la critique des gens fans expérience trouve toujours à s'exercer, même dans les chofes les plus dignes d'éloges. Toutefois, comme nous favons qu'il eft de notre devoir de fatisfaire, autant qu'il eft poffible, aux exigences de chacun, nous dirons en peu de mots quels font les puiffants motifs qui nous ont fuggéré notre réfolution.

Lorfque l'abomination du papifme eut été renverfée dans Genève par la force de la Parole de Dieu, on publia un édit du Confeil, qui ordonnait que la religion de la ville fût ramenée à la pureté de l'Evangile, en faifant difparaître les fuperftitions

& leurs organes. Malgré cela, il ne nous semblait pas qu'il exiſtât encore une forme d'égliſe qui fût d'accord avec ce qu'exigeait l'exercice légitime de notre miniſtère. Quelle que ſoit, en effet, l'opinion que d'autres peuvent avoir, nous ne penſons pas, quant à nous, que nos fonctions ſoient renfermées dans de ſi étroites limites, que, une fois le ſermon prêché, notre tâche ſoit finie & que nous n'ayons plus qu'à nous repoſer. Il faut donner des ſoins bien plus directs & bien plus vigilants à ceux dont le ſang nous ſera redemandé, ſi c'eſt par notre négligence qu'il ſe perd.

Cette préoccupation, qui nous hantait toujours, redoublait d'intenſité & d'amertume chaque fois qu'il nous fallait diſtribuer la cène du Seigneur. Tous voulaient en effet y prendre part, quoique la foi de la plupart d'entre eux nous fût inconnue, ou, le plus ſouvent même, ſuſpecte: en ſorte que les malheureux ſe repaiſſaient de la colère de Dieu, au lieu de ſe nourrir du ſacrement de vie. Le paſteur lui-même, qui n'apporte aucun diſcernement dans l'adminiſtration de ce myſtère, n'en peut-il pas être auſſi regardé comme le profanateur? C'eſt pourquoi nous n'avons pas trouvé d'autre moyen de mettre notre conſcience en repos, que d'exiger que ceux qui voulaient être tenus comme membres du peuple de Chriſt & admis à ce repas ſpirituel & ſacré, s'enrôlaſſent par une déclaration ſolennelle ſous la bannière de Jéſus Chriſt.

« Mais, » dit-on, « cette déclaration a déjà été faite dans le baptême. » Sans doute; mais il n'y avait perſonne qui n'eût manqué à cet engagement. Si nos contradicteurs veulent ſoutenir que le déſerteur qui a quitté ſon drapeau peut encore ſe couvrir du ſerment même qu'il a violé, nous renonçons à défendre notre cauſe; mais ſi le ſens commun leur donne tort, nous ſommes à l'abri de tout reproche. D'ailleurs nous ne manquons ni d'exemples illuſtres, ni de l'approbation même des ſaintes Ecritures. Le peuple, que Moïſe invitait à conclure une alliance nouvelle, n'avait-il pas marquée ſur ſa chair l'alliance de la circoncifion? Un renouvellement femblable de l'alliance n'a-t-il pas été fait dès lors par les faints rois Jofias & Afa, par les admirables défenfeurs de la liberté, Efdras & Néhémie? Ce font là des autorités qui fuffifent à laver de tout reproche notre propre conduite.

La néceffité qui s'impofait à nous, nous a donc pouffés à nous adreffer à nos magiftrats, &, en leur préfentant le texte d'une confeffion de foi, à les folliciter vivement de ne point héfiter à donner gloire à Dieu par la proclamation de fa vérité. Nous avons ajouté qu'il était jufte que, dans une action fi fainte, ils donnaffent l'exemple à leur peuple, auquel ils devaient à tous égards fervir de modèle. Notre demande était fi légitime, que nous avons aifément obtenu que la population genevoife fût convoquée, dizaine par dizaine, pour jurer cette confeffion de foi. Elle a mis à prêter ce ferment autant de zèle, que le Confeil en avait mis à le commander.

« Eh quoi! » s'écrie-t-on, « on leur a donné l'ordre de s'engager par ferment à obferver la loi de Dieu! Mais c'eft là une chofe qui ne fe peut excufer! » Ceux qui font une objection auffi déplacée ne s'aperçoivent pas à qui ils s'attaquent. Quel était en effet le pacte conclu par Jofias, avec la fanction divine, en fon nom & en celui de fon peuple? C'était de marcher devant le Seigneur, & de garder de tout fon cœur & de toute fon âme les témoignages & les ordonnances de l'Eternel. Tous les Juifs s'obligèrent par ferment à tenir cet engagement. Sous le roi Afa, un pacte femblable fut conclu & juré d'un même cœur, avec des accents de joie, à voix haute, au fon de la trompette & des clairons. Le même ferment fut prêté fur l'ordre d'Efdras & de Néhémie, & ici les parents s'engagèrent pour leurs petits enfants & les frères aînés pour les plus jeunes. L'Ecriture attefte que le Seigneur préfidait à ces ferments, par lefquels les hommes s'obligeaient à garder la loi de Dieu. Il n'y a à cela rien d'étonnant, puifqu'ils étaient tous compris dans cette alliance éternelle qui avait été conclue, immédiatement après la promulgation de la loi, sous la présidence, les auspices & les ordres du Seigneur.

Qu'ils critiquent donc tous ces chefs de l'église, Moïse, le premier des prophètes, & Dieu lui-même, ceux qui se permettent d'attaquer avec tant de malveillance & d'emportement la formule de promesse que nous avons jurée. Mais à qui fera-t-on croire que le Seigneur a induit les siens à se parjurer, lui qui, en exigeant l'observation de sa loi, promettait de son côté de faire miséricorde & de pardonner les péchés? Comment accuser de parjure le peuple qui, en prêtant serment, saisissait en même temps la grâce qui lui était offerte? Si l'on voulait bien comparer le texte de la confession que nous avons rédigée, avec celui du serment mosaïque, on serait forcé de nous absoudre, dût-on condamner tant de saints personnages. Car nous, nous sommes les messagers de l'alliance que Dieu, en la promettant par la bouche de Jérémie (31), déclare devoir être inviolable. C'est à nous qu'a été confiée la parole de la réconciliation (2 *Cor.* 5), qui se résume en ceci, c'est que Christ, qui n'a pas connu le péché, a fait à notre place l'expiation de nos péchés, afin qu'en lui nous possédions la justice de Dieu. Ici, il n'est pas question d'exiger des hommes qu'ils acquièrent la justice de la loi, mais que, dépouillés de toute justice propre, ils revêtent la justice de Christ. Il y a plus encore: notre confession déclare que l'observation de la loi de Dieu est impossible. Et cependant il est des gens qui s'indignent publiquement de ce que nous avons tout simplement poussé le peuple à promettre par serment qu'il obéirait à la loi, parce que, disent-ils, il a juré une confession dans laquelle est compris le Décalogue. Ils ne veulent pas voir ce qui, là même, est dit expressément de la loi!

C'est maintenant à vous, ô nos Frères, que nous nous adressons spécialement, à vous qui avez été choisis, sous les auspices de l'esprit saint, pour gouverner & paître les églises de Christ. Si nous combattons ensemble dans une même guerre, pour un même chef, contre le même ennemi, rappelons-nous que ce font là autant de motifs qui doivent nous faire vivement fentir le prix de l'harmonie & de la concorde entre nous. Ce n'eft certes pas un petit honneur que d'avoir été jugés dignes par un fi grand général de fervir fous fes ordres, & ce ferait la pire des ingratitudes que de ne pas nous dévouer entièrement à lui. Pour remplir ce devoir, il faut que non-feulement nous mettions tous nos foins à fidèlement défendre fes intérêts, mais encore que nous ayons toujours les yeux attentifs à fes moindres fignes. Cela eft d'autant plus néceffaire, que la plupart des difputes proviennent de ce que l'on fe recherche foi-même, au lieu de chercher Chrift. On ne provoque pas de moindres querelles, quand, tout en rempliffant fa tâche avec un zèle fincère, on fuit fon propre fens, au lieu d'obéir au commandement de fon chef. Le vrai rôle d'un foldat n'eft-il pas, au contraire, de renoncer à lui-même pour ne dépendre que de la volonté de fon général ? Car ce n'eft s'occuper que de foi, que de tout rapporter à foi. Si nous désirons faire agréer nos services de Christ, notre général, il faut qu'entre nous règnent ce pieux accord & cette paix mutuelle, que non seulement il exige des siens, mais qu'il leur inspire.

Eh quoi! notre ennemi même, le diable, ne doit-il pas nous exciter à demeurer unis? Il a beau être un monstre à plusieurs têtes, nous le voyons néanmoins se jeter en bataillon serré sur le royaume de Christ. Si l'on voit, chez celui qui est le prince des haines, des factions & des discordes, une telle unité, à combien plus forte raison faut-il que nous ferrions nos rangs & que nous unissions nos cœurs, nous qui combattons contre lui pour le prince de la paix? La nature même de ce combat nous y pousse. Car qu'avons-nous à opposer aux mensonges de Satan, si ce n'est la vérité de Dieu? Sans elle nous restons nus & désarmés. Mais cette vérité, qui est une & immuable, ne souffre pas que nous la déchirions par nos disputes. Enfin, puisque nous sommes appelés à donner l'assaut aux mêmes retranchements, est-ce à nous de nous livrer à des luttes inteſtines ? Si tous ces arguments ne ſuffiſent pas à nous perſuader, écoutons du moins Jéſus Chriſt qui s'écrie : « Mes ſerviteurs ne peuvent recevoir des bleſſures que je ne reſſente pas moi-même ! » Oh ! ſi notre eſprit était dominé par la penſée que c'eſt ſur Chriſt que portent nos coups, toutes les fois que nous nous laiſſons aller à attaquer ceux qui conſervent ne fût-ce qu'une étincelle de piété, combien cette penſée n'étoufferait-elle pas de germes de conteſtations, combien n'éteindrait-elle pas de colères naiſſantes, combien de querelles ne préviendrait-elle pas ?

Mais nous ſommes encore par un autre côté les ſerviteurs du Seigneur. Il nous faut mettre tous nos ſoins à reſpecter & à défendre, partout où ils ſe montrent, les inſignes & les ornements de notre Maître. Chacun de nous doit par conſéquent ſavoir, quand il le faut, faire le ſacrifice de ſes droits ; à moins que nous ne voulions que, dans la lutte, les dons de Dieu ne ſoient mis en pièces, car on ne peut les reſpecter fans tolérer en même temps les défauts dont ils font inféparables. Si c'eft jufque-là que doivent aller notre fupport & notre modération, quel n'eft pas notre tort quand, pour des foupçons vagues ou même fans fondement, nous nous féparons de ceux dont nous connaiffons avec certitude la piété, la fincérité & la probité ? Il y a deux efpèces de foupçons, qui ont déjà fait & qui font encore beaucoup de mal à l'Eglife : d'une part, quand nous donnons une interprétation malveillante à la conduite de nos frères & de nos compagnons d'œuvre, tandis que fi l'on avait invoqué l'arbitrage de gens de bien, on ferait arrivé à la pleine juftification ou à l'excufe fuffifante de cette conduite ; d'autre part, quand nous nous montrons trop prompts à avaler & à retenir tous les mauvais bruits.

Nous préférons laiffer dans le domaine de la penfée, plutôt que de les voir fe réalifer dans celui des faits, les maux qui peuvent réfulter de telles difpofitions d'efprit. Penfons donc à appliquer tous nos efforts à les prévenir. Luttons plutôt entre nous de bienveillance & de charité, ce qui fera pour nous la fource d'un immenfe bonheur; cherchons à nous protéger les uns les autres; excitons-nous réciproquement, par la parole & l'exemple, à fidèlement remplir notre miniftère. Ce font là des combats & des rivalités dont l'Eglife ne reffent ni fatigue, ni trouble, ni triftesse, mais où elle puife, au contraire, de nouvelles forces, une profpérité plus grande & un plus vigoureux développement.

Si nous tenons à faire fleurir parmi nous l'union & la paix, recherchons l'unité dans la doctrine & dans les fentiments, plutôt que de nous attacher avec pédanterie à l'exacte conformité des cérémonies du culte. Il eft, en effet, indigne de nous d'introduire dans les chofes où le Seigneur nous a laiffé l'ufage de notre liberté, pour le plus grand avantage de l'édification, une conformité fervile qui n'édifie pas. Certes, quand nous paraîtrons devant ce tribunal fuprême, où nous aurons un jour à rendre compte de notre adminiftration, ce n'eft pas des cérémonies qu'il fera queftion. On n'examinera point ce qui concerne la conformité dans les choses extérieures, mais l'usage que nous aurons fait de notre liberté ; il ne sera déclaré légitime que s'il a servi à l'édification. L'édification, voilà le but auquel doivent tendre toute notre sollicitude, notre vigilance, nos efforts & notre application. Sachons que nous ne pouvons l'atteindre que par une sérieuse crainte de Dieu, une piété sincère, & une pureté de mœurs qui ne soit pas de l'hypocrisie.

* * *

Il ne fera pas hors de propos de reproduire ici la traduction des divers titres qui fe trouvent dans le volume où eft contenue la verfion latine du Catéchifme & de la Confeffion de foi. Ils renferment des indications qui ne font pas fans intérêt pour l'hiftoire littéraire de ces deux pièces.

En tête du volume:

CATÉCHISME, ou Inftitution de la religion chrétienne, adoptée par les fuffrages communs de l'Eglife de Genève récemment revenue à l'Evangile, publiée d'abord en langue vulgaire, puis maintenant auffi en latin, afin que les diverfes autres Eglifes s'affurent auffi de la pureté de fa foi. *Par Jean Calvin.* Bâle, 1538.

Au devant du Catéchifme:

CATÉCHISME, ou Inftitution de la religion chrétienne de l'Eglife de Genève, publiée d'abord en langue vulgaire, puis tout dernièrement mife auffi en latin. *Par Jean Calvin.*

Au devant de la Confeſſion:

CONFESSION DE LA FOI, que tous les citoyens de Genève & les ſujets de cette ville ont reçu l'ordre de jurer, extraite du Catéchiſme dont ſe ſert l'Egliſe de Genève.

A la fin du volume:

A Bâle, dans l'imprimerie de Robert Winter, l'an 1538, au mois de mars.

* * *

IMPRIMERIE J.-G. FICK

GENÈVE

www.ingramcontent.com/pod-product-compliance
Lightning Source LLC
Chambersburg PA
CBHW071112230426
43666CB00009B/1931